2022 개정 교육과정

개념기반 단원 설계를 위한

Chat GPT 활용레시피

정지영

단원 설계, 수업구조화, 평가, AI와의 융합

교실의 의미 있는 변화

내하출판사

학교는 그 어느 때보다 빠르게 변화하고 있습니다. 교사들은 그 변화의 한가운데에 서서 매일 새로운 고민과 질문에 마주하게 됩니다. 쏟아지는 지식의 홍수 속에서 학생들이 살아갈 세상은 점점 더 복잡해지고 있습니다. 이러한 현실에서 교육은 더 이상 단순히 정보를 전달하고 암기하도록 하는 것에 머물 수 없습니다. 변화하는 시대에 걸맞은 새로운 교육이 필요합니다. 바로 그 지점에서 교사는 "무엇을, 왜, 어떻게 가르칠 것인가?"라는 본질적 질문과 정면으로 마주하게 됩니다.

최근 들어 다양한 교육 정책과 교수법이 쏟아지고 있지만, 실제로 이를 교실에 적용하는 과정에서 많은 교사들은 막막함과 부담을 느낍니다. "개념기반 수업이 좋다는 건 알겠지만, 어디서부터 어떻게 시작해야 할지 모르겠다"는 현장의 목소리가 이를 대변합니다.

'ChatGPT' 활용에서 답을 찾다

이 책은 바로 이러한 막막함에 대한 해답을 제시합니다. 개념기반 교육과정의 철학을 '즉시 교실에서 활용 가능한 단계별 매뉴얼'로 구체화했고, ChatGPT라는 생성형 AI를 단원 설계와 수업 준비의 든든한 동반자로 제안합니다.

개념기반 교육은 개별 수업이 아닌 '단원' 전체를 설계의 기본 단위로 삼는 것이 특징입니다. 단편적인 사실이나 정보 전달에서 벗어나, 학생들이 자발적으로 참여하는 탐구 과정을 통해 개념을 스스로 이해하고 현실에 전이할 수 있는 힘을 기르도록 합니다. 이처럼 단원 전체의 흐름 속에서 핵심 개념을 깊이 있게 탐구하게 되며, 이 책은 바로 그러한 단원 설계 방법을 친절하게 안내합니다.

단원 설계 과정에는 '핵심 개념 도출', '학생 사고를 확장하는 탐구 질문 만들기', '수업 자료 생성' 등 쉽지 않은 과업들이 포함되어 있습니다. 그러나 11단계 단원 설계법과 프롬프트 활용법을 적용하면, 이러한 어려움도 단계별로 해결할 수 있습니다. 무엇보다 생성형 AI를 활용하면 교사의 수업 기획 역량이 한층 확장되고, 반복적이고 시간이 오래 걸리는 업무에서 벗어나 창의적이고 본질적인 교수학습에 더욱 집중할 수 있습니다.

AI 시대, 교사의 전문성은 더 빛납니다

AI가 모든 것을 해결해주지는 않습니다. ChatGPT가 제시하는 결과물은 교사의 비판적 시각과 전문성을 바탕으로 재해석되고 보완될 때 비로소 의미를 가집니다. AI는 교사의 사고를 확장하고 반복 업무를 줄여주는 '유능한 조수'이지만, 수업의 주인공이자 최종 결정권자는 언제나 교사 자신입니다.

이 책은 AI와의 협업을 통해 교사의 전문성을 더욱 강화할 수 있는 구체적인 방법을 제시합니다. 아울러 AI 활용의 한계와 유의점까지도 솔직하게 짚어줍니다.

현장 중심, 단계별 실천 가이드

이 책의 가장 큰 특징은 이론과 실제의 간극을 좁힐 수 있는 현실적인 방법을 제안한다는 점입니다. 단순한 이론 소개를 넘어, '개념기반 단원 설계 11단계'에 맞춘 ChatGPT 프롬프트를 비롯해 실제 수업 적용 사례, 평가 루브릭, 활동 예시 등 교실에서 바로 활용할 수 있는 실천적 매뉴얼을 제공합니다. 또한 교육과정 해석부터 단원 설계, 탐구 질문 개발, 평가 문항과 루브릭 작성까지, ChatGPT의 도움을 받아 한 단계씩 실행해 볼 수 있도록 체계적으로 구성하였습니다.

실천의 안내자와 동반자

각 장의 시작에는 현장 교사들의 고민을 담은 가상 대화를 실어, 현장의 이해를 돕고 독자와의 공감대를 높이고자 하였습니다. 핵심 내용을 요약한 오디오 가이드도 마련하였고, 언제 어디서든 들을 수 있도록 QR 코드로 제공합니다. 오디오 가이드는 구글 노트북LM의 'AI 오디오 오버뷰' 기능을 활용해 만들었으며, 바쁜 교사들이 쉽고 빠르게 주요 내용을 복습할 수 있도록 배려했습니다.

교사와 AI가 함께 만들어가는 새로운 수업 혁신의 여정에 이 책이 안내자이자 든든한 동반자가 되기를 바랍니다. 작은 책 한 권이 '나도 할 수 있다'는 용기와 실제 실천의 길을 열어주는 출발점이 되기를 진심으로 바랍니다.

Contents

Chapter 01 개념기반 교육과정의 이해

Chapter 02 개념기반 탐구 수업의 첫 걸음 : 단원 설계

Chapter 03 개념기반 단원 설계 11단계 개요

Chapter 07 4단계 : 스트랜드 내에서 단원 소재와 개념 엮기

Chapter 08 5단계 : 일반화 작성하기

Chapter 09 6단계 : 안내 질문 만들기

Chapter 10 7단계 : 중요한 내용 파악하기

Chapter 13 10단계 : 학습 활동 설계하기

Chapter 14 11단계 : 단원 개요 작성하기

Chapter 15 개념기반 단원 설계 요약 및 예시

❖ **단원별 오디오 가이드 제공**

- **스트리밍 :** 각 장제목 페이지에서 QR코드 스캔
- **다운로드 :** 내하출판사 홈페이지(www.naeha.co.kr)의 [자료실] - [일반자료실]에서 회원가입 후 다운로드

오디오 가이드(제1장)

1장

개념기반 교육과정의 이해

수석교사 안녕하세요, 선생님. 요즘 수업 준비는 잘 되고 있어요?

열정교사 안녕하세요, 선생님! 사실 고민이 많아요. 지식과 정보가 너무 많아져서 뭘 어떻게 가르쳐야 할지 막막해요.

수석교사 맞아요. 지금은 정보가 넘쳐나는 시대라 단순히 많은 정보를 외우게 하는 교육은 한계가 있어요. 그래서 요즘 '개념기반 교육과정'이 주목받고 있어요.

열정교사 개념기반 교육과정이 정확히 뭔가요?

수석교사 개념기반 교육과정은 단순한 사실이나 정보를 암기시키기보다 여러 사실을 연결하는 핵심 원리, 즉 '개념'을 중심으로 가르치는 거예요. 예를 들어 4.19 혁명을 배울 때, 날짜나 사건만 암기시키는 게 아니라 "혁명"이라는 개념을 중심으로 사회 변화의 원리를 이해시키는 거죠.

열정교사 그러면 개념과 일반화는 어떤 관계인가요?

수석교사 좋은 질문이에요. 개념은 여러 사실에서 공통된 특징을 추상화한 것이고, 일반화는 개념 간의 관계를 설명하는 원리나 원칙을 문장으로 표현한 거예요. 예를 들어 "혁명은 기존 질서에 대한 불만이 극에 달하면 발생한다" 같은 문장이 일반화에 해당하죠.

열정교사 개념을 중심으로 하면 학생들이 깊이 있는 이해를 할 수 있겠네요. 그런데 학생들에게 추상적인 개념을 가르치는 게 쉽지 않을 것 같아요.

수석교사 맞아요. 하지만 구성주의 이론에 따르면 학생들은 이미 가지고 있는 배경지식에 새로운 지식을 연결하면서 배우게 돼요. 그래서 처음엔 구체적인 사례를 제공하고, 점점 개념적으로 나아가게 하면 효과적이에요. 인지심리학에서도 지식을 개념 중심으로 정리하면 이해와 기억이 쉬워진다고 밝혀졌어요.

열정교사 그러면 기존 교육과정과 개념기반 교육과정의 가장 큰 차이는 뭔가요?

수석교사 기존 교육과정은 지식을 나열하고 암기시키는 데 초점을 두었지만, 개념기반 교육과정은 사실을 통해 개념을 발견하게 하고, 이를 다양한 상황에 적용하도록 돕는 데 중점을 둬요. 린 에릭슨(H.Lynn Erickson)은 이를 "지식과 기능 중심의 2차원 교육에서 개념까지 포함한 3차원 교육으로의 전환"이라고 표현했죠.

열정교사 그런데 개념 중심으로 하면 시간이 많이 걸리지 않을까요?

수석교사 처음엔 그렇게 느껴질 수 있지만, 핵심 개념을 중심으로 중요한 사실만 가르치면 오히려 효율적이에요. 싱가포르에서는 "Teach Less, Learn More" 정책으로 핵심 개념을 깊이 있게 다루고 있어요. 우리도 우선순위를 정하고 핵심 개념을 중심으로 교육과정을 압축하면 시간을 효과적으로 활용할 수 있어요.

열정교사 평가 방법도 달라져야겠죠?

수석교사 맞아요. 평가 역시 단순 암기보다는 개념 이해와 실제 적용 능력을 평가하는 서술형이나 논술형 평가가 적합하죠. 위긴스와 맥타이의 이해 중심 교육과정(UbD)도 바로 이런 평가 방식과 연결돼 있어요.

열정교사 우리 교육 현실에서 실천이 가능할까요?

수석교사 물론 처음부터 완벽할 순 없어요. 하지만 조금씩 시도하고 동료 교사들과 협력하면 충분히 가능해요. 작은 변화부터 시작해서 아이들이 스스로 개념을 발견하고 이해하도록 격려하는 방식으로 접근해 보세요. 점점 학생들도 개념 중심의 사고력을 키워갈 거예요.

열정교사 용기가 나네요! 앞으로 잘 부탁드릴게요.

수석교사 함께 노력해 봅시다. 아이들이 진정한 이해를 경험하도록 돕는 게 우리 역할이니까요.

01 왜 개념기반 교육과정인가?

오늘날 지식과 정보량은 폭발적으로 증가하고 있다. 앞으로의 사회에서는 지식의 부족보다 넘치는 지식을 어떻게 내면화하고 창의적으로 재조합하여 새로운 가치를 창출할 것인가가 더 중요해질 것이다. 현재 학교에서 공부하는 학생들이 미래 사회의 주역이 되는 시점에서는 단순한 암기보다 비판적 사고력, 통합적 사고력, 창의적 문제해결 능력이 더 큰 경쟁력이 될 것이다.

그런데 오늘날 학교 교육은 여전히 방대한 정보를 정확하게 암기시키는 데 중점을 두고 있다. 이처럼 양적 지식 습득에 집중하는 체제에 대한 반성의 목소리가 커지고 있다. 단순히 많은 내용을 가르치는 것만으로는 현실에서 꼭 필요한 문제 해결력을 기르기 어렵다는 사실이 점점 분명해지고 있다. 바로 이 지점에서 개념기반 교육과정이 출발한다.

개념기반 교육과정은 단편적 사실 암기 위주의 교육이 가진 한계를 인식하고 그

대안을 찾는 과정에서 주목받게 되었다. 이 장에서는 개념기반 교육과정이란 무엇인지, 왜 지금 그것이 필요한지, 그리고 어떻게 접근할 수 있는지에 대한 개괄적 설명을 제시한다. 구체적으로는 개념기반 교육과정의 정의와 특성, 전통적 교육과정과의 차이점, 이론적 토대, 주요 이론가들의 견해, 국제적 실천 사례, 우리나라 교육과정과의 관련성, 교육적 효과와 가치를 다루고, 현장 교사들이 흔히 갖는 오해나 걱정에 대한 조언을 함께 제시한다.

02 • 개념기반 교육과정이란 무엇인가?

개념기반 교육과정(Concept-Based Curriculum)은 지식을 단순히 나열해서 가르치는 방식이 아니다. 여러 지식을 아우르는 큰 틀, 즉 핵심 개념을 중심으로 가르치는 교육 방식이다.

여기서 말하는 '개념'은 교과의 특정 주제나 사실에 한정되는 지엽적인 개념들이 아니라, 교과나 실생활에서 발견할 수 있는 '핵심 원리'를 뜻한다. 예를 들어 역사 시간에 4.19 혁명을 배울 때 단순히 "1960년 4월 19일에 일어났다"와 같은 사실만 외우는 것이 아니라, "혁명"이라는 더 큰 개념을 이해하는 것이 중요하다. 사회에 문제가 쌓이면 이를 해결하려는 움직임이 생기고, 이를 통해 사회가 발전한다는 원리를 배우는 것이다.

이렇게 개별 사실을 넘어 시대와 상황을 관통하는 '큰 아이디어(빅 아이디어)'를 학생들이 이해하도록 돕는 것이 개념기반 교육과정의 시작점이다. 기존 교육과정은 "얼마나 많은 내용을 가르칠까?"에 중점을 두었다. 하지만 개념기반 교육과정은 "얼마나 깊이 이해할까?"를 강조한다. 단순히 여러 사실을 따로따로 외우는 것보다, 그 사실들이 왜 그런지, 서로 어떤 관계가 있는지를 이해하고, 이를 새로운 상황에 적용할 수 있는 능력을 기르는 것이 목표다. 쉽게 말해, 단순히 "아는 것"을 넘어 "왜 그런지 이해하는 것"이 중요하다는 뜻이다.

교육부도 2022 개정 교육과정에서 "깊이 있는 학습과 개념적 이해를 통한 역량 함양"을 강조했다. 이는 바로 개념기반 교육과정의 정신을 담고 있다. 따라서 교사들은 이 접근법을 제대로 이해하는 것이 현재 교육 현장에서 매우 중요한 과제가 되었다.

오늘날 정보와 지식은 폭발적으로 늘어나고 있다. 그렇다면 이 모든 것을 어떻게 가르쳐야 할까? 개념기반 교육과정은 솔직하게 "모든 지식을 다 가르칠 수는 없다"고 인정한다. 대신, 학생들에게 지식을 스스로 정리하고 이해할 수 있는 '열쇠'를 주고자 한다. 이 열쇠가 바로 '개념적 이해'다. 이를 통해 학생들은 단편적인 사실에 매몰되지 않고, 세상을 더 넓은 시각으로 바라볼 수 있게 된다.

03 • 전통적 교육과정과의 차이점

1) 학습 목표와 접근 방식의 차이

전통적 교육과정과 개념기반 교육과정의 핵심 차이는 '사실(Fact) 나열'과 '개념(Concept) 이해'에 있다. 전통 방식에서는 교사가 특정 주제에 관한 정보와 내용을 순서대로 가르치고, 학생들은 이를 기억하고 재생산하는 데 집중한다. 반면 개념기반 접근에서는 구체적 사실이 개념 이해를 위한 재료가 된다. 학생들은 개별 사실을 배우면서 동시에 그것들을 관통하는 추상적 개념과 원리를 생각한다.

이 과정에서 사실적 사고와 개념적 사고가 서로 상호작용하며 지적 발달이 이루어진다. 개념기반 교육과정에서는 오히려 풍부한 사실적 정보가 있을수록 정보를 조직하고 처리하기 위해 더 높은 수준의 추상화가 필요하며, 이는 학생들의 더 깊은 이해를 요구한다고 본다.

2) 내용 조직 방식과 교육과정 설계

전통적 교육과정이 넓은 범위의 지식 습득을 중시했다면, 개념기반 교육과정은 선택과 집중을 강조한다. 모든 내용을 피상적으로 다루기보다 중요한 개념과 원리를 중심으로 깊이 있게 탐구한다. 이를 위해 교육과정 설계 단계에서 교과의 핵심 개념을 고르고, 그 개념을 가장 잘 보여줄 수 있는 사례나 소재를 선택해 가르친다.

예를 들어 과학에서 '에너지 보존' 개념을 가르칠 때, 많은 공식과 사례를 모두 열거하기보다 대표적인 실험과 현상을 통해 에너지 보존 법칙 자체를 이해시키는 데 집중한다. 이런 접근은 배운 지식을 단순 암기에 그치지 않고 새로운 문제 상황에 적용하도록 돕는다.

실제로 교육 연구에서는 사실적 지식과 개념적 지식을 구분해 생각할 필요가 있으며, 단편적 지식 암기보다 깊은 개념적 이해에 초점을 맞춰 가르쳐야 한다고 강조한다. 학생들이 새 지식을 배울 때 기존 배경지식과 연결해 의미를 구축할 때 비로소 '이해'가 이루어지며, 이때 핵심 개념이 이해의 토대가 된다. 즉 개념 중심으로 가르칠 때 학생들은 지식을 단편적 정보가 아닌 하나의 의미망으로 조직할 수 있게 된다.

3) 교사의 역할 변화

교사 역할 측면에서도 차이가 있다. 전통적 수업에서 교사는 지식을 전달하는 정보 제공자 역할이 컸지만, 개념기반 수업에서 교사는 탐구 촉진자 역할을 맡는다. 학생들이 스스로 사실과 정보, 개념을 파악하고 원리나 일반화에 이를 수 있도록 안내한다.

예컨대 교사는 학생들에게 여러 사례를 제시하고 "이 사례들에 공통으로 적용되는 개념은 무엇일까?", "여기서 어떤 일반적인 원리를 이끌어낼 수 있을까?" 같은 개념적 질문을 던진다. 이런 질문은 단순 암기형 문제가 아니라 사고를 자극하는 질문이며, 학생들은 답을 찾는 과정에서 자연스럽게 비판적·창의적으로 사고한다.

전통적 수업에서도 이해를 돕는 질문을 활용하지만, 개념기반 수업의 질문은 더 추상적이고 정답이 정해지지 않은 열린 질문인 경우가 많다. 이를 통해 학생들은 지식을 단순히 "아는 것"을 넘어 "왜 그런지, 다른 맥락에서는 어떻게 적용되는지"까지 생각한다.

4) 교육내용 조직 방식

마지막으로, 교육과정 조직 방식에서도 차이가 드러난다. 전통적 교육과정은 과목별로 구분된 체계 속에서 각 교과 내용을 독립적으로 가르치는 경향이 강했다. 반면 개념기반 접근은 교과 내 또는 교과 간 공통된 개념을 중심으로 통합적으로 내용을 구성할 수 있다. 이는 특히 IB 같은 국제 교육과정이나 핀란드의 현상 중심 교육과정 등에서 두드러진다.

요약하자면, 개념기반 교육과정은 교육내용의 "구조"를 중시한다는 점에서 전통적 내용 중심 교육과정과 구별된다. 교육내용의 구조란, 교과나 영역에서 다루는 지식을 사실 - 주제 - 개념 - 일반화(원리) - 이론의 계층으로 조직한 틀을 말한다. 전통 교육과정에서는 이런 지식 구조를 명시적으로 가르치지 않고 학생들이 스스로 터득하길 바라는 경우가 많았다. 하지만 현대 교육에서는 모든 학생이 의도적으로 이러한 지식 구조와 개념적 사고에 도달할 수 있어야 하며, 그것이 개념기반 교육과정의 목표다.

04 '개념'과 '일반화'의 의미와 역할

개념기반 교육과정을 이해하려면 먼저 '개념'의 의미를 알아야 한다. 개념은 여러 사실이나 현상에서 공통된 특징을 묶어 만든 일반적인 생각이다. 예를 들어 '혁명'이라는 개념은 프랑스 혁명, 산업 혁명, 정보 혁명 같은 역사적 사건에서 공통된 큰 변화라는 특징을 뽑아 만든 것이다. 혁명의 개념을 이해하면, 시기와 장소가 달라도 급격한 변화라는 공통점을 찾을 수 있다. 이처럼 개념은 여러 사실을 연결해 새로운 상황까지 파악할 수 있도록 한다.

개념적 학습은 이러한 개념을 중심으로 이루어진다. 학생은 구체적인 사례를 탐구하며 개념을 이해하고, 잘 이해된 개념은 다른 상황에도 쉽게 적용할 수 있다. 예를 들어 학생이 '혁명' 개념을 확실히 알면, 교과서에 나오지 않은 다른 나라의 사건도 혁명인지 아닌지 판단할 수 있다.

'일반화'는 서로 다른 개념 사이의 관계나 원리를 하나의 문장으로 나타낸 것이다. 예를 들어 "혁명은 기존 질서에 대한 불만이 한계에 이르면 발생한다", "사회 변화는 혁명뿐 아니라 점진적 방법으로도 일어난다" 등이 일반화에 해당한다. 학생이 개념을 배우는 궁극적인 목적은 바로 이러한 일반화를 이해하는 데 있다. 일반화를 통해 학생은 개별 사건을 넘어 더 넓은 맥락을 이해할 수 있게 된다.

교육학자 린 에릭슨은 교육 내용을 사실, 주제, 개념, 일반화(원리), 이론의 다섯 가지로 나누었다. 사실이 모이면 주제가 되고, 주제에서 개념이 만들어진다. 개념들이 연결되어 일반화된 원리가 나오고, 원리들이 모여 이론이 된다. 여기서 개념은 사실과 일반화를 연결하는 중간 고리로서 중요한 역할을 한다.

예를 들어 초등학교에서 '물의 순환' 주제를 배울 때, 학생은 단지 물이 증발하고 응결되고 강수된다는 순서만 외우는 것이 아니라, "변화", "상호작용", "순환" 같은 개념을 통해 물의 순환이 자연과 생명체에 어떤 영향을 주는지 이해하게 된다.

개념기반 교육과정은 사실 지식과 개념 이해의 균형을 중요하게 여긴다. 개념 중심이라고 해서 사실 지식을 소홀히 하는 것이 아니다. 오히려 충분한 사실 지식이 있어야 개념을 이해하고 일반화를 발견할 수 있다. 교사는 학생에게 사실을 충분히 제공한 후, 개념과 원리를 발견하고 새로운 상황에 적용하도록 이끌어야 한다. 이것이 개념기반 교육과정에서 말하는 진정한 이해 단계이다.

05 • 구성주의와 인지 심리학적 기반

개념기반 교육과정은 학생이 단순 암기를 넘어, 지식을 의미 있게 이해하고 연결할 수 있도록 돕는 교육 방식이다. 이 교육과정은 구성주의 이론과 인지과학 연구에 뿌리를 두고 있다.

1) 구성주의적 관점

구성주의는 학생이 지식을 단순히 받아들이는 존재가 아니라, 자신의 경험을 통해 능동적으로 지식을 만들어가는 존재라고 본다. 새로운 정보를 접할 때 기존 지식과 연결하여 의미를 만든다. 개념이나 원리가 잘 잡혀 있으면 새로운 지식과 연결하기 쉽다.

2) 인지심리학과 뇌과학의 뒷받침

인지심리학과 뇌과학 연구는 새로운 지식을 배우려면 이를 담을 틀이 필요하다고 말한다. 전문가의 지식은 개념 중심으로 잘 정리되어 있어 기억과 활용에 효과적이다. 학생도 의미 있는 학습을 위해 충분한 사실을 익히고, 이를 개념 틀 안에서 이해하며, 지식을 체계적으로 정리해야 한다. 이렇게 개념 중심으로 지식을 조직하면 기억하기 쉽고 적용도 수월하다.

블룸의 교육목표를 개정한 앤더슨(Anderson)과 크래스울(Krathwohl)은 지식을 사실적 지식과 개념적 지식 등으로 나누었다. 사실 지식은 구체적인 정보와 세부사항을 기억하는 것이다. 개념 지식은 원리나 이론적 구조를 이해하는 것이다. 사실 지식은 암기의 대상이고, 개념 지식은 이해와 사고의 대상이다. 개념 지식이 잘 정리되어 있으면 새로운 정보를 더 쉽게 연결할 수 있다.

3) 피아제와 비고츠키의 인지 발달 이론

피아제의 인지 발달 이론도 개념 중심 학습의 중요성을 보여준다. 피아제는 아이가 새로운 정보를 기존의 지식 구조에 맞추거나(동화), 새로운 구조를 만들며(조절) 인지가 발달한다고 설명했다. 학습은 새로운 경험을 기존 개념에 연결하거나 개념 구조를 새롭게 조정하는 과정이다. 교사는 학생이 다양한 경험을 통해 개념을 형성하도록 도와야 한다.

비고츠키는 사회적 상호작용 속에서 개념 이해가 발달한다고 강조했다. 교사와의 질문과 응답, 대화는 개념을 명확히 이해하고 사고력을 기르는 데 중요하다.

4) 뇌과학의 시사점

뇌과학 연구는 사람의 기억 용량이 제한적이라는 점을 보여준다. 흩어진 정보보다 개념으로 묶은 정보가 더 쉽게 기억된다. 전화번호를 숫자 묶음으로 기억하는 것처럼, 지식도 개념 단위로 조직하면 기억해내고 활용하기가 쉬워진다.

예를 들어, 물의 순환 과정을 설명할 때 '구름이 여행을 떠난다'는 이야기 형식을 사용하면, 학생은 개념을 더 잘 이해하고 기억할 수 있다. 이런 이야기를 활용한 수업은 개념 간 연결을 도와 학습 효과를 높인다.

결론적으로, 개념기반 교육과정은 학생이 지식을 연결하고 이해하며 활용할 수 있도록 돕는 교육 방식이다. 교사는 학생이 충분한 사실을 경험하고, 개념을 통해 깊이 있는 이해를 하도록 이끌어야 한다.

06 • 주요 이론가들의 견해: 린 에릭슨, 래닝, 제이콥스 등

1) 린 에릭슨(H. Lynn Erickson)

개념기반 교육과정의 이론과 실제를 설명할 때 가장 먼저 떠오르는 인물은 린 에릭슨이다. 린 에릭슨은 1990년대 후반 미국에서 주별 교육과정 기준이 마련되던 시기에 "깊이 있는 이해"를 강조하며 개념기반 교육과정을 소개했다. 린 에릭슨은 미래 사회에 필요한 역량을 기르려면 교과 내용을 단순한 사실이나 기능 중심으로 구성해서는 안 된다고 말했다. 핵심 개념과 원리를 중심에 두어야 한다고 강조했다.

린 에릭슨은 기존 교육과정이 지식과 기능만 포함한 2차원 구조라고 보았다. 개념기반 교육과정은 여기에 개념을 더한 3차원 구조라고 설명했다. 사실과 기능만 가르치면 학생은 시험에서만 그 지식을 활용한다. 개념까지 함께 가르치면 학생은 새로운 상황에 지식을 응용할 수 있다.

린 에릭슨은 이러한 관점을 바탕으로 지식의 구조 모형을 만들었고, 교사가 수업을 설계하는 방법도 구체적으로 제시했다. 개념기반 교육과정 모형을 적용한 수업에서는 학생의 비판적 사고력과 문제 해결 능력이 향상됐다는 보고가 있었다. 린 에릭슨은 "사실보다 개념을 가르쳐야 진짜 학습이 이루어진다"고 말하며, 모든 학생이 개념적 사고를 하도록 교육과정을 바꿔야 한다고 주장했다.

2) 로이스 래닝

로이스 래닝(Lois A. Lanning)은 린 에릭슨의 개념을 언어 교육에 적용하며 개념기반 교육과정 발전에 기여했다. 린 에릭슨과 래닝은 개념기반 교육과정을 초등부터 고등까지 적용할 수 있는 틀을 개발했다. 초임 교사부터 경력 교사까지 활용할 수 있는 수업 설계 가이드를 함께 만들었다.

래닝은 문학 수업에서 줄거리나 세부 내용을 중심으로 하기보다 인간 본성이나 사회 정의 같은 개념에 집중해야 한다고 강조했다. 이런 방식은 학생이 문학의 주제를 삶과 사회에 연결하며 깊이 있게 읽도록 도와준다. 린 에릭슨과 래닝의 저서는 개념기반 교육과정을 이해하고 실천하는 데 주요 참고 자료로 활용되고 있으며, 한국어 번역본도 널리 읽히고 있다.

3) 하이디 헤이스 제이콥스

하이디 헤이스 제이콥스(Heidi Hayes Jacobs)는 21세기 교육과정 개혁을 주장한 교육자다. 제이콥스는 교육과정 통합과 재구성에 대한 다양한 아이디어를 제안했다. '개념기반'이라는 용어는 자주 사용하지 않았지만, 교육 철학은 개념 중심 교육과정과 비슷하다.

제이콥스는 『Curriculum 21』에서 과거의 교육 내용을 과감히 버리고, 미래 사회에 적합한 개념 중심 교육과정을 구성해야 한다고 강조했다. 더 이상 중요하지 않거나 암기할 필요 없는 지식은 교육과정에서 줄여야 한다고 했다. 대신 비판적 사고, 문제 해결, 협업 같은 역량을 기르고, 교과를 넘나드는 큰 개념과 주제를 중심으로 가르쳐야 한다고 주장했다.

제이콥스는 교육과정 맵핑(curriculum mapping)을 통해 교사가 교육과정을 전체적으로 조망하고, 중복을 줄이며 핵심 개념을 적절히 배치할 수 있도록 도왔다. 이 과정을 통해 학생은 학년이 올라갈수록 개념을 더 깊이 이해하게 된다. 제이콥스의 접근은 학교 전체 교육과정을 개념 중심으로 바꾸는 데 기여한다.

4) 위긴스와 맥타이

그랜트 위긴스(Grant Wiggins)와 제이 맥타이(Jay McTighe)는 '이해 중심 교육과정(Understanding by Design, UbD)' 모델을 제안했다. 이들은 수업 설계의 핵심 목표로 '이해'를 강조했다. 이들은 단원 설계를 할 때 '영속적 이해(enduring understanding)'라는 개념을 중심으로 역방향 설계를 하자고 제안했다. 이는 단원이 끝났을 때 학생이 반드시 알고 있어야 할 개념이나 원리를 먼저 정하고, 그에 맞게 평가와 학습 활동을 설계하는 방식이다.

이 모델은 단순한 지식 전달보다 개념 이해에 초점을 둔다. 위긴스와 맥타이는 개념 중심 수업이 궁극적으로 학생의 사고력과 문제 해결력을 기를 수 있다고 보았다. 특히 이들은 린 에릭슨의 이론을 인용하면서 자신들의 접근과 개념기반 교육과정이 상당히 닮아 있다고 평가했다.

이해 중심 교육과정은 '어떻게 설계할 것인가'에 초점을 두고, 개념기반 교육과정은 '무엇을 가르칠 것인가'에 중심을 둔다. 두 접근은 상호 보완 관계이며, 함께 사용할 때 효과가 높아진다. 실제로 많은 학교에서는 UbD 방식으로 수업을 설계하면서도 그 중심에 개념기반 교육과정의 원리를 반영하고 있다.

정리하면, 린 에릭슨과 래닝은 "무엇을 가르칠 것인가"에 대한 방향을 제시했다. 위긴스와 맥타이는 "어떻게 설계할 것인가"에 대한 방법을 설명했다. 제이콥스는 "교육과정을 미래 사회에 맞게 어떻게 재구성할 것인가"를 강조했다. 이 세 접근은 개념 중심 교육을 위한 튼튼한 이론적 기반을 마련했으며, 세계 여러 나라의 교육과정에도 실제로 영향을 주고 있다.

07 • 국제적 적용 사례: IB, 핀란드, 싱가포르 등

세계 여러 국가와 교육기관들이 21세기 교육 혁신의 일환으로 개념 중심의 교육과정을 도입하고 있다. 그 중에서도 국제 바칼로레아(IB) 프로그램, 핀란드의 교육과정 개혁, 싱가포르의 교육정책은 대표적인 예로 꼽을 수 있다.

1) IB 프로그램

IB(International Baccalaureate)는 유치원부터 고등학교까지 전 세계에서 인정받는 교육 프로그램을 운영하는 기관이다. 개념 중심 교육은 이 프로그램의 핵심이다. IB 초등과정(PYP)과 중등 과정(MYP)에서는 형태, 기능, 인과, 변화, 관점, 책임 같은 큰 개념들을 중심으로 모든 교과를 가르친다.

쉽게 설명하자면, IB 역사 수업에서는 "1945년에 어떤 일이 일어났는가?"만 배우는 게 아니라, "역사 속에서 변화는 어떻게, 왜 일어나는가?"라는 더 큰 개념을 함께 생각한다. 단순히 사건과 연도를 외우는 것을 넘어, 그 사건이 가진 의미와 패턴을 이해하는 것이다. 이렇게 배운 학생들은 지식을 단편적으로 암기하는 것이 아니라, 큰 그림을 볼 수 있는 안목을 갖게 된다.

IB는 모든 교과를 이런 보편 개념과 탐구 질문을 중심으로 구성한다. 따라서 개념은 지식의 조직 원리이자 수업을 이끄는 기준으로 작용한다.

2) 핀란드의 현상 기반 학습

핀란드는 2016년부터 '현상 기반 학습(Phenomenon-Based Learning)'이라는 새로운 방식을 도입했다. 이것은 우리가 흔히 아는 교과 구분(국어, 수학, 과학 등)을 넘어서 실제 세상의 현상이나 문제를 중심으로 배우는 방식이다.

예를 들어 "지구 온난화"라는 주제로 수업할 때, 과학(온실 효과 원리), 사회(환경 정책), 수학(기온 변화 그래프 분석) 등 여러 교과 지식을 함께 배운다. 핀란드 학생들은 일 년에 한 번 이상 이런 통합 수업을 반드시 경험해야 한다.

이 방식은 교과서 지식을 실생활과 연결해 생각할 수 있게 해준다. 핀란드 교사들은 "이런 현상이 왜 일어날까?", "이 문제를 해결하려면 어떤 지식이 필요할까?"와 같은 질문으로 학생들의 사고를 이끈다. 이렇게 배운 학생들은 실제 세상의 복잡한 문제를 다양한 관점에서 볼 수 있는 능력을 기른다.

이처럼 핀란드는 개념기반 교육과정을 넘어서 '현상 기반 교육'이라는 실천적 형태로 진화하고 있다.

3) 싱가포르의 교육 개혁

싱가포르는 "가르침은 줄이고, 배움은 더 많이(Teach Less, Learn More)"라는 정책을 통해 교육 방식을 바꿨다. 무조건 많은 내용을 가르치기보다는, 핵심 내용을 깊이 있게 이해하도록 하는 데 중점을 둔다.

예를 들어 싱가포르 수학 교육은 개념 이해에 기반한 문제해결로 유명하다. 단순히 공식을 외우게 하는 것이 아니라, 구체물 → 그림 → 추상적 기호 단계를 거쳐 수학적 개념을 확실히 이해하도록 가르친다. 이 과정을 통해 학생은 개념을 자연스럽게 내면화하고, 다양한 문제 상황에 유연하게 적용할 수 있게 된다.

또한 싱가포르는 국가 차원에서 21세기에 필요한 역량(의사소통, 창의적 사고, 정보 활용 등)을 기르는 것을 교육 목표로 삼았다. 이런 역량을 기르려면 단편적 지식보다 개념적 이해가 중요하다는 인식이 교육 전반에 퍼져 있다.

4) 그 외 국가들의 흐름

캐나다와 호주 같은 나라들도 비슷한 방향으로 교육과정을 바꾸고 있다. 세계 각국은 "외워서 시험 보는 교육"에서 "개념을 이해하고 적용하는 교육"으로 전환하고 있다. 이는 미래 사회에서 필요한 비판적 사고력, 문제해결력, 창의력을 기르기 위한 공통된 노력이다.

08 • 한국 교육과정의 변화와 개념기반 접근

우리나라도 최근 몇 번의 교육과정 개정을 통해 암기보다 이해와 역량을 중시하는 방향으로 바뀌고 있다.

2015 개정 교육과정에서는 각 교과마다 '핵심 개념'을 정하고, 이를 중심으로 가르칠 내용을 줄이는 노력을 했다. 모든 세부 내용을 다 가르치기보다는 교과의 가장 중요한 개념들을 골라 깊이 있게 배우자는 취지였다.

예를 들어 과학 과목에서는 대단원마다 핵심 개념을 정하고, 그 개념을 배우는 데 필요한 내용만 다루도록 했다. 국어 과목에서도 핵심 개념과 일반화된 지식을 새롭게 제시해, 학생들이 국어를 통해 얻어야 할 큰 개념적 이해가 무엇인지 알려주었다. 이런 변화는 개념기반 교육과정의 생각이 우리 교육에 조금씩 반영되기 시작했다는 신호라고 볼 수 있다.

2022 개정 교육과정에서는 한 걸음 더 나아가 '깊은 학습'을 강조했다. 교육부는 미래 사회에 필요한 능력을 기르기 위해 교과에서 깊이 있는 학습이 필요하다고 밝혔다. 이를 위해 각 교과는 꼭 필요한 내용만 골라내고, 교과 고유의 사고 방식과 탐구 방법을 명확히 하는 데 중점을 두었다. 단순히 외우는 공부가 아닌, 핵심 개념과 사고력을 기르는 방향으로 바뀐 것이다.

예를 들어 2022 개정 사회 교과는 세부 영역을 나열하던 방식에서 벗어나 '지속가능성', '세계 시민' 같은 개념 중심 주제를 강조했다. 과학 교과는 '빅 아이디어'를 도입해 물리, 화학, 생물, 지구과학을 관통하는 큰 개념들을 중요하게 다뤘다. 국어 교과는 통합형 교육을 통해 국어 능력을 실제 삶의 문제 해결과 연결하려 했다. 이런 변화들은 모두 개념 중심, 역량 중심 교육과정을 우리나라에서 적용한 사례라고 볼 수 있다.

물론 정책과 현실 사이에는 차이가 있다. 2022 개정 교육과정이 개념기반 교육을 지향한다고 말하면서도, 실제 교과서를 만들거나 평가할 때는 여전히 세부 내용을 나열하는 경우가 많다는 비판도 있다. 말로는 "개념 중심"이라고 하지만, 교사들이 구체적으로 무엇을 어떻게 해야 할지 안내가 부족하다는 지적이다. 이는 개념 중심 교육이 학교 현장에 제대로 자리 잡기 위해 앞으로 해결해야 할 과제다.

그럼에도 큰 흐름은 분명하다. 지식의 양보다는 질을, 암기보다는 이해와 활용을 중시하는 방향으로 우리 교육이 바뀌고 있다. 이는 개념기반 교육과정의 철학과 같은 방향이며, 교사들에게도 "왜", 그리고 "무엇을" 가르칠 것인가에 대해 다시 생각해보게 한다.

요약하면, 한국 교육과정은 점차 개념과 역량 중심으로 변하고 있다. 2009년부터 이해 중심 교육 모형이 교사 연수에 도입되었고, 2015년에는 핵심 개념과 학습량 줄이기가 강조되었으며, 2022년에는 깊이 있는 이해와 교과 역량이 더욱 중요해졌다. 이런 맥락에서 개념기반 교육과정은 새로운 이론이 아니라, 이미 우리 교육의 방향과 맞닿아 있는 개념이다. 이제 남은 과제는 이런 생각을 실제 교실 수업에서 어떻게 실천할 것인가이다.

09 • 개념기반 교육의 효과와 가치

개념기반 교육과정을 실천하면 학생들의 학습 경험과 성취에 어떤 변화가 생길까? 연구와 현장 사례를 보면 그 효과는 매우 긍정적이다. 주요 교육적 효과와 가치를 살펴보자.

첫째, 깊은 이해와 오래 남는 학습 효과가 있다.

개념 중심으로 배우면 학생들은 단순 암기를 넘어 지식이 왜 중요한지, 어떻게 활용할 수 있는지까지 이해하게 된다. 이렇게 배운 내용은 오래 기억에 남고, 시간이 지나도 큰 개념은 머릿속에 남아 새 지식을 받아들일 때 밑바탕이 된다.

"정보는 그것으로 뭔가를 할 수 있을 때만 의미가 있다"는 말처럼, 개념 중심 학습은 지식을 활용할 수 있는 형태로 남게 해준다. 예를 들어 과학 공식만 외운 학생보다, 그 공식의 개념적 의미를 이해한 학생은 나중에 새로운 현상을 만나도 원리를 연결해 생각할 수 있다. 이는 시험 성적에도 좋은 영향을 준다. 암기한 학생은 시험 후 금방 잊지만, 이해한 학생은 처음 보는 문제도 개념을 응용해 풀 가능성이 높다.

둘째, 응용력이 향상된다.

개념기반 수업을 받은 학생들은 배운 개념과 원리를 새로운 상황에 적용하는 능력이 크게 좋아진다. "사실과 주제만으로는 전이가 안 되지만, 개념은 전이된다"는 것이 개념 중심 수업의 핵심이다. 배운 것을 실생활에 적용하려면 구체적 사례가 바뀌어도 통용되는 일반 원리를 알아야 하는데, 개념 중심 수업이 바로 이 일반 원리를 명확히 가르치고 연습시킨다. 예를 들어 수학에서 "비례" 개념을 확실히 이해하면, 일상 속 가격 비교부터 과학 실험 데이터 해석까지 여러 상황에서 그 개념을 적용할 수 있다. 개념 중심 교육을 받은 학생들은 문제 해결에 유연하고 창의적이라는 연구 결과도 있다. 이들은 배운 개념으로 새로운 상황을 분석하고, 유추와 비유를 통해 해결책을 찾는 데 능숙하기 때문이다.

셋째, 비판적 사고와 이해 중심의 학습 태도가 길러진다.

개념 중심 학습은 학생들에게 "왜 그런가?"를 계속 질문하게 한다. 암기 수업에서는 학생들이 외운 것을 그냥 받아들이기 쉽지만, 개념 수업에서는 근본 원리와 의미를 따져보는 습관이 생긴다.

예를 들어 역사 수업에서 "어떻게?"보다 "왜 그런 혁명이 일어났을까?", 과학 수업에서 "무엇?"보다 "왜 그런 현상이 나타날까?"를 질문하면서 학생들은 피상적 학습을 넘어 분석적·비판적 사고를 하게 된다. 이는 호기심을 자극해 능동적 학습 태도를 길러준다.

'생각하는 교실'을 만드는 데 개념기반 교육과정이 효과적이라는 보고가 있는데, 이는 학생들이 개념적 질문에 대해 토론하고 성찰하면서 깊이 있는 사고력을 기르기 때문이다. 이런 비판적 사고 습관은 학교 밖 실제 삶의 문제(사회 이슈, 개인 결정 상황 등)를 만났을 때도 적용되어, 정보에 휘둘리지 않고 핵심을 파악하는 힘이 된다.

넷째, 학습 참여도와 흥미가 높아진다.

개념 중심 수업은 학생들의 흥미와 참여를 높이는 경향이 있다. 이는 실생활과 연결된 맥락에서 수업이 이루어지고, 큰 질문에 대한 답을 찾는 방식으로 진행되기 때문이다.

학생들은 "왜 이걸 배워야 하지?"라는 의문을 가지기 쉬운데, 개념 중심 수업에서는 교사가 처음부터 큰 개념과 관련된 문제 상황을 제시해 학습의 목적을 느끼게 해준다. 예를 들어 단순히 수학 공식을 가르치는 대신 "어떻게 하면 공정한 게임을 만들 수 있을까?"라는 질문을 던지고 확률 개념을 가르치면 학생들의 집중도가 높아진다.

또한 개념 중심 학습에서는 학생들이 자신의 경험이나 의견을 연결할 기회가 많아 더 적극적으로 참여할 수 있다. 프로젝트, 토의, 탐구학습과 결합하기도 쉬워 학생 중심 수업으로 바꾸는 데도 유리하다. 이런 수업 환경에서 학생들은 자기 주도적 학습 능력과 협업 능력도 자연스럽게 기를 수 있다.

다섯째, 교과 간 통합과 통합적 안목이 형성된다.

개념은 한 교과 안에서뿐 아니라 여러 교과를 연결하는 다리 역할도 한다. 개념기반 교육과정은 필요에 따라 통합 교육과정을 짜는 것을 권장하는데, 이는 학생들에게 지식의 전체적 그림을 그릴 수 있게 해준다.

예를 들어 "균형"이라는 개념은 과학(생태계 균형), 체육(신체 평형감각), 미술(시각적 균형), 수학(등식의 균형) 등 여러 분야에 적용된다. 이 개념을 각 과목에서 따로 가르치기보다, 교사들이 협력해 공통 주제로 다루면 학생들은 지식의 가로 연결을 경험할 수 있다. 이는 학습 내용 중복을 줄이고, 여러 관점에서 깊이 있게 배우는 효과가 있다.

개념기반 교육과정은 융합수업이나 현장 체험 학습 등과 결합할 때 더욱 가치가 빛난다. 더 나아가 학생들은 지식을 통합적으로 보는 눈을 길러 문제 해결에 다양한 접근이 가능해지고, 창의적 아이디어를 만들어내는 토대가 된다.

여섯째, 미래 역량이 길러진다.

결국 개념기반 교육과정이 목표로 하는 것은 학생들에게 미래 사회를 살아갈 역량을 주는 것이다. 정보화 사회에서는 사실을 많이 아는 것보다 사고력, 문제 해결력, 창의성, 협업 능력, 소통 능력 등이 중요해졌다. 개념 중심 수업은 이 모든 역량을 기르는 밑바탕이 된다.

개념을 이해하려면 분석력과 사고력이 필요하고, 개념을 적용하려면 문제 해결력과 창의성이 필요하다. 또한 개념에 대해 친구들과 토론하고 프로젝트를 하면서 협업과 소통 능력도 함께 자란다.

예를 들어 IB 프로그램에서 강조하는 국제 이해와 소통 역량도 다양한 관점에서 개념을 탐구하고 세계적 맥락에서 생각하도록 훈련받은 학생들이 자연스럽게 얻게 되는 것이다. 즉, 개념기반 교육과정은 21세기형 인재를 기르는 효과적인 교육과정이다. 이는 우리 교육이 지향하는 창의융합형 인재상과도 맞닿아 있다.

이런 효과들 때문에 개념기반 교육과정은 단순한 이론이 아니라 교육 현장에서 실천할 가치가 있는 접근으로 인정받고 있다. 물론 개념 중심 수업을 처음 시작하는 교사는 준비할 것도 많고 낯설게 느낄 수 있다. 하지만 일단 시도해본 교사들은 "학생들이 개념을 스스로 발견할 때 보람을 느낀다", "수업의 깊이가 달라지고 아이들의 이해도가 높아졌다"는 긍정적인 평가를 많이 전한다.

10 현장의 오해와 걱정: 자주 묻는 질문에 답합니다

개념기반 교육과정으로 바꾸려는 교사들은 기대와 함께 여러 걱정과 의문도 있을 것이다. 새로운 방식을 도입할 때 느끼는 불안은 자연스러운 일이다. 지금부터 교사들이 자주 갖는 질문이나 오해를 몇 가지 살펴보고, 이에 대한 답변과 실천 방법을 알아보자.

오해 1 "개념 중심으로 가르치면 지식 내용은 소홀해지지 않을까요?"

많은 선생님들이 "개념을 가르치라고? 그럼 구체적인 지식은 안 가르쳐도 되나?" 하고 걱정한다. 하지만 개념 중심 교육은 결코 사실을 가르치지 말라는 뜻이 아니다. 오히려 사실과 개념을 모두 가르치되, 둘 사이의 연결고리를 분명히 하라는 것이다. 앞서 봤듯이 사실적 지식은 개념적 이해의 토대다. 충분한 사실 없이는 개념 이해도 불가능하다. 따라서 중요한 핵심 사실, 사례, 용어 등은 여전히 가르쳐야 한다.

다만, 그 사실들을 가르친 후 "이 사례들이 공통으로 보여주는 개념은 무엇일까?", "이 사실들을 통해 어떤 원리를 알 수 있을까?"를 물으며 한 단계 더 나아가는 것이 개념 중심 수업이다. 이는 나무 한 그루 한 그루를 보여준 후, 숲 전체 모습도 함께 보여주는 일과 비슷하다. 개별 사실은 나무에 해당하고, 개념은 숲의 모습이다. 학생들이 나무만 보고 끝나지 않고 숲을 볼 수 있게 도와주는 것이지, 나무를 보지 말라는 게 아니다.

또한 개념 중심으로 가르친다고 세부 내용을 전혀 다루지 않는 것도 아니다. 시험이나 평가 대비에 필요한 중요 사실들은 개념 학습 과정에서 충분히 다룰 수 있다. 예를 들어 사회 수업에서 민주주의의 개념과 가치를 가르치면서 고대 그리스의 민회, 사회계약론, 세계 각국의 정부 형태 등 구체적 사례를 함께 살펴볼 수 있다. 다만 이 모든 사례들은 "민주주의"라는 큰 개념 아래 서로 연결되어 학생들에게 제시된다.

이렇게 하면 학생들은 각각의 사실을 따로 외울 때보다 더 잘 이해하고 기억하게 된다. 사실들을 하나의 의미 맥락 속에서 처리하기 때문에 기억하기도 쉽고 머릿속에 더 오래 남는다. 결국 개념 중심 수업은 사실 학습을 배제하는 게 아니라, 사실 학습을 더 의미 있게 만드는 방식이다.

오해 2 "학생들에게 추상적인 개념은 어려울 것 같습니다."

'개념'이란 말에서 느껴지는 추상성 때문에 "우리 아이들 수준에 개념은 너무 어려운 거 아닌가요?"라는 걱정도 많다. 하지만 개념 학습이 꼭 어려운 것만은 아니다. 개념은 추상적이지만, 그 개념을 이해하도록 돕는 구체적인 사례와 활동을 어떻게 제공하느냐에 따라 충분히 학생들 눈높이에 맞출 수 있다.

사실 아이들은 이미 어릴 때부터 일상에서 개념을 형성해 나간다. 예를 들어 유아가 여러 종류의 개와 고양이를 보고 "강아지", "고양이"라는 개념 범주를 익히듯이, 학교 수업에서도 구체적인 것에서 추상적인 것으로 접근하면 개념 이해를 도울 수 있다.

교실에서는 귀납적 교수법을 활용하는 것이 효과적이다. 즉, 여러 가지 구체적인 사례나 자료를 먼저 보여준 후 거기서 공통점을 묻고 개념을 이끌어내는 방식이다. 예를 들어 과학 시간에 "증가-감소" 개념을 가르치고 싶다면, 다양한 늘고 줄어드는 현상(인구 증가 그래프, 온도 변화 그래프, 저금통에 돈이 늘고 줄어드는 모습 등)을 학생들에게 보여주고

"어떤 공통 패턴이 있나?" 토론하게 한 뒤 "증가와 감소"라는 개념어를 소개할 수 있다.

이렇게 하면 학생들은 자신들이 이미 알고 있는 친숙한 경험에서 시작해 개념에 도달하기 때문에 이해가 쉽고 기억에도 오래 남는다. 개념을 배운 후에는 그것을 다른 상황에 적용해보는 활동을 하면 좋다. 예를 들어 증가-감소 개념을 배웠다면, "우리 학교 1학년부터 6학년까지의 학생 수 변화를 조사해 그래프로 그리고 분석해보자" 같은 과제를 주는 것이다. 이를 통해 학생들은 방금 배운 개념을 실제로 써보면서, 개념이 추상적 단어가 아니라 현실을 이해하는 열쇠임을 깨닫게 된다.

오해 3 "진도를 나가기도 바쁜데, 이렇게 하면 진도 못 나가지 않나요?"

현실적으로 교사들이 느끼는 가장 큰 부담 중 하나는 제한된 수업 시간 안에 교육과정 진도를 모두 나가는 문제다. 개념 중심으로 깊이 있게 수업하려면 시간이 더 필요할 것 같고, 그러면 꼭 가르쳐야 할 내용을 못 다룰까 걱정된다.

하지만 모든 내용을 다루는 것과 모든 내용을 실제로 배우는 것은 다른 문제다. 학생들이 교과서의 모든 내용을 훑는다고 해서 다 자기 것으로 만드는 건 아니지 않은가? 오히려 너무 많은 내용을 피상적으로 다루면 어느 하나도 제대로 기억에 남지 않는 역효과가 날 수 있다. 차라리 중요한 내용에 시간을 더 써서 깊이 있게 이해시키면, 일부 사소한 지식을 건너뛰더라도 전체 학습 효과는 더 높아질 수 있다.

교육과정 압축과 집중은 전 세계적인 흐름이다. 앞서 소개한 싱가포르의 "가르치는 것은 줄이고, 배움은 더 많이" 정책이나 우리 교육과정의 적정화 방침처럼, "가르치는 양은 줄이고, 이해의 질은 높인다"는 접근이 바로 그것이다.

실천 방법으로는 교육과정 분석을 통해 우선순위를 정하는 것이 좋다. 가르쳐야 할 성취기준과 내용을 쭉 나열한 다음, 이 중 정말 핵심적인 개념과 원리가 무엇인지 표시해보자. 그리고 그 핵심을 가르치는 데 꼭 필요한 내용과 부가적인 내용을 구분한다. 필수 내용은 시간을 충분히 쓰고, 부가 내용은 통합하거나 과제로 대체하거나 간략히 다루는 식으로 조정한다. 이렇게 하면 전체 진도를 나가면서도 중요한 부분에 집중할 수 있다.

또한 개념 중심 수업이라고 해서 반드시 시간이 더 걸리는 것도 아니다. 때로는 개념을 중심으로 묶어서 가르치면 오히려 효율적일 수 있다. 예를 들어 국어 문법에서 관련된 개념들을 한꺼번에 개념 지도로 보여주며 설명하면, 따로따로 가르칠 때보다 시간도 아끼고 전체 체계를 이해시키기 쉽다. 역사도 연표식으로 사건을 하나씩 가르치는 대신 핵심 주제(개념)별로 통합해서 가르치면 맥락 파악이 쉬워져 복습 시간도 줄어든다.

평가 대비에 대한 걱정도 있겠지만, 최근 평가 경향은 단순 암기보다 이해와 적용을 묻는 문항이 늘고 있다. 그러므로 개념 중심으로 배운 학생들이 오히려 시험 문제를 더 잘 풀 수도 있다. 서술형이나 응용 문제가 나오면, 개념을 이해한 학생들이 더 유리하다.

오해 4 "우리 교육 현실에서 가능할까요? 준비할 것이 너무 많고 힘들 것 같아요."

개념 중심 수업으로 바꾸려 할 때, "현실적으로 어렵다"는 걱정도 크다. 매일 수업 준비와 업무로 바쁜데 개념 중심으로 새롭게 준비하려니 막막할 수 있다. 그러나 너무 완벽하게 처음부터 다 바꾸려 하지 말고, 작은 것부터 시도해보자. 예를 들어 기존 수업에서 토의 질문 하나만이라도 개념적 질문으로 바꿔본다든지, 단원 도입에 개념 그림이나 만화를 보여준다든지 하는 작은 변화부터 시작해 보자. 한두 번의 시도가 쌓이면 점차 감각이 생기고 자신감도 커진다.

또한 동료 교사들과 협력하면 훨씬 수월하다. 같은 학년 교사들끼리 혹은 같은 과목 교사들끼리 모여 교육과정을 함께 살펴보고, "이 단원의 개념은 뭘까", "어떤 활동이 좋을까" 아이디어를 나누는 시간을 가져보자. 처음엔 어려워도 머리를 맞대다 보면 좋은 수업 구상이 떠오르기도 한다.

학생들도 변화에 적응하는 시간이 필요하다. 처음에는 "왜 갑자기 이렇게 해요?"라고 물을 수 있다. 이때 교사가 학습의 이유를 충분히 설명해 주면 학생들도 따라온다. "이것을 단순히 외우는 대신, 진짜 이해해서 나중에도 활용할 수 있도록 이런 방법으로 수업을 해보려고 해요."라고 솔직하게 말해보는 것도 좋다. 그 후 수업을 진행하면, 오히려 학생들이 더 활발히 참여하는 모습을 보며 교사도 힘을 얻을 수 있을 것이다.

끝으로, 개념 중심 수업은 결코 교사 혼자 짐을 지는 방식이 아니다. 학생을 믿고 함께 만들어가는 수업이다. 교사가 완벽한 설명을 다 해주지 않아도, 학생들이 스스로 개념을 찾아가도록 격려하면 된다. 교사는 옆에서 힌트와 자료를 제공하고, 질문을 던지고 듣고, 필요할 때 피드백을 주면 된다. 수업의 중심을 교사에서 학생으로 살짝 옮긴다고 생각하고, 처음엔 불안하더라도 학생들의 사고 과정을 믿고 지켜보는 여유를 가져보자. 교실에서 펼쳐질 '아하!' 순간들을 기대하면서.

11 • 이해 중심 교육을 향하여

지금까지 개념기반 교육과정이 무엇인지, 왜 중요하며 어떻게 접근할 수 있는지 살펴봤다. 핵심은 "학생들이 단순 암기를 넘어 진정한 이해에 도달하도록 돕자"는 것이다. 개념 중심 교육과정은 교사들에게 새로운 도전일 수 있지만, 결코 공허한 이상이 아니라 구체적인 실천 방안이다. 이미 여러 나라와 학교에서 그 효과가 검증되고 있으며, 우리 교육과정의 변화 방향과도 같은 길을 걷고 있다.

하루아침에 모든 수업을 바꾸기는 어렵겠지만, 교사의 생각부터 바꿔보는 건 어떨까? '내 교실의 아이들이 지식을 정말로 이해하고 있을까?' 자문해보고, 만약 그렇지 않다면 어떤 개념을 놓치고 있는지 생각해보자. 그 개념을 다시 강조하고 연결해주는 작은 시도가 변화의 출발점이 될 수 있다. 21세기 교실은 더 이상 19세기식 암기 수업으로 학생들의 마음을 사로잡기 어렵다. 정보는 넘쳐나고 사회는 빠르게 변한다. 이런 시대에 우리 아이들에게 정말 필요한 것은 스스로 배우고 생각하는 방법이다. 개념기반 교육과정은 그 방향으로 가는 하나의 나침반이 될 것이다.

이해 중심 교육을 실천하려는 교사들은 익숙한 길을 벗어나 새 길을 개척하는 선구자다. 처음에는 시행착오도 있고 어려움도 있겠지만, 그 과정에서 교사로서의 보람과 성장도 함께할 것이라 믿는다.

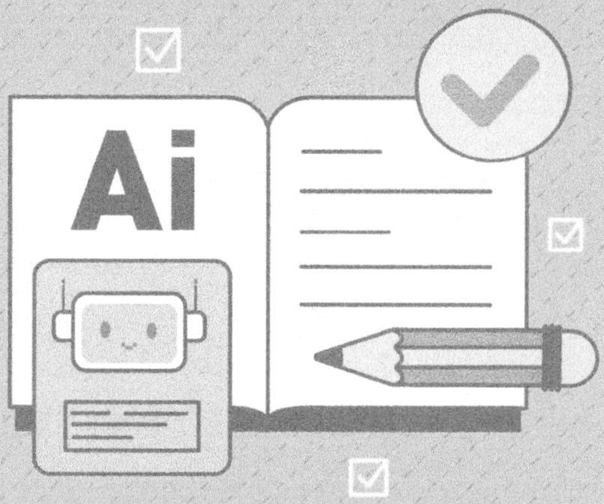
Ai

오디오 가이드(제2장)

2장

개념기반 탐구 수업의 첫 걸음 : 단원 설계

열정교사 선생님, 개념기반 교육과정 이야기는 많이 들었는데, 막상 교실에서 어떻게 적용해야 할지 잘 모르겠어요.

수석교사 좋은 질문이에요. 개념기반 교육과정은 학생들이 지식을 단순히 외우기보다, 스스로 이해하고 다양한 상황에 적용할 수 있도록 돕는 교육이에요. 그 철학을 실제 수업으로 연결하는 핵심이 바로 '개념기반 단원 설계'죠.

열정교사 단원 설계요? 그건 그냥 교과서 순서대로 진도 나가면 되는 거 아닌가요?

수석교사 일반적인 단원 설계와는 달라요. 개념기반 단원 설계는 수업의 뼈대를 중심 개념에 맞춰 구조화하는 작업이에요. 예를 들어, 5학년 사회에서 '공동체'를 배운다고 했을 때, 단순히 개념 정의만 가르치는 게 아니라, 다양한 사례를 통해 학생 스스로 공동체의 본질을 발견하고 일반화된 이해에 도달할 수 있도록 설계하는 거죠.

열정교사 아, 수업 전체가 그 개념을 중심으로 짜여지는 거군요. 그런데 차시 단위 수업이 더 익숙한데, 굳이 단원 단위로 설계해야 할까요?

수석교사 아주 중요한 부분이에요. 개념은 깊이 있는 이해가 필요한데, 한두 차시 수업으로는 부족하죠. 예를 들어 '균형'이라는 개념을 가르친다면, 생태계, 신체, 경제 등 다양한 사례를 단원 전체에 걸쳐 다뤄야 개념이 제대로 잡혀요. 차시 단위 수업만 반복하면 학생들은 오늘 뭘 배우는지, 왜 배우는지 혼란스러울 수 있어요.

열정교사 예시가 있으신가요? 그렇게 구성된 수업이 실제로 어떻게 흘러가는지 궁금해요.

수석교사 한 예로, '힘과 운동' 단원을 이렇게 설계할 수 있어요. 1~2차시에는 학생들의 오개념을 확인하고, 3~5차시에는 실험을 통해 '힘이 운동에 미치는 영향'을 탐구하게 해요. 이후 6차시에서는 배운 개념을 실제 문제 상황에 적용해 보고, 마지막 7차시에는 새로운 문제를 스스로 찾아서 해결해보는 시간으로 구성하는 거예요. 이런 식으로 수업을 짜면, 학생들이 배운 내용을 연결해서 생각하게 되고, 개념의 핵심을 스스로 정리할 수 있게 돼요.

열정교사 흐름이 있는 수업 구성이네요. 그러면 단원이 하나의 이야기처럼 이어져야 한다는 말씀이신가요?

수석교사 맞아요. 개념기반 수업은 단원이 하나의 서사처럼 구성되어야 해요. 각 차시는 단원의 중심 개념을 중심으로 사고가 점진적으로 확장되는 하나의 장면 역할을 해요. 예를 들어 중학교 사회에서 '민주주의'를 주제로 단원을 구성한다면, 개념 탐구에서 시작해서 역사적 사례 분석, 현재 이슈 비판, 그리고 미래 사회에 대한 제안까지 하나의 흐름으로 진행하는 거죠.

열정교사	그럼 단원 중심 수업이 학생들에게 어떤 교육적 효과를 주나요?
수석교사	여러 가지가 있어요. 우선, 사고가 누적적으로 확장돼요. 각 차시가 앞 내용을 바탕으로 이어지기 때문에 학습의 연결성이 생기고, 학습 목적도 분명하게 인식돼요. 무엇보다 개념을 반복적으로 다양한 맥락에서 탐구하면서 개념이 장기 기억에 남고, 새로운 상황에서도 적용할 수 있는 전이 능력이 길러지죠.
열정교사	이야기를 듣다 보니, 개념기반 수업은 단순한 지식 전달이 아니라 학생의 사고 자체를 키우는 방식이네요.
수석교사	정확해요. 학생들이 지식을 수집하는 데 그치지 않고, 그것을 스스로 정리하고 해석하며 응용할 수 있도록 사고의 구조를 설계해주는 것이 바로 단원 설계의 목표예요. 단원이 단지 행정적인 계획이 아니라 교육의 본질을 실현하는 구조라는 걸 기억해야 해요.
열정교사	단원 중심 수업의 중요성을 알게 됐어요. 앞으로 수업 설계를 할 때 더 큰 틀에서 생각해야겠네요.
수석교사	네, 개념기반 교육과정에서는 수업의 기본 단위가 차시가 아니라 단원이 되어야 해요. 국가 교육과정 문서에서도 성취기준과 핵심 개념은 단원 단위로 제시되어 있거든요. 단원 중심 설계는 교육과정의 구조 자체와도 잘 맞는 접근이에요.
열정교사	이제는 단원이 개념 중심 수업의 핵심 단위라는 걸 알겠어요. 감사합니다, 선생님!

개념기반 교육과정은 학생들이 지식을 단순히 외우는 것보다 스스로 이해하고, 이러한 이해를 다양한 상황에서 활용할 수 있는 교육을 강조한다. 이런 목표를 실현하는 핵심 방법이 바로 '개념기반 단원 설계'다. 이 글에서는 개념기반 단원 설계의 중요성과 교실에서의 실제 적용 방법을 설명한다.

01 • 개념기반 단원 설계의 의미와 역할

1) 개념기반 교육과정을 실제 수업으로 연결하는 '다리'

'개념기반 교육과정'은 학생들이 단편적인 지식 암기 대신, 핵심 개념을 깊이 이해하고 다른 상황에 활용할 수 있는 능력을 기르는 교육이다. 그러나 좋은 철학과 이론도 실제 수업으로 연결되지 않으면 의미가 없다. 이 철학을 교사가 교실에서 구현하는 것이 바로 '단원 설계'다.

개념기반 단원 설계는 개념 중심 수업을 현실에 구현하는 '수업의 뼈대' 역할을 한다. 예를 들어 초등학교 5학년 사회 수업에서 '공동체' 개념을 가르친다고 생각해 보자. 교사는 '공동체'의 뜻만 알려주는 것이 아니라, 다양한 사례와 질문으로 학생들이 공동체의 본질을 발견하고, 여러 상황에 적용하도록 단원 전체를 구조적으로 설계한다. 이 과정에서 중심 개념과 관련된 작은 개념들을 정하고, 학생들이 오래 기억할 '일반화된 이해'(예: 공동체는 구성원의 협력과 책임으로 유지된다)를 도출하며, 이를 탐구할 질문과 활동, 평가까지 단원 안에서 일관성 있게 연결한다.

2) 차시 단위가 아닌 '단원 단위' 설계의 필요성

개념 이해에는 충분한 시간과 구조화된 과정이 필요하다. 예를 들어, '균형' 개념 이해는 한두 시간 동안 한 가지 사례만으로는 부족하다. 단원 전체에서 여러 사례를 폭넓게 탐구할 때 학생들은 그 개념을 깊이 이해하고 새로운 상황에 적용할 수 있다. 생태계의 균형, 우리 몸의 균형, 경제의 균형 등 여러 사례를 수업마다 다루며, 학생들이 스스로 비교하고 분석하며 개념을 구체화한다.

각 수업 시간(차시)을 따로 설계하면, 학생들은 그날 배운 활동이나 내용에만 집중하고, 전체적으로 무엇을 배우는지, 왜 배우는지 이해하기 어렵다. 반면, 단원 단위로 구조적으로 설계한 수업에서는 학생들이 '지금 내가 무엇을 배우고 있고, 왜 배우는가'를 분명히 인식한다.

한 초등학교의 가상 사례를 통해 이해를 돕고자 한다. 6학년 과학 단원에서 '힘과 운동' 개념을 중심으로 7차시 수업을 다음과 같이 설계했다.

- 1~2차시: 학생들의 기존 오개념 확인하기
- 3~5차시: 다양한 실험과 사례로 '힘이 운동에 미치는 영향' 탐구하기
- 6차시: 배운 개념으로 실생활 문제 분석하고 해결하기
- 7차시: 새로운 상황에서 스스로 문제 찾아 해결하며 개념 적용 범위 넓히기

이렇게 단원 전체를 중심 개념에 따라 구조화된 흐름으로 설계하면, 학생들은 각 수업 시간의 활동이 서로 연결됨을 자연스럽게 인식한다. 그 결과, 수업이 단순히 '하루하루 다른 내용'을 배우는 것이 아니라, 하나의 중심 개념을 중심으로 사고를 점차 확장해 나가는 과정임을 깨닫게 된다.

이러한 인식은 학습에 대한 목적의식을 높이고, 각 활동의 의미를 스스로 해석하게 하며, 반복적이고 누적적인 탐구를 통해 개념을 점차 정교화한다. 또한 다양한 맥락에서 개념을 반복적으로 다루기 때문에, 학생들은 개념의 핵심을 더 깊이 이해하고, 이를 장기 기억 속에 안정적으로 저장한다.

결국 학생들은 지식을 단편적인 정보가 아니라 하나의 '구조화된 의미망'으로 받아들이며, 이는 새로운 문제 상황에서도 해당 개념을 유연하게 적용하는 전이 능력으로 이어진다.

3) 단원 설계의 사고 구조화와 일관된 학습 경험 제공

개념기반 교육과정에서 '좋은 수업'이란 학생이 무엇을 했는지를 평가하는 것이 아니라, 그 활동을 통해 무엇을 이해했는지를 중심으로 평가한다. 이러한 이해 중심 수업을 위해서는 개별 차시 수업들이 단절된 활동의 나열이 아니라, 하나의 유기적인 이야기처럼 연결되어야 한다. 즉, 단원 전체가 서사적 구조를 가지며 시작과 전개, 심화, 확장이라는 일관된 흐름 안에서 학습이 진행되어야 한다.

각 차시는 단원의 중심 개념을 중심으로 사고가 점진적으로 확장되는 하나의 장면(scene) 역할을 한다. 학생은 그 흐름 안에서 '지금 나는 무엇을 배우고 있으며, 어떤 방향으로 사고를 전개해야 하는가'를 인식할 수 있다. 이때 학습은 단순한 지식의

축적이 아니라, 이전에 배운 내용을 바탕으로 새로운 생각을 생성하고, 그것을 또 다른 문제 상황에 적용하는 사고의 연결망을 형성하게 된다.

예를 들어, 중학교 사회 교과의 '민주주의' 단원은 다음과 같이 구성될 수 있다.

- 1~2차시: 민주주의의 핵심 개념(자유, 평등, 참여, 법치 등)을 탐구
- 3~5차시: 4·19 혁명, 6월 민주항쟁과 같은 역사적 사례를 통해 개념이 실제로 어떤 사회적 맥락에서 작동했는지를 분석
- 6~7차시: 현재 우리 사회의 정책이나 이슈를 중심으로 민주주의가 얼마나 잘 작동하고 있는지를 비판적으로 검토
- 8차시: 학습한 내용을 바탕으로 학생 스스로 '더 나은 민주사회'를 위한 제안을 만들고 발표

이와 같이 설계된 수업은 단원 전체가 하나의 명확한 흐름과 목적을 가진 서사 구조로 짜여져 있으며, 학생의 사고는 처음에는 개념에 대한 단편적 이해에서 출발하여, 점차 그것을 다양한 사례에 적용하고 분석하며, 궁극적으로 자신의 입장에서 재구성하고 표현하는 방향으로 발전한다.

단원 설계를 통해 제공되는 일관된 학습 경험은 다음과 같은 교육적 효과를 갖는다.

- 사고의 누적성과 연결성: 각 차시가 독립적인 활동이 아니라, 앞에서 다룬 내용을 토대로 다음 내용을 심화하는 방식으로 구성되기 때문에, 학생의 사고가 점진적으로 확장된다.
- 학습 목적에 대한 명료한 인식: 단원 전체의 흐름 속에서 각 차시의 역할이 분명하므로, 학생은 '왜 이 활동을 하는지', '어떤 개념을 익히고 있는지'를 인식하며 학습할 수 있다.
- 개념의 내면화와 전이 가능성 강화: 반복적이고 다양한 맥락에서 개념을 탐구하는 경험은 개념을 장기 기억에 효과적으로 저장하게 하며, 새로운 문제 상황에서도 이를 적용할 수 있는 전이 능력을 키운다.
- 학습 동기의 지속성 유지: 수업 흐름이 논리적으로 연결되어 있고 학습 활동들

이 자연스럽게 이어지기 때문에, 학생은 자신이 배우는 것에 의미를 부여하며 지속적인 학습 동기를 유지하게 된다.

결국, 단원 설계는 학생이 지식을 수집하는 데 그치지 않고, 그것을 스스로 정리하고 해석하며, 응용할 수 있도록 돕는 '사고의 구조'를 만들어 주는 틀이다. 그리고 이 구조는 수업이라는 일회적 활동을 넘어, 학생의 삶과 사고 전반에 영향을 주는 깊이 있는 학습 경험으로 이어진다. 이는 단원 단위 수업 설계가 단지 행정적 계획이 아닌, 교육의 본질을 구현하는 핵심적 전략임을 보여준다.

4) 개념기반 교육과정의 '단원 중심' 특성

개념기반 교육과정에서는 수업의 기본 단위를 '차시'가 아니라 '단원'으로 바라보는 관점이 중요하다. 이는 단지 계획의 단위를 크게 잡자는 이야기가 아니다. 교육과정이 설계된 구조 자체가 단원 단위로 개념을 조직하고 있기 때문이다. 다시 말해, 교과서와 교육과정 문서를 그대로 따라가도 사실상 우리는 단원 단위 사고를 전제로 한 내용을 마주하고 있는 셈이다.

① 국가 교육과정 문서의 구조: 단원 중심 설계의 근거

우리나라 국가 교육과정(예: 2015 개정 교육과정, 2022 개정 교육과정)을 살펴보면, 각 교과에서 제시하는 성취기준, 핵심 개념, 일반화된 이해(Enduring Understandings)는 모두 '단원' 단위로 조직되어 있다. 예를 들어 사회과 교육과정에서는 '정치' 영역 안에 '민주 정치의 발전과 과제'라는 단원이 있고, 이 안에서 핵심 개념(예: 민주주의, 시민 참여 등)이 설정되며, 그것을 뒷받침하는 성취기준이 배열되어 있다. 이는 단원 중심으로 개념을 배우고 사고를 전개하라는 의미다.

이처럼 교육과정의 기본 구조가 단원 단위라는 점은 매우 중요하다. 단원은 단순한 내용 묶음이 아니라, 개념을 중심으로 학습자 사고를 구조화하기 위한 설계 단위라는 것이다.

② 차시는 단원의 실행 단위일 뿐, 목표 단위가 아니다

많은 교사들이 실무에서는 '차시 중심'으로 수업을 계획하는 경우가 많다. 예컨대,

주간 학습 계획을 세울 때도 "1차시는 개념 정의, 2차시는 사례 탐구…"처럼 개별 활동에 초점을 두기 쉽다. 하지만 개념기반 교육과정에서는 각 차시는 단원이라는 큰 흐름 속에서 사고의 전개 과정을 구성하는 하나의 단계로 여겨져야 한다. 즉, 차시는 학습 목표를 이루기 위한 '진행 단위'이지, 그 자체로 독립된 교육 목적이 될 수 없다.

예를 들어 국어에서 '토의' 단원이 있다면, 차시마다 하나의 활동(예: 토의 절차 익히기, 주제 정하기, 의견 제시하기 등)을 진행하지만, 그것은 모두 '의견 조율과 공동의 결론 도출'이라는 단원 차원의 일반화된 이해를 형성하기 위한 구성 요소다. 만약 차시마다 활동만 나열되고 이들이 어떤 개념을 중심으로 연결되는지 고려하지 않는다면, 수업은 활동 중심, 절차 중심으로 흘러갈 뿐 학생에게는 깊은 개념적 이해가 남지 않게 된다.

③ 왜 교실 수업도 단원 중심으로 재구조화해야 하는가?

개념기반 교육과정은 단지 가르쳐야 할 내용을 나열하는 데 그치지 않고, 학생의 지적 성장과 사고 발달을 돕는 체계로서 교육과정을 바라본다. 이를 위해서는 교실 수업도 같은 철학 위에서 구성되어야 한다.

개념기반 교육과정에서 '단원 중심'이란 단순한 운영 방식의 변화가 아니라, 교육과정의 구조적 전제이자, 수업 설계의 철학적 출발점이다. 단원이 중심이 되어야 교육과정이 의도하는 개념적 이해, 전이 가능한 사고력, 고차 사고의 발달이라는 목표를 실현할 수 있다. 교사가 교육과정 문서에서 핵심 개념과 성취기준을 읽을 때, 그것이 단원 단위로 제시되어 있다는 점을 인식하고, 이를 실제 수업 설계에도 일관되게 반영하는 것이 필요하다.

5) 교육의 질은 '단원의 통합된 구조'가 결정

좋은 교육은 개별 수업의 성공 여부가 아니라, 전체 단원을 통해 학생들이 이룬 이해와 길러진 사고력으로 평가한다. 단원 설계는 '긴 수업 계획서' 작성이 아니라, 학생들의 머릿속에서 개념이 연결되고 구조화되는 것을 목표로 하는 작업이다.

개념기반 단원 설계는 개념 중심 수업을 현실로 만드는 가장 중요한 출발점이다. 교사가 단원 단위로 수업을 설계할 때 학생들은 자연스럽게 깊이 있는 개념적 이해를 하고, 이것이 수업을 넘어 일상생활과 사회로까지 확장된다. 단원 설계가 잘 이루어질수록 학생들이 배우는 개념은 더 명료해지고, 학습의 질은 높아진다. 이는 개념기반 교육과정을 성공적으로 실천하는 교사의 가장 중요한 전략이다.

02 개념기반 단원 설계의 흐름과 절차

개념 중심으로 단원을 설계할 때는 어떻게 시작하고 진행하면 좋을까? 일반적으로 다음과 같은 단계로 접근할 수 있다.

1) 핵심 개념 선정

개념 중심 단원 설계의 첫 단계는 단원 전체를 관통할 핵심 개념을 선정하는 일이다. 핵심 개념은 단원에서 학생들이 깊이 이해해야 할 핵심 아이디어로, 이를 단원의 빅 아이디어(Big Idea)라고도 부른다.

핵심 개념을 선정할 때 다음 사항을 고려한다.

① 개념의 표현

개념은 추상적 단어나 구로 표현해야 한다. 예를 들어 "물의 상태 변화"라는 구체적 주제보다는 "변화", "상태", "에너지 보존" 등 추상적 개념으로 표현하는 것이 좋다.

② 개념의 범위

너무 좁은 개념은 피하는 것이 좋다. "증발"보다는 "상태 변화"나 더 상위 개념인 "변화"가 학생들에게 더 폭넓은 사고를 유도할 수 있다. 반면 "시스템", "문화"처럼 너무 광범위하고 단원 맥락과 동떨어진 개념은 학생 수준에 맞게 다루기 어렵다. 적절한 수준의 추상성을 갖춘 개념을 선택해야 한다.

③ **보편적 개념**

핵심 개념은 해당 교과 내용과 밀접하게 연관되면서도 다른 맥락에도 적용할 수 있는 보편성이 있어야 한다. 예를 들어 과학 단원에서 "에너지"를 개념으로 삼으면, 물리적 에너지 개념을 배우면서 동시에 에너지 형태 전환, 에너지 보존 등 일반 원리를 이해할 수 있고, 더 나아가 사회적 맥락(에너지 자원 문제 등)까지 연결할 수 있다.

④ **교육과정 연관성**

국가 교육과정이나 학교 교육과정 문서에 핵심 개념이 제시되어 있다면 이를 참고하는 것이 좋다. 2015 개정 교육과정은 교과별로 "핵심 개념"과 "일반화된 지식"을 제시하므로, 이러한 공식 개념어를 중심 개념으로 삼으면 교육과정과의 정합성도 높아진다.

개념 선정 시 교사의 전문적 판단이 중요하다. 같은 단원 내용이라도 교사에 따라 핵심에 놓을 개념을 다르게 선택할 수 있다. '기후 변화' 단원을 가르칠 때 한 교사는 "지구 시스템"을, 다른 교사는 "상호의존성"을 중심 개념으로 잡을 수 있다. 어떤 개념을 선택하든, 그 개념을 통해 학생들이 무엇을 이해하게 할지 명확한 목표를 세우는 것이 중요하다.

2) 일반화 진술 작성

핵심 개념을 선정했다면, 다음으로 그 개념과 관련하여 학생들이 얻을 이해를 한 문장으로 압축하는 작업을 한다. 이것이 바로 일반화 진술 작성 단계다.

일반화 진술은 해당 단원의 개념적 이해를 요약한 포괄적인 명제다. 학생들이 단원을 마쳤을 때 이해하게 될 큰 깨달음을 나타내며, 보통 두 개 이상의 개념 사이 관계나 보편적 원리를 포함한다. 일반화 진술은 "단원의 핵심 이해(Enduring Understanding)" 또는 "빅 아이디어 문장"으로 불리기도 하며, IB 프로그램에서는 탐구 진술(Statement of Inquiry)에 해당한다.

좋은 일반화 진술의 특징은 다음과 같다.

① **보편성**

특정 시공간이나 사례에 국한되지 않는 일반적 진리를 담아야 한다. "로마 제국은 팽창과 쇠퇴를 경험했다"는 특정 사례에 관한 사실이지만, 이를 일반화하면 "모든 제국은 확장 후 안정과 쇠퇴의 변화를 겪는다"와 같은 보편적 진술이 된다.

② **개념 포함**

일반화 진술에는 반드시 개념 용어(또는 동의어나 개념을 나타내는 표현)가 들어가야 한다. 개념 없이 사건이나 사실만 진술하면 일반화가 아니라 단순한 지식 진술에 그친다. "물은 100℃에서 끓는다"를 가르쳤다면 일반화 진술은 "물질은 온도가 상승함에 따라 상태 변화를 겪는다"처럼 물질(개념)과 상태 변화(개념)를 포함해야 한다.

③ **학생 친화적 표현**

너무 학술적이거나 어려운 문어체보다 학생 눈높이에서 이해할 수 있는 언어로 써야 한다. "문명 충돌은 문화 융합을 야기한다"보다 "서로 다른 문명이 부딪칠 때 새로운 문화가 탄생하기도 한다"처럼 풀어 쓰면 학생들이 더 쉽게 이해한다. 다만, 피상적인 교훈이나 도덕적 당위로 흐르지 않도록 유의해야 한다. 일반화 진술은 학습한 내용에서 이끌어낸 개념적 지식이지, 막연한 격언이 아니다.

④ **검증 가능성**

수업을 통해 학생들이 이 일반화의 타당성을 입증하거나 사례로 확인할 수 있어야 한다. 일반화 진술이 너무 당연해서 토론거리도 없거나, 반대로 너무 막연해서 증명할 수 없다면 수업의 구심점이 되기 어렵다. "식물은 빛이 있어야만 자란다"는 일반화는 실험과 자료로 입증할 수 있어 수업에서 탐구가 가능하다. 반면 "모든 변화는 좋다"와 같은 진술은 애매모호해서 교육적 탐구 과제가 되기 어렵다.

⑤ **교사의 신념과 연결**

일반화 진술은 교사가 그 단원을 통해 정말로 가르치고 싶은 가치나 통찰과 연결된다. 따라서 교사마다 다소 다르게 쓸 수 있으며, 이는 수업에 교사의 전문성과 개성이 반영되는 부분이기도 하다. 중요한 것은 그 진술이 교육과정 성취기준을 개념적으로 재구성한 것이라면 적절하다는 점이다. 성취기준이 "여러 형태의 에너지 전환 사례를 조사한다"라면 일반화 진술은 "에너지는 형태를 바꾸어도 보존된다"와 같이 해당 내용의 개념적 의미를 담을 수 있다.

일반화 진술 작성은 많은 교사들이 처음에 어려워하는 부분이다. 한 문장으로 단원의 큰 의미를 표현해야 하므로 익숙하지 않기 때문이다. 필요하다면 초안을 작성한 후 동료 교사나 AI의 도움을 받아 다듬는 것도 좋은 방법이다. 일반화 진술이 결정되면, 그것이 단원의 나침반 역할을 한다. 이제 교사는 이 일반화된 이해를 학생들이 스스로 구축할 수 있도록 탐구 질문과 활동을 설계한다.

3) 탐구 질문 도출

탐구 질문은 학생들이 단원 학습 과정에서 답을 찾아가도록 할 주요 질문들이다. 이 질문들은 앞서 설정한 일반화 진술을 학생들이 이해하고 구성하도록 이끄는 역할을 한다. 쉽게 말해, 일반화 진술이 도착지라면 탐구 질문은 그 도착지로 향하는 여러 경로를 제시하는 것이다.

탐구 질문을 만들 때 고려할 점은 다음과 같다.

① 일반화와의 연결

각 탐구 질문은 학생들이 일반화 진술을 구성하는 데 필요한 생각을 유도해야 한다. 일반화 진술이 "모든 생물은 환경 변화에 적응한다"라면 탐구 질문으로 "환경이 변화하면 생물은 어떤 대응을 할까?"를 제시해 일반화를 이해할 단서를 제공한다. 또 다른 탐구 질문으로 "과거에 환경 변화로 멸종된 생물은 무엇일까?"를 물어볼 수도 있다. 이러한 질문들은 궁극적으로 '적응'이 왜 중요한지에 대한 이해로 모아진다.

② 다양한 종류의 질문

탐구 질문에는 사실적 질문, 개념적 질문, 토의/논쟁적 질문 등이 균형 있게 포함되어야 한다. 사실적 질문은 기본 지식을 확인하거나 배경지식을 쌓는 역할을 한다(예: "OO사건은 언제 일어났는가?", "증기 기관은 어떻게 작동하는가?" 등). 개념적 질문은 개념 자체나 개념 간 관계를 묻는다(예: "어떻게 작은 원인이 큰 결과로 이어질 수 있을까?", "예술에도 과학처럼 혁명이 있을까?" 등). 논쟁적 질문은 한 가지 정답이 있기보다 토론과 비판적 사고를 자극한다 (예: "모든 변화는 발전이라고 볼 수 있을까?", "환경을 보호하기 위해 발전을 희생해야 할까?" 등). 이러한 다양한 질문을 통해 학생들은 사실 학습 → 개념 도출 → 관점 적용의 단계를 거치며 사고를 깊게 한다.

③ 학생의 눈높이와 친숙도

질문은 학생들의 언어 수준과 경험 세계를 고려해 작성해야 한다. 추상적 표현만으로 질문하면 학생들이 이해하기 어려울 수 있다. 초등학생에게 "정의(justice)란 무엇인가?"라고 바로 묻기보다 "우리 반에서 공정함이 깨진 경험이 있다면 무엇이고, 그때 왜 불공정하다고 느꼈을까?"처럼 구체적인 맥락에서 출발하는 질문이 좋다. 중고생의 경우에도 개념 자체에 대한 철학적 질문보다는 "어떻게 A와 B 사례는 둘 다 동일한 개념 C의 예시가 될까?"처럼 비교와 연결을 유도하는 질문이 효과적이다.

④ 흥미와 도전

탐구 질문은 학생들의 호기심을 자극하고 사고에 도전하게 만드는 것이 이상적이다. 정답이 단순히 교과서에 있는 질문보다, 여러 자료를 종합해야 하거나 자신의 생각을 만들어내야 하는 질문이 탐구심을 키운다. "지구 온난화의 원인은 무엇인가?"는 검색으로 찾을 수 있지만, "내가 사는 지역에서 지난 10년간 겪은 가장 큰 환경 변화는 무엇이며, 그것이 우리 삶에 어떤 영향을 주었는가?"는 학생들의 삶과 연계된 탐구로서 더 큰 동기를 줄 수 있다.

이러한 탐구 질문들은 수업 전개 과정에서 토의 주제, 조사 과제, 글쓰기 과제 등으로 활용되며, 학생들이 여러 질문에 답하는 과정에서 자연스럽게 개념적 이해에 도달하도록 돕는다.

4) 학습 활동 및 평가 설계

마지막 단계는 설정한 개념, 일반화 진술, 탐구 질문을 바탕으로 구체적인 학습 활동과 평가 방법을 설계하는 것이다. 이는 기존의 수업 준비와 비슷하지만, 모든 활동과 평가가 개념적 목표와 탐구 질문에 부합하도록 하는 데 초점을 둔다.

효과적인 학습 활동 설계를 위해 고려할 점은 다음과 같다.

① 일반화에 도달하기 위한 경험 설계

학생들이 스스로 일반화된 이해를 터득하려면, 단원 내에서 그러한 이해를 이끌어낼 경험을 해야 한다. 일반화 진술이 "환경 변화에 대한 생물의 적응"이라면, 학생들이 직접 작은 실험이나 조사를 통해 환경 변화와 적응의 관계를 발견하도록 활동을 설계할 수 있다. 온도와 곤충 반응 실험, 지역 생태 변화를 조사하는 과제 등을 통해 몸으로 겪는 학습이 일어나도록 한다. 이러한 귀납적 활동을 통해 학생들은 사례에서 개념을 끌어올리는 경험을 한다.

② 다양한 방법 활용

개념 중심 수업이라고 해서 반드시 거창한 프로젝트만 해야 하는 것은 아니다. 토의/토론, 실험, 역할극, 문제 해결 과제, 프로젝트 학습 등 다양한 교수학습 방법을 활용할 수 있다. 중요한 것은 그 활동이 학생들에게 개념을 조명하는 새로운 시각을 제공하거나, 탐구 질문에 답할 단서를 제공해야 한다는 점이다. "협력" 개념을 가르치는 수업에서 단순히 협력의 정의를 알려주는 대신, 협동 게임이나 팀 프로젝트를 진행해 학생들이 협력의 필요성과 효과를 직접 느끼게 할 수 있다. 문학 수업에서 "관점(point of view)" 개념을 가르칠 때는 동일한 이야기를 각기 다른 시점에서 쓰는 글쓰기 활동을 통해 관점에 따라 서사가 어떻게 달라지는지 체험하게 할 수 있다.

③ 교과 통합 활동

단원이 교과 통합으로 설계됐다면, 학습 활동에서 다양한 교과 내용을 균형 있게 다뤄야 한다. 과학-사회 통합단원에서 "자원과 지속가능성" 개념을 다룬다면, 과학 시간에는 에너지 자원 실태 조사나 태양열 키트 실험을, 사회 시간에는 지속가능한 발전 사례 연구나 모의 UN 회의를 활동으로 넣을 수 있다. 프로젝트 기반 학습(PBL)은 이런 통합 단원에서 특히 유용한데, 학생들이 복합적인 과제를 수행하며 여러 분야의 지식을 통합적으로 사용하게 되므로 개념 이해가 더 깊어진다.

④ **형성 평가와 자기 성찰**

개념 이해는 눈에 바로 보이지 않을 수 있으므로, 수업 중간중간 형성 평가나 확인 질문을 통해 학생들의 이해 상태를 점검해야 한다. 학생들에게 "지금까지 살펴본 사례들을 한 문장으로 요약해볼까요? 그 문장에 오늘 배운 개념이 들어가도록 해보세요."라고 요청하면, 학생들이 개념을 제대로 파악하고 있는지 알 수 있다. 개념에 대한 오개념이 발견되면 바로 교정해 줄 필요도 있다.

⑤ **개념에 부합하는 평가**

단원의 마무리 평가(수행평가든 지필평가든)는 학생들이 일반화 진술을 얼마나 이해하고 적용할 수 있게 됐는지 측정하는 방향으로 설계해야 한다. 일반화 진술이 "기술 혁신은 사회 구조의 변화를 가져온다"였다면, 평가과제로 학생들에게 자신이 선택한 기술 혁신 사례를 조사하여 그로 인한 사회 변화를 분석해보도록 할 수 있다. 또는 "만약 미래에 OO 같은 혁신이 온다면 사회가 어떻게 바뀔지 예측해보기"처럼 배운 개념을 새로운 상황에 적용해보는 확장 과제를 줄 수도 있다. 지필 평가도 단순 암기 문항 대신 사례 제시형 문항, 개념을 활용해 설명하거나 비교하는 문항을 포함하면 좋다. 과학 시험에서 "열의 전도, 대류, 복사의 차이를 쓰시오" 대신 "우리 생활에서 열 이동의 세 가지 방식(전도/대류/복사)의 예를 각각 설명하고, 이 원리를 단열이란 개념과 연결지어 설명하라" 같은 문제를 내면 학생들의 개념 적용 능력을 평가할 수 있다.

⑥ **일관성**

무엇보다 설계한 모든 활동과 평가가 처음에 세운 개념과 일반화에 부합하는지 검토해야 한다. 수업을 계획하다 보면 본래 의도와 상관없이 흥미 위주의 활동이나 주변 지식으로 새는 경우가 있는데, 항상 "이 활동이 학생들의 개념 이해에 어떻게 기여하는가?"를 자문해야 한다. 단원이 끝날 때 학생들이 얻기를 바란 큰 개념적 통찰을 잃지 않고 설계를 일관되게 유지하는 것이 핵심이다.

03 • 현장 적용의 어려움

이상적으로 들리는 개념기반 단원 설계도, 막상 현실에 적용해보면 여러 장애물이 나타난다. 다음은 현장 교사들이 흔히 겪는 어려움들이다.

1) 추상적 개념의 이해

개념 자체가 가진 추상성 때문에 교사와 학생 모두 이해에 어려움을 겪을 수 있다. 교사가 개념을 완전히 이해하지 못하면 수업 설계가 흔들리게 된다. 예를 들어 "시스템"이라는 개념을 선정했는데, 정작 교사도 시스템의 본질을 명확히 설명하지 못한다면 학생들에게 개념을 지도하기 어렵다. 실제로 한 연구에서는 일부 교사들이 개념 중심 수업을 표방하면서도 개념의 의미와 속성을 정확히 파악하지 못해, 개념이라기보다 단순한 학습 주제(Topic)를 중심 개념으로 혼동하는 사례가 보고됐다. 이는 교사가 개념의 수준을 잘못 설정해 너무 하위 수준의 주제를 개념으로 삼는 오류로 나타난다.

극복 방안으로는, 교사 스스로 해당 개념에 대한 폭넓은 공부를 해보는 것이 도움이 된다. 전문 서적이나 논문을 찾아보거나, 동료들과 함께 개념을 정의해보는 워크숍을 진행할 수 있다. ChatGPT와 같은 AI에게 개념의 정의나 사례를 물어보는 것도 개념을 명확히 하는 데 도움을 받을 수 있다. 또한 학생의 눈높이에서 그 개념을 어떻게 설명할지 미리 연습해보고, 수업 중에는 추상적인 개념을 구체적 사례나 비유로 연결하는 노력을 기울여야 한다.

2) 교육과정 재구성에 대한 부담

개념 중심 단원을 설계한다는 것은 때로는 기존 교과서 순서나 교육과정 내용 조직을 재구성해야 함을 의미한다. 이는 많은 교사들에게 부담으로 다가온다. 특히 초임 교사나 시간에 쫓기는 교사의 경우, 이미 마련된 교과서의 흐름을 따르는 것만도 벅찬데 거기에 변화를 주는 것이 쉽지 않다. 또한 교육과정 문서에 제시된 성취기준을 그대로 가르치지 않으면 혹시 누락되는 부분이 생길까 걱정되기도 한다. 예를 들어 여러 개의 성취기준 내용을 하나의 개념으로 묶어서 가르치려 해도, 평가는 성취기준 단위로 치러지기 때문에 성취기준별로 가르쳐야 한다는 압박감이 있다.

이럴 때는 너무 한 번에 모든 단원을 개념 중심으로 바꾸려 하기보다, 작은 시도부터 시작하는 것이 좋다. 예를 들어 한 학기 중 한두 개의 단원을 선택하여 개념 중심으로 재구성해보고, 나머지는 기존 방식으로 진행해 비교해볼 수 있다. 또는 한 단원 안에서도 일부 차시나 활동만 개념 중심 접근을 시도해볼 수도 있다. 이렇게 점진적으로 접근하면 교사 본인의 노력 부담도 줄이고, 동료나 학교의 이해와 지지를 얻기에도 수월하다. 또한 교육과정 성취기준을 재구성하더라도, 결국 학생들이 성취기준의 요구를 충족하도록만 하면 된다는 유연한 사고가 필요하다. 개념기반 설계는 성취기준을 무시하는 게 아니라 더 깊이 있고 연결되게 가르치는 방법이므로, 결과적으로 학생들이 기준을 더 잘 이해하게 된다면 문제가 없다. 이 점을 학교 관리자나 학부모와도 충분히 공유하면서 진행하면 좋다.

3) 일반화 진술 작성의 난이도

앞서 언급했듯 일반화 진술은 한 문장으로 단원의 개념적 목표를 표현해야 하므로 처음에는 막막하게 느껴질 수 있다. 많은 교사들이 처음 시도할 때 "이게 제대로 된 건지 모르겠다"는 불안을 느낀다. 일반화 진술을 너무 피상적으로 써서 빤한 이야기가 되거나, 지나치게 거창하고 추상적으로 써서 현실과 동떨어진 명제가 되기도 한다. 예를 들어 어떤 교사는 "모든 것은 변한다"라는 일반화 진술을 세웠는데, 이는 맞는 말이지만 수업에서 다루기엔 막막하고 애매하다. 반대로 "작은 원인들이 모여 큰 결과를 초래한다"라는 진술은 조금 더 구체적이면서도 여러 사례에 적용해 탐구하기 좋다.

해결 방법으로, 초안이라도 일단 작성해보고 동료와 피드백을 주고받는 것을 권장한다. 팀티칭을 하거나 같은 학년/교과 협의회가 있다면 함께 일반화 진술을 다듬어 보는 것이다. 또는 온라인 커뮤니티에 도움을 청할 수도 있고, ChatGPT에게 문장 표현을 여러 버전으로 제안해 달라고 할 수도 있다. 중요한 것은 완벽한 문장을 처음부터 쓰려 하기보다는, 여러 번 수정과 개선을 거쳐 다듬는 과정자체를 학습으로 받아들이는 자세다. 그렇게 하며 감을 익히다 보면 점점 일반화 진술 작성이 수월해질 것이다.

4) 교과 융합 설계의 어려움

개념기반 단원 설계는 꼭 교과 통합을 수반하는 것은 아니지만, 많은 경우 학문 통합이나 융합 수업으로 발전시키기에 적합하다. 그러나 현실적으로 타 교과와의 연계를 설계하는 일은 만만치 않다.

우선, 한 교사가 여러 교과의 전문 지식을 모두 아우르기는 어렵다. 예를 들어 과학 교사가 "에너지" 개념으로 통합 단원을 설계하면서 사회 과목의 에너지 정책까지 다루려니 벅찰 수 있다. 이럴 때는 해당 분야를 전공한 동료 교사와 협업하거나, 최소한 자문을 구하는 것이 필요하다.

둘째, 시간표나 학교 조직상 교과 간 협력이 쉽지 않을 수 있다. 시험 대비나 진도 압박 등으로 각 교과 선생님들이 자기 교과 진도 따라가기에도 급급하다 보면, 통합 주제를 함께 계획하고 실행할 시간적 여유를 찾기 어렵다. 그래서 통합 단원은 종종 특별 주간이나 프로젝트 주간처럼 별도 시간에 시도하기도 한다. 만약 정규 수업 시간 내에 통합을 시도한다면, 작게는 두 교과에서 공통으로 적용할 수 있는 소규모 프로젝트를 잡아 동시에 과제를 내주고, 결과를 공유하는 방식으로도 시작해볼 수 있다. 예를 들어 과학과 미술 교과가 모두 "패턴(무늬)" 개념을 다룬다면, 공동 프로젝트로 자연 속 패턴을 찾고 예술 작품으로 표현하는 협업 수업을 기획할 수 있을 것이다.

세 번째 어려움은 평가의 문제다. 통합 수업을 했을 때, 성적 처리는 교과별로 나눠 할 것인지, 아니면 공동 평가할 것인지 등에 대한 고민이 있다. 학교 차원에서 통합 교육에 대한 명확한 가이드가 없으면 교사 개인이 모든 걸 결정해야 하므로 난감할 수 있다. 이런 경우 소규모로 시작하여 비공식적 평가(형성평가 위주)로 운영해보고, 점차 공유된 평가 루브릭 등을 개발해나가면서 확대하면 부담을 줄일 수 있다. 결국 중요한 것은, 개념 중심 통합 단원이 교육적 효과가 크다는 믿음을 가지고 조금씩 협력의 문화를 만들어가는 것이다.

위의 어려움들은 현실적인 것이지만, 하나하나 충분히 대비하고 해결할 수 있는 과제들이다. 특히 요즘은 교사를 도와줄 수 있는 다양한 디지털 도구와 자원이 있다. 다음에서는 그중에서도 ChatGPT를 활용하여 개념기반 단원 설계를 지원받는 방법을 살펴보겠다.

04 • 개념 중심 단원 설계에 ChatGPT 활용하기

최근 ChatGPT와 같은 대화형 인공지능이 교육 분야에 등장하면서, 교사들은 새로운 조력자를 얻게 됐다. ChatGPT는 광대한 지식 기반과 언어 생성 능력을 갖추고 있어, 수업을 준비하는 교사들에게 여러모로 도움을 줄 수 있다. 개념기반 단원 설계 과정에서도 ChatGPT를 효과적으로 활용하면 아이디어 발굴과 자료 준비에 큰 힘이 된다. 구체적으로 ChatGPT는 다음과 같은 방식으로 교사를 도울 수 있다.

1) 개념 이해와 용어 정리

낯선 개념을 다뤄야 할 때, ChatGPT에게 해당 개념의 정의와 설명을 물어보는 것으로 시작할 수 있다. 예를 들어 "초등 과학에서 '에너지 전환' 개념이 무엇인지 쉽게 설명해 주세요"라고 질문하면, ChatGPT는 개념을 학생들도 이해할 수 있는 쉬운 말로 풀어서 설명해 준다. 또는 "중학교 역사에서 '혁명'이라는 개념의 핵심 요소가 뭔가요?"라고 물어보면 혁명의 정의, 역사적 예시, 특징 등을 정리해 줄 수 있다. 이처럼 ChatGPT를 활용하면 교사가 개념에 대해 사전조사를 빠르게 할 수 있고, 중요한 관련 용어들도 함께 파악할 수 있다.

경우에 따라 ChatGPT에게 오개념 확인도 부탁할 수 있다. 예를 들어 "학생들이 흔히 가지는 '진화' 개념에 대한 오개념은 뭐가 있을까요?"처럼 물어보면, ChatGPT는 일반적으로 학생들이 진화를 "진보"나 "개체가 노력해서 변화"로 잘못 이해하는 점 등을 알려줄 수 있다. 이를 참고하여 수업에서 해당 오개념을 조정하는 데 활용할 수 있다. 단, ChatGPT의 설명이 항상 완벽하거나 교육과정에 정확히 맞지는 않을 수 있으므로, 답변을 받은 뒤 교사의 전문성으로 걸러내고 보완해야 함을 기억해야 한다.

2) 탐구 질문 및 일반화 아이디어 제공

때로는 새로운 단원을 앞두고 "어떤 탐구 질문을 던지면 좋을까요?", "일반화 진술을 어떻게 표현할까요?"라는 질문에 부딪친다. 이때 ChatGPT에게 아이디어를 물어보면 생각지도 못했던 다양한 질문과 진술을 얻을 수 있다. 예를 들어, 중심 개념이 "공정성(정의)"인 도덕 수업을 준비한다고 할 때, "'공정성'에 대해 학생들에게 던질 탐구 질문 몇 가지를 제안해주세요."라고 요청하면, ChatGPT는 "공정하다는 것은 어떤 의미일까?", "왜 사람들은 때때로 불공정하다고 느낄까?", "공정성과 평등은 어떻게 다를까?" 등 여러 수준의 질문을 생성해준다. 마찬가지로 "'공정성' 개념과 관련한 일반화 진술 아이디어를 주세요."라고 하면, "규칙은 모두에게 공정하게 적용될 때 신뢰를 얻는다"와 같은 문장을 제안해 준다. ChatGPT가 제시하는 탐구 질문들은 발상을 위한 초안으로서 유용하다. 교사는 그중 적합한 것을 고르고 다듬거나, 몇 가지를 참고하여 자신만의 질문을 만들 수 있다.

또한 ChatGPT에게 "이 일반화 진술을 학생 수준에 맞게 더 쉽게 고쳐주세요." 또는 "좀 더 학습 목표에 부합하게 다듬어주세요."라고 추가 요청하여 문장 수정을 도울 수도 있다. 이런 과정을 통해 교사는 사각지대를 줄이고, 풍부한 질문 은행을 확보할 수 있다.

3) 수업 활동과 평가 아이디어 브레인스토밍

ChatGPT는 창의적인 수업 활동 아이디어를 얻는 데에도 도움이 된다. 예를 들어 앞서 선정한 개념과 탐구 질문이 있다면, "이 개념을 가르치기 위한 재미있는 활동 아이디어를 몇 가지 알려주세요."라고 요청해보자. 만약 중심 개념이 "상호의존성"이고, 탐구 질문이 "생태계에서 모든 생물은 어떻게 연결되어 있을까?"라면,

ChatGPT는 "음식 그물놀이(생태 피라미드 게임)", "역할극: 숲 속 생태계 구성원 되어보기", "지역 생태계 지도로 상호의존 관계 표시하기" 등 실제 활용 가능한 활동들을 제안할 수 있다. ChatGPT는 인터넷상의 다양한 교수 자료를 종합한 지식을 바탕으로 아이디어를 내놓기 때문에, 교사가 미처 생각하지 못한 새로운 접근을 발견할 수 있다.

평가 방법에 대해서도 조언을 구할 수 있다. "이 단원의 개념 이해도를 평가할 방법을 제안해주세요."라고 하면, "개념지도 만들기", "포트폴리오 작성", "역할극 평가", "상황 문제 해결하기" 등 다양한 평가 도구와 방법을 알려줄 것이다. 심지어 루브릭 초안을 요청하면 평가 기준을 항목별로 생성해주기도 한다. 이러한 브레인스토밍을 통해 교사는 자신의 수업 계획을 더욱 풍부하고 다채롭게 만들 수 있다. 다만, ChatGPT의 아이디어는 맥락이 없기 때문에 실제 적용 가능성을 교사가 판단해야 한다. 예를 들어 AI가 제안한 활동이 우리 반 학생들의 수준이나 학교 현실에 맞지 않을 수 있으므로, 적절히 수정하거나 다른 아이디어와 결합하는 과정이 필요하다.

4) 교과 융합을 위한 연결고리 제안

ChatGPT의 또 다른 강점은 방대한 지식을 바탕으로 분야 간 연결점을 찾아준다는 것이다. 통합 단원을 구상 중이라면, ChatGPT에게 두 개 이상의 교과 주제를 제시하고 공통 개념이나 통합 아이디어를 물어볼 수 있다. 예를 들어 "과학의 '에너지' 단원과 지리(사회)의 '자원' 단원을 통합할 만한 공통 주제가 있을까요?"라고 물어보면, AI는 "지속가능성", "에너지 순환", "인간과 환경의 상호작용" 등 통합 주제를 제안할 수 있다. 또는 "음악과 수학을 연결하는 개념"을 묻는다면 "패턴", "비율", "조화" 같은 키워드를 찾아줄 수 있다. 이렇게 얻은 통합 개념이나 주제를 토대로 교사는 관련 활동을 설계할 수 있다. 예컨대 음악-수학 통합으로 "패턴"을 선택했다면, 음악 시간에는 리듬 패턴 작곡하기를 하고, 수학 시간에는 수열 패턴을 배우며, 둘의 공통점을 찾는 식의 수업을 구상할 수 있다.

ChatGPT는 또한 특정 주제에 대해 다른 교과의 시각에서 어떤 내용이 있는지 알려줄 수도 있다. "소설 '걸리버 여행기'와 관련해서 과학 교과와 연결지을 부분이 있을까요?"라고 물으면, 그 소설에 등장하는 과학적 상상력, 당시 과학사의 맥락 등을 알려줘서 문학-과학 융합 수업의 아이디어를 얻을 수 있다. 이처럼 ChatGPT와의 상호작용을 통해 교사는 융합 수업의 퍼즐 조각을 모아볼 수 있고, 통합 커리큘럼의 구상을 보다 수월하게 할 수 있다.

요약하면, ChatGPT는 정보 제공자, 아이디어 제조기, 표현 코치 등 다양한 역할로 교사 곁을 지원할 수 있다. 물론 최종 의사결정과 창의적 구성은 교사의 몫이지만, AI를 활용하면 시간과 노력을 절약하면서도 풍부한 자료와 아이디어 속에서 더 나은 수업을 구성해 갈 수 있다. 다음으로는 실제로 한 교사가 ChatGPT를 활용하여 개념기반 단원을 설계해가는 시나리오를 살펴보겠다.

05 활용팁과 유의사항

마지막으로, 개념기반 단원 설계를 현장에서 성공적으로 구현하고 ChatGPT를 효과적으로 활용하기 위한 몇 가지 팁과 유의 사항을 정리한다.

1) 개념은 구체적 사례와 연결한다

개념 중심 수업에서 추상적인 설명만 늘어놓으면 학생들의 흥미와 이해도가 모두 떨어진다. 효과적인 개념 학습을 위해서는 반드시 구체적인 예시, 비유, 실물 모델을 활용해야 한다.

예를 들어 '균형(balance)' 개념을 가르칠 때는 실제 저울과 물체를 이용한 실험이나 놀이터 시소 체험을 통해 학생들이 몸으로 개념을 느낄 수 있도록 한다. 이때 중요한 것은 개념과 사례 간의 연결고리를 지속적으로 강조하는 것이다.

"이 사례에서 오늘 배운 개념이 어떻게 나타나고 있나요?"와 같은 질문을 통해 학생들이 구체적 경험과 추상적 개념 사이의 관계를 명확히 인식하도록 돕는다.

2) 한 번에 하나의 큰 아이디어에 집중한다

개념 중심 수업에 욕심이 생기다 보면 한 단원에 너무 많은 개념이나 너무 거창한 목표를 넣기 쉽다. 그러나 학생들에게는 낯선 접근일 수 있으므로, 핵심 개념 하나와 그에 따른 일반화 몇 개만 명확히 제시하고 반복하여 심화하는 것이 효과적이다. 차차 익숙해지면 개념 간 연결도 한 단원에서 시도해볼 수 있지만, 초기에는 단순화해서 접근하라. 또한 모든 차시, 모든 활동이 그 하나의 큰 아이디어와 연결되도록 일관성을 유지하면, 수업 후반에 가서 학생들이 "아, 그래서 이런 활동을 했고 다 같은 얘기였구나!" 하고 깨닫는 순간이 올 것이다.

3) 동료와 협력하고 공유한다

개념기반 단원 설계는 혼자 고군분투하기보다 동료 교사와 함께 계획하면 훨씬 수월하다. 같은 학년군이라면 협의회를 통해 공통 주제를 설정하고 아이디어를 나눌 수 있다. 다른 교과 선생님과 통합 수업을 구상한다면 초기 기획부터 함께 협의해서 준비한다. 혼자 떠안기 힘든 부분(예: 다른 교과 내용)은 상대 교사가 채워줄 수 있다. 또한 수업을 실행한 후에는 어떻게 되었는지 공유하면서 개선점을 찾으면 점점 더 완성도 높은 단원을 만들 수 있다. 만약 학교 내 협력이 어렵다면, 온라인 커뮤니티나 연수회 등을 통해 사례를 얻고 의견을 교환하는 것도 큰 힘이 된다. 성공 사례뿐 아니라 실패담도 귀중한 배움이니 함께 논의하는 것이 좋다.

4) ChatGPT 활용은 양날의 검, 확인은 필수

ChatGPT는 아이디어 뱅크이지만, 그 제안이 맥락에 맞는지, 최신 교육과정과 부합하는지는 전적으로 교사의 판단에 달려 있다. AI가 제안했다고 해서 바로 수업에 적용하기보다는, 교사가 한 번 필터링하고 현실 적합성을 점검해야 한다. 특히 역사나 과학 사실 등 정확성이 필요한 내용은 ChatGPT가 잘못 알려줄 가능성도 있으므로 반드시 교차 검증한다. 그리고 ChatGPT가 만든 멋진 문장이나 활동이라도 우리 반 학생들의 흥미나 수준에 맞게 현장화하는 작업은 필수다. 예를 들어 AI가 고교 수준 사례를 들었으면 초등 눈높이 사례로 바꾸고, 용어도 쉽게 조정한다.

ChatGPT는 출발점일 뿐, 그 아이디어를 살리고 다듬어 교실에 최적화하는 것은 교사의 몫이다.

5) 프라이버시와 윤리를 고려한다

ChatGPT에 수업 준비를 묻는 것은 괜찮지만, 학생들의 개인정보나 평가 점수 등 민감한 정보를 입력하지 않도록 주의한다. 또한 AI에게 얻은 아이디어라고 해도 마치 자신이 모두 창안한 듯 소개하기보다, 적절히 출처나 배경을 밝히는 것이 전문적인 태도다. 예를 들어 동료 교사나 문헌에서 얻은 아이디어와 마찬가지로, 필요한 경우 "이 활동은 ~~에서 착안했다" 정도로 언급해도 좋다. 학생들에게도 AI 활용에 대해 물어보면 솔직히 이야기하고, AI에 대한 비판적 시각도 함께 전해준다.

6) 학생의 메타인지와 자기 주도성을 길러준다

개념 중심 수업에서는 학생들이 처음에 갈팡질팡할 수 있다. "정답만 알려주던 선생님"이 아니라 "스스로 생각해보라"고 하면 당황하기도 한다. 이때 메타인지 전략을 도와주라. 예를 들어 개념 학습이 끝난 후 자기 성찰 시트를 작성하게 해 "내가 오늘 새롭게 이해하게 된 개념은 무엇인지", "아직도 궁금하거나 헷갈리는 점은 무엇인지" 써보게 한다. 또는 개념 학습 전후에 개념도를 두 번 그려보게 하여 얼마나 이해가 깊어졌는지 시각화하도록 할 수도 있다. 이런 과정을 통해 학생들은 자신의 이해 수준을 돌아보고, 스스로 학습목표를 점검하며, 자기 주도적 학습 능력을 기르게 된다. 개념 중심 수업의 궁극적인 목표는 학생들이 스스로 개념을 활용해 지식을 조직하는 능력이니만큼, 이러한 역량을 키우는 활동을 병행하는 것이 좋다.

7) 끝까지 일관성을 유지한다

개념 중심 단원을 계획했다면, 실행 단계에서는 초반의 의도를 끝까지 유지하는 것이 중요하다. 수업을 하다 보면 시간 부족, 예상 외의 진도 지연, 학생들의 난해함 등으로 중간에 원래의 개념적 초점이 흐려질 위험이 있다. 그럴수록 처음 세운 일반화 진술과 탐구 질문을 수시로 상기한다. 매 차시 마무리 때 "오늘 학습한 내용을 우리 단원의 일반화 진술과 연결지어 보면…"이라고 짚어준다든지, 벽에 일반화 문장을 크게 써붙여 놓고 수업 시간마다 가리키며 강조해도 좋다. 학생들에게도 단원 말에 그 일반화에 대해 답하게 될 것임을 인식시켜 지속적인 인지적 유도를 한다. 계획-실행-평가의 일관성이 유지될 때, 비로소 개념기반 단원 설계의 효과를 최대화할 수 있다.

8) 작은 성공을 축적한다

처음부터 거창한 통합 프로젝트나 학교 전체를 뒤흔드는 변화를 시도하기 부담스럽다면, 작은 단위의 성공을 쌓아가는 것이 좋다. 예를 들어, 개념 중심 수업 활동 하나를 기존 단원에 도입해보는 것으로 시작할 수 있다. 또는 한두 차시 분량의 마이크로 단원을 개념 중심으로 설계해볼 수도 있다. 이렇게 소규모로 시도하여 긍정적인 학습 효과(학생들의 토론이 활발해졌다든지, 이해가 깊어졌다든지)를 경험하면, 그것이 자신감이 되어 다음에는 더 큰 단원, 더 큰 통합으로 나아갈 추진력이 된다. 학생들도 개념 중심 학습에 점차 익숙해지고, 학부모나 동료들도 그 효과를 보면서 지지를 보내줄 가능성이 높아진다. 결국 개념기반 단원 설계도 연습과 경험이 쌓여야 잘할 수 있는 것이니, 처음부터 완벽하려 하기보다 시도하고 개선하는 순환 과정을 즐기는 자세가 필요하다.

지금까지 ChatGPT를 활용한 개념기반 단원 설계에 대한 이론과 실제를 모두 살펴보았다. 핵심 개념을 중심으로 수업을 재구성하는 일은 교사의 전문성을 한층 더 빛나게 만드는 작업이다. 비록 과정에서 여러 도전이 있지만, 현대의 도구인 ChatGPT와 같은 인공지능 비서, 그리고 동료들과의 협력을 통해 그 도전을 충분히 해결해 갈 수 있다. 개념을 통해 가르친다는 것은 학생들에게 지식을 넘어 지혜를 전하는 일과 같다. 학생들과 함께 한 걸음 한 걸음 나아가다 보면, 어느새 우리 교실에도 깊이 있는 이해와 열정적인 탐구가 활성화될 것이다.

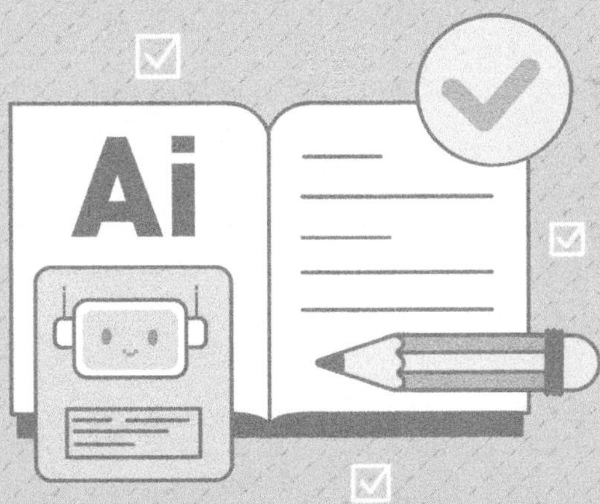
Ai

오디오 가이드(제3장)

3장

개념기반 단원 설계 11단계 개요

열정교사 선생님, 요즘 교육청에서 개념기반 단원 설계를 강조하잖아요. 그런데 이게 교과서 재구성하고 성취기준 분석하는 거부터 막막해서요. 어떻게 시작해야 할지 감이 안 와요.

수석교사 자연스러운 반응이에요. 나도 처음엔 그랬거든요. 근데 차근차근 단계를 따르면 생각보다 어렵지 않아요. ChatGPT도 잘 활용하면 큰 도움이 되고요.

열정교사 ChatGPT요? 그게 어떻게 도와줄 수 있어요?

수석교사 예를 들어, 1단계는 단원명 정하기인데요. 그냥 '식물' 이런 제목보다는 '식물: 우리는 어떻게 자랄까?' 같은 질문형 제목이 좋거든요. ChatGPT한테 "식물의 성장 단원 제목 추천해줘"라고 물으면 재미있는 아이디어들을 줄 수 있어요.

열정교사 오, 그럼 지루한 제목 대신 아이들이 흥미 가질 제목을 고를 수 있겠네요!

수석교사 맞아요. 그리고 이 단원명이 정해지면, 그 다음 2단계는 개념적 렌즈를 고르는 거예요. '성장', '균형', '변화' 같은 넓은 개념이 렌즈가 돼요. '식물: 어떻게 자랄까?' 단원이라면 '성장'이 자연스럽겠죠?

열정교사 렌즈라… 개념을 보는 안경 같은 거라고 하셨죠?

수석교사 정확해요. ChatGPT한테도 "성장이라는 개념으로 식물 단원을 구성하면 어떤 방향이 좋을까?" 하고 물어보면, 개념을 중심으로 수업을 어떻게 끌고 갈지 방향을 잡는 데 큰 도움이 돼요.

열정교사 그럼 다음엔 수업 내용을 어떻게 나누는지…?

수석교사 그게 3단계 스트랜드 설정이에요. 단원을 큰 흐름으로 나누는 거죠. 식물 단원이라면 '식물의 구조'랑 '생애 주기'로 나눌 수 있어요. 이게 일종의 큰 목차라고 보면 돼요.

열정교사 아, 국어에서 문단 단원이라면 '문단의 개념', '문단 구성', '고쳐쓰기' 이렇게 나눌 수도 있겠네요?

수석교사 그렇죠! 그 다음엔 각 스트랜드 안에 어떤 소재와 개념이 들어갈지 거미줄처럼 정리해요. 그게 4단계 단원 그물망 작성이에요. ChatGPT한테 "식물의 구조와 관련된 주요 개념 알려줘"라고 하면 뿌리, 줄기, 잎 각각의 기능까지 다 정리해줘요.

열정교사 흐름이 생기니까 단원이 점점 살아나는 느낌이에요!

수석교사 맞아요. 이제 이걸 바탕으로 '학생들이 이걸 통해 무슨 큰 생각을 배우게 될까?'를 정리해야죠. 그게 바로 5단계 일반화 진술 작성이에요. 예를 들어 "식물은 구조와 기능이 서로 연결되어 생존한다" 같은 문장이요.

열정교사 이런 건 말이 어렵게 느껴져요. 아이들한테는 어떻게 풀어줘야 하죠?

수석교사 수업 중에 이걸 직접 알려주진 않아요. 아이들이 활동하면서 자연스럽게 이 생각에 도달하게 만드는 거죠. ChatGPT한테는 "이 일반화를 초등학생이 이해할 수 있게 바꿔줘"라고 요청할 수 있어요.

열정교사 아, 그럼 여기서 중요한 게 질문이겠네요?

수석교사 바로 6단계 안내 질문 설계! 학생들의 사고를 이끌어줄 '좋은 질문'이 핵심이에요. ChatGPT에게 "이 일반화에 연결되는 사실적/개념적/논쟁적 질문 5개 만들어줘"라고 하면 훌륭한 초안을 받을 수 있어요.

열정교사 다음엔 지식이랑 기능 정리죠?

수석교사 맞아요. 7단계는 중요한 내용, 8단계는 핵심 기능이에요. 예를 들어 식물 단원이라면 '광합성', '기관의 기능', '생애 주기' 같은 사실적 지식과 '관찰하기', '실험하기', '설명하기' 같은 기능이 필요하죠. 이건 교육과정 성취기준을 보면 명확히 나와 있어요. ChatGPT에 기준을 입력하면 정리도 깔끔하게 해줘요.

열정교사 평가도 여기에 맞춰야겠죠?

수석교사 그렇죠. 9단계 평가 설계에서는 단원의 일반화, 지식, 기능이 모두 반영된 수행 과제를 만들어요. 예를 들어 '나만의 식물 도감 만들기'. 그리고 채점 기준(루브릭)을 미리 만들어서 일관성 있게 평가하죠.

열정교사 루브릭 만드는 것도 어렵던데요…

수석교사 ChatGPT에게 "이 과제에 맞는 루브릭 항목 4개 만들어줘"라고 하면 구성도 다 잡아줘요. 다만, 학급 상황에 맞게 교사가 조정하는 건 꼭 필요하죠.

열정교사 수업 활동은 마지막이겠네요?

수석교사 네, 10단계 학습 활동 설계! 도입-전개-정리 흐름으로 안내 질문을 중심에 두고 활동을 구성하죠. '씨앗 심기', '성장 실험', '상상 식물 만들기' 같은 활동이 그 예예요. 활동 간 연결 질문도 ChatGPT가 잘 제안해줘요.

열정교사 와, 이렇게 단원 전체를 설계하고 마지막엔 학생한테 소개도 해야겠네요?

수석교사 바로 그게 11단계 단원 개요 작성이에요. 수업 첫 시간에 "이번 단원은 식물의 비밀을 탐험하는 여행이에요!" 같은 식으로 소개하는 거죠. 이 개요도 ChatGPT한테 단원 내용을 설명하면 멋지게 써줘요.

열정교사 선생님 설명 들으니까 전체 구조가 훨씬 정리돼요. 그리고 ChatGPT를 진짜 다양하게 활용할 수 있네요!

수석교사 그렇죠? 이제 하나하나 단계별로 시도해 보면 돼요. 처음엔 시간 좀 걸리지만, 익숙해지면 단원 설계가 훨씬 재미있어져요.

열정교사 감사합니다! 저도 이제 개념기반 수업 설계, 자신감 생겼어요!

개념기반 단원 설계는 교과 지식을 '핵심 아이디어'(big idea)와 '일반화된 이해'(generalization)를 중심으로 구성하여, 학생들이 단편적인 지식 암기를 넘어 깊이 있는 이해와 전이가 가능한 사고력을 기를 수 있도록 돕는 수업 설계 방식이다. 이 설계 방식은 린 에릭슨(H. Lynn Erickson) 등이 제안한 접근법으로, 단원을 구성할 때 '사실'과 '개념'의 균형을 중요하게 여긴다. 여기서 '사실'은 구체적인 정보와 사례를 제공하여 학생들의 배경지식을 확장하는 데 도움을 주고, '개념'은 이 다양한 사실들을 하나의 큰 틀로 연결하여 의미 있게 조직할 수 있도록 한다. 이 둘이 조화를 이루면 학생들은 단순히 정보를 습득하는 데 그치지 않고, 사실 속에 숨은 원리나 패턴을 발견하고 이를 새로운 상황에 적용하려는 비판적이고 창의적인 사고로 나아갈 수 있다.

이 글에서는 개념기반 단원 설계 11단계를 쉽고 명확하게 소개하고자 한다. 각 단계마다 실제 수업 현장에서 적용 가능한 구체적인 실행 사례를 제시하며, ChatGPT를 활용해 수업 설계 과정을 보다 효과적으로 지원할 수 있는 팁도 함께 담았다. 각 단계들 간의 유기적인 연계 또한 강조하였기에, 초등학교부터 고등학교까지 모든 교과의 교사들이 실제 수업 설계에 바로 활용할 수 있을 것이다.

01 • 1단계: 단원명 정하기(초점 혹은 맥락)

먼저 단원의 제목을 정한다. 단원명은 해당 학습의 초점과 맥락을 알려주는 역할을 하며, 학생들의 흥미를 유발할 수 있도록 구체적이고 의미 있게 정해야 한다. 너무 포괄적인 한 단어 제목이나(예: "생명") 단순 나열식 기술 중심 제목(예: "컴퓨터 자판 치기")은 피해야 한다. 대신 학년과 시간을 고려해 적절한 범위의 내용이 드러나면서도 호기심을 자극하는 제목이 좋다. 단원명은 질문 형태로 작성하면 학생들의 탐구심을 특히 자극할 수 있다. 예를 들어 "우리는 누구인가: 가족의 변화, 어제와 오늘"과 같이 소재+맥락을 담은 제목은 "가족"또는 "우리"처럼 막연한 제목보다 명확하고 흥미롭다.

1) 단원 예시

예를 들어 초등 과학에서 식물의 성장을 가르치는 단원을 설계한다고 하면, 단원명을 "식물: 우리는 어떻게 자랄까?"처럼 지을 수 있다. 이렇게 하면 식물이라는 소재에 성장이라는 맥락과 질문을 부여하여, 학생들이 단원에서 무엇을 배우게 될지 직관적으로 알 수 있다. 중학교 역사 수업에서 조선 시대와 현대의 삶을 비교하는 단원이라면 "변화하는 삶의 모습: 옛날과 오늘날"처럼 제목을 정해 볼 수 있다. 이러한 제목들은 모두 단원의 주제와 개념적 방향을 명확히 제시하면서, 학생들의 흥미를 끌 수 있도록 도와준다.

2) ChatGPT 활용 팁

이 단계에서 ChatGPT는 다음과 같이 활용할 수 있다. 단원 제목을 정하는 단계에서 ChatGPT를 브레인스토밍 도우미로 활용할 수 있다. 가령, ChatGPT에게 단원의 내용 요소를 설명하고 흥미로운 제목 아이디어를 요청해 보자. 예를 들어 다음과 같은 프롬프트를 사용할 수 있다:

> ▾ **예시 :**
> 5학년 과학 수업에서 '식물의 생장 과정' 단원을 계획 중입니다. 학생들의 호기심을 자극할 수 있는 재미있고 명확한 단원 제목을 3~4가지 제안해 주세요.

ChatGPT는 단원의 초점과 맥락이 담긴 다양한 제목 예시를 제공해 줄 것이다. 이런 제안을 참고하여 가장 알맞은 표현을 선택하거나, 여러 아이디어를 조합해 볼 수 있다. 또한 제목을 질문 형태로 바꾸거나 키워드를 추가하는 등의 수정 방향도 얻을 수 있어 창의적이고 명확한 단원명을 만드는 데 도움이 된다.

더 나아가 교과서 수준이 아닌 교육과정 성취기준을 분석하여 수업을 계획하는 경우도 ChatGPT를 활용한다. 가르치고자 하는 단원에 해당하는 교육과정의 성취기준으로부터 단원명을 정하는 방법이다. 교과서를 그대로 가르치는 것이 아니라 교육과정을 재구성하여 가르친다는 원칙과 명분에 가장 부합하는 방법이다. 이 방법에 대해서는 4장에서 자세히 설명한다.

3) 다른 단계와의 연계

위와 같은 과정을 거쳐 결정된 단원명은 이후 단계들의 출발점이 된다. 명확한 단원명을 정하면, 그에 따라 다음 단계인 개념적 렌즈와 스트랜드를 선정하기가 수월해진다. 예를 들어 단원명이 "식물: 우리는 어떻게 자랄까?"로 정해지면, 자연스럽게 '성장'이나 '생명 주기' 같은 개념적 렌즈(2단계)를 떠올릴 수 있고, 식물 학습의 세부 영역(뿌리, 줄기, 잎/ 생장 단계 등)을 스트랜드로 나누는 작업(3단계)도 방향이 잡힌다. 이처럼 잘 설정된 단원 제목은 전체 단원 설계의 나침반 역할을 하며, 이후 단계들과 긴밀하게 연계된다.

02 • 2단계: 개념적 렌즈 파악하기

개념적 렌즈는 한 단원의 학습 내용을 바라보는 중심 생각이나 관점이다. 쉽게 말해, 학생들이 배우는 내용을 어떤 개념을 중심으로 이해할 것인지 정해주는 '생각의 안경'이라고 볼 수 있다. 또한 한 단원 안에 포함된 여러 수업 활동과 지식을 하나로 묶어주는 개념적 '연결고리'라고도 할 수 있다.

이러한 연결고리가 없으면 어떤 일이 생길까? 수업 시간마다 서로 다른 내용을 따로따로 배우게 되고, 결국 지식이 파편처럼 흩어지게 된다. 학생들은 각 시간에 배운 내용을 연결하지 못하고, 그저 단편적인 사실이나 정보를 외우는 데 그치고 만다.

이 상황을 '장님 코끼리 만지기'에 비유해 볼 수도 있다. 단원의 전체 내용이 '코끼리'라고 가정하면, 개별 차시에서 배우는 내용은 코끼리의 '코', '다리', '귀', '꼬리'처럼 일부에 해당한다. 개념적 렌즈 없이 수업을 진행하면, 학생들은 코끼리 전체를 이해하지 못하고 코끼리를 단지 '코'나 '다리'로만 기억하게 되는 것과 같다.

반대로, 개념적 렌즈를 가지고 수업을 구성하면 학생들은 매 시간의 학습 내용을 큰 그림 속에서 바라보게 된다. 단원의 처음부터 끝까지 일관된 관점으로 사고할 수 있기 때문에, 단원 전체를 하나의 이야기처럼 이해하고, 배운 내용을 다른 상황에도 적용할 수 있는 깊이 있는 학습이 가능하다.

어떤 개념을 렌즈로 선택하느냐에 따라, 같은 주제라도 수업의 방향이 달라질 수 있다. 예를 들어 '환경'을 배우더라도 '균형'이라는 개념적 렌즈로 수업하면 생태계의 안정성을 중심으로 보고, '상호작용'이라는 개념으로 보면 생물들 사이의 관계에 초점을 맞추게 된다.

이러한 역할을 하는 개념적 렌즈는 보통 한 단어 정도의 짧고 넓은 의미를 가진 개념이다. 이 개념은 여러 차시의 수업이나 주제에 두루 적용될 수 있는 개념이다.

예를 들면 다음과 같다:

- 변화: 시간이 지나며 생기는 차이
- 관점: 바라보는 생각의 방향
- 상호작용: 서로 영향을 주고받는 관계
- 체계: 부분들이 연결되어 하나의 구조를 이루는 것
- 균형: 서로 어울리며 조화를 이루는 상태

이와 같은 개념적 렌즈는 하나의 단원뿐 아니라, 다른 단원이나 교과에도 연결할 수 있는 넓은 개념이기도 하다.

1) 단원 예시

앞서 예로 든 초등 과학 단원 "식물: 우리는 어떻게 자랄까?"의 경우, 적절한 개념적 렌즈로 "성장"이나 "주기"를 선택할 수 있다. *성장*은 식물의 성장과정 전반에 적용되는 개념이고, *주기*는 식물의 생애 주기와 자연의 순환을 모두 아우르는 개념이다. 이 중 *성장*을 렌즈로 정하면, 이후에 학생들이 식물의 성장 과정을 통해 성장의 개념을 배운다는 방향이 설정된다.

중학교 역사 단원 "변화하는 삶의 모습: 옛날과 오늘날"이라면 "변화"가 개념적 렌즈가 된다. 이 렌즈를 통해 학생들은 과거와 현재 생활 양상의 차이를 학습하면서 *변화의 보편적 의미*를 생각해보게 된다.

고등 문학 수업에서 "정의란 무엇인가"와 같은 단원명을 지었다면 렌즈로 "정의(Justice)"를 선택해, 문학 작품 속 다양한 상황을 통해 정의의 개념을 성찰하게 할 수 있다. 이처럼 각 단원의 맥락에 맞는 추상 개념을 렌즈로 삼으면, 교과 내용과 개념적 이해를 효과적으로 연결할 수 있다.

2) ChatGPT 활용 팁

ChatGPT는 개념적 렌즈를 선정하는 과정에서도 유용한 조언자 역할을 할 수 있다. 교사가 가르치고자 하는 단원이 기반하고 있는 교육과정의 "핵심 아이디어"를 알려주고, 어떤 개념적 렌즈를 사용할 것인지 결정할 수 있다. 2022 개정 교육과정 원문에서 "핵심 아이디어" 찾아 ChatGPT에 입력하고, 그 핵심 아이디어로부터 여러 가지 개념적 렌즈를 추출해 달라고 요청한다. 이런 요청에 ChatGPT가 개념적 렌즈를 목록으로 제시하면, 교사는 그 개념적 렌즈들 중에서 선택을 한다.

ChatGPT가 개념적 렌즈 목록만 추천하지 않고 각 개념이 어떻게 단원 초점을 잡아줄지 설명해 줄 것이다. 예를 들어 *"성장"*, *"순환"*, *"생명력"* 등의 후보를 제안하고, 각각을 렌즈로 삼았을 때 어떤 학습 방향이 될지 알려줄 수 있다. 이를 통해 교사는 여러 개념 후보들을 비교하면서 가장 적합한 렌즈를 결정할 수 있다. 또한 ChatGPT에게 선택한 렌즈와 주제를 알려주고, 그 관련성을 검토하거나 더 깊이 이해하는 데 도움을 받을 수도 있다. 예를 들어 "왜 '균형'이라는 개념이 생태계 단원의 렌즈로 적합한지 설명해주세요."와 같이 물어보면, ChatGPT가 그 개념의 교육적 의의를 풀어 설명해 주어 확신을 얻을 수 있다.

교육과정의 "핵심 아이디어"로부터 개념적 렌즈를 추출하고 최종 선택하는 과정과 방법을 해당 단계를 설명하는 장에서 자세히 다룰 예정이다.

3) 다른 단계와의 연계

개념적 렌즈는 1단계의 단원명과 밀접하게 연관되며, 다음 단계들에서 다룰 내용의 개념적 방향을 결정짓는다. 렌즈를 정하면, 이제 그 렌즈를 바탕으로 단원의 구조를 세분화하는 3단계(스트랜드 설정)와 구체적인 내용 요소를 구상하는 4단계(그물망 작성)

에 들어가게 된다. 예를 들어 단원명이 "식물: 우리는 어떻게 자랄까?"이고 렌즈가 "성장"으로 정해졌다면, 이후에 식물 단원을 구성할 때 성장에 관련된 측면들을 다양하게 펼쳐보는 방향으로 전개된다. 렌즈가 변화로 정해진 역사 단원이라면, 이후 단계에서 시대별 변화상, 변화에 영향을 미치는 요인 등 변화와 연결된 내용들을 구조화하게 될 것이다. 이처럼 2단계에서 선정한 개념적 렌즈는 이후 일반화(5단계)와 안내 질문(6단계)에도 핵심적으로 반영되므로, 단원 설계의 일관성을 위해 매우 중요하다.

03 • 3단계: 단원 스트랜드 파악하기

스트랜드(Strand)는 머리카락 중 한 가닥을 의미하는 영어 단어이다. 여러 묶음 중 한 가닥을 지칭한다. 단원에 포함된 여러 수업 내용을 하나의 스트랜드, 즉 가닥이라고 하는 것이다. 이는 마인드맵에서 하나의 가지로 연결된 마디(노드, node)에 해당하는 것으로 보면 이해가 쉽다. 정리하면 스트랜드란 단원 내에서 내용을 크게 묶은 하위 주제 영역을 말한다. 쉽게 말해, 한 단원을 구성하는 큰 목차나 소제목이라고 볼 수 있다.

하나의 단원 안에는 다양한 내용이 들어 있기 때문에, 이 내용을 몇 개의 핵심 주제 영역(스트랜드)으로 나누어 정리하면 단원 전체를 더 체계적으로 설계하고 지도할 수 있다. 예를 들어 과학에서 '식물' 단원을 가르친다면,

- "식물의 구조"
- "식물의 생애 주기"

와 같이 스트랜드를 나눌 수 있다.

국어에서 '문단 쓰기'를 가르치는 단원이라면

- "문단의 개념"
- "문단의 구성 요소"

■ "문단 쓰기와 고쳐쓰기"

처럼 스트랜드를 설정할 수 있다.

1) 단원 예시

하나의 단원 안에서 스트랜드를 어떻게 설정할 수 있는지 실제 예시를 통해 살펴보자.

❖ 초등 과학 '식물' 단원

이 단원은 내용을 다음과 같이 두 개의 스트랜드로 나눌 수 있다.

■ 스트랜드 1: 식물의 구조

뿌리, 줄기, 잎, 꽃과 같은 구조적 요소와 관련 개념(예: 영양 흡수, 광합성 등)을 다룬다.

■ 스트랜드 2: 식물의 생애 주기

씨앗 → 발아 → 성장 → 꽃 피움 → 번식 → 다시 씨앗으로 이어지는 순환 과정을 중심으로 발아, 번식, 생명 주기와 관련된 개념을 탐구한다.

이렇게 나누면, 학습자가 각 스트랜드 안에서 집중적으로 개념을 익히고, 두 영역의 연결성을 이해하면서 단원을 전체적으로 파악할 수 있다.

❖ 중학교 사회 '변화하는 삶의 모습' 단원

이 단원에서는 시대를 기준으로 다음과 같이 스트랜드를 구성할 수 있다.

■ 스트랜드 1: 과거 생활

전통 시대의 가옥, 의복, 가족 구조 등

■ 스트랜드 2: 현대 생활

현대의 주거 형태, 직업의 다양화, 가족의 변화 등

이 구성은 시간의 흐름 속에서 사회 변화의 양상을 비교하며 '변화'라는 개념을 체계적으로 이해하도록 돕는다.

❖ **고등 문학 '정의(Justice)' 단원**

이 주제를 다룰 때는 다음과 같이 문학과 현실을 나누어 스트랜드를 설정할 수 있다.

- 스트랜드 1: 문학 작품 속 정의

다양한 문학 작품에서 표현된 정의의 의미와 양상 분석

- 스트랜드 2: 현실 사회의 정의

사회적 정의와 불의, 윤리적 딜레마, 사회 참여 등 실제 사회 속 정의의 문제 탐구

이 구성은 학생이 문학적 해석을 바탕으로 현실 문제를 비판적 시각으로 바라보게 한다.

이처럼 스트랜드를 적절히 설정하면 폭넓은 주제를 몇 개의 흐름으로 조직화할 수 있다. 각 스트랜드에 따라 수업 내용을 집중도 있게 설계하면서도, 단원 전체의 논리적 연결성과 개념적 일관성을 유지할 수 있다. 또한 스트랜드는 이후 내용 구성, 활동 설계, 평가 기준 마련에도 핵심적인 역할을 하므로, 수업의 질을 높이는 중요한 설계 단계라 할 수 있다.

2) ChatGPT 활용 팁

스트랜드를 구성할 때 ChatGPT를 아이디어 정리에 활용할 수 있다. 단원의 전체 주제를 입력하고, 그것을 몇 개의 하위 주제로 나누는 작업을 도와달라고 요청해 보자. 예를 들어:

> ▾ **예시 :**
> "환경과 인간"이라는 통합사회 단원을 3~4개의 하위 주제 영역(스트랜드)으로 나누려고 합니다. 주요 영역을 무엇으로 구분하면 좋을지 제안해 주세요.

ChatGPT는 이 질문에 대해

- 자연 환경,
- 인류 활동,

- 환경 문제와 해결 방안

같은 스트랜드를 제시해 줄 수 있다.

또한 렌즈와 주제를 함께 입력하면 개념적 흐름에 따른 구성 제안도 가능하다. 예를 들어 다음과 같이 질문할 수 있다:

> ▾ **예시 :**
> 렌즈는 '성장'이고 주제는 '식물'입니다. 이 단원을 어떤 구성 영역으로 나누면 좋을까요?

이때 ChatGPT는

- 식물의 구조와 기능,
- 생장 과정,
- 환경과의 상호작용

같은 스트랜드 아이디어를 제안할 수 있다.

ChatGPT의 답변은 다양한 관점에서 단원을 바라볼 수 있는 단서를 제공해 준다. 교사는 이 제안을 참고해 자신이 미처 생각하지 못한 영역을 보완하거나 주제에 대한 접근 방식을 더 확장해볼 수 있다. 스트랜드 초안을 정리한 후에는 "교육과정 성취기준", "학생의 수준", "단원의 중요도와 수업 목표"를 함께 고려해 최종 스트랜드를 교사가 직접 결정한다.

3) 다른 단계와의 연계

스트랜드를 설정하면 방대한 단원 내용을 핵심 흐름으로 정리할 수 있고, 각 흐름 안에서 어떤 개념을 중점적으로 다뤄야 할지 판단하기 쉬워진다. 또한 각 스트랜드는 그 자체로 중심 개념과 학습 목표를 포함하고 있어 이후 단계의 구조적 틀로 활용된다.

과정 중심의 교과라면 스트랜드를 교육과정에 제시된 과정 단계(예: 국어의 읽기, 말하기, 쓰기, 듣기)를 그대로 활용할 수도 있다. 이 경우에는 내용이 아닌 기능이나 활동 흐름 중심으로 스트랜드를 설정하게 된다.

❖ 4단계와의 연결

스트랜드가 결정되면 각 스트랜드 안에서 어떤 학습 주제와 개념을 연결할지 구체화하는 4단계로 자연스럽게 이어진다. 스트랜드는 단원의 중심 개념을 담는 일종의 '그릇' 역할을 하고, 4단계는 이 그릇에 무엇을 담을지 정하는 단계이다. 예를 들어 식물 단원의 스트랜드가 "구조"와 "생애 주기"로 정해졌다면, 다음 단계에서는 각각의 스트랜드 아래에 어떤 세부 주제와 관련 개념들이 있는지 거미줄 그리듯 정리하게 된다.

❖ 5단계와의 연결

스트랜드를 잘 선정해 두면 내용 구성이 체계적이고 빠짐없이 이루어지며, 이는 이후 일반화 도출(5단계)에도 큰 영향을 준다. 각 스트랜드에서 다룬 개념들이 모여 단원의 큰 이해(일반화)를 형성하기 때문이다.

정리하자면, 스트랜드는 하나의 단원을 여러 갈래로 나누어 학습의 흐름을 조직하는 틀이다. 단원 내용을 조직화하고 다음 단계 작업을 효율적으로 하기 위한 다리 역할을 하며, 단원 전체를 논리적이고 일관성 있게 이끌어가는 데 꼭 필요한 설계 요소이다.

04 • 4단계: 스트랜드별 소재와 개념 연결하기(단원 그물망 작성)

이 단계에서는 각 스트랜드 안에 담을 구체적인 소재와 개념을 모두 도출하여 그물망 형태로 정리한다. '단원 그물(Unit Web)'이라고도 하며, 단원의 전체 내용을 시각적으로 구조화하는 작업이다.

교사는 먼저 각 스트랜드를 중심으로 관련된 주제와 개념을 떠올린다. 그런 다음 개념 간의 관련성이나 범주를 선으로 연결하거나 그룹으로 묶는다. 이를 통해 단원에서 다룰 핵심 내용을 한눈에 파악할 수 있다.

단원 그물망은 마인드맵과 비슷한 예비 설계 도구이다. 이 그물망은 이후에 작성할 일반화 진술과 학습 활동을 논리적으로 연결하는 기반이 된다. 또한 성취기준과 비교하여 내용이 빠지지 않았는지, 수준이 적절한지를 검토할 수 있다. 이 과정에서 빠진 개념이나 주제를 발견하면 추가로 보완할 수 있기 때문에, 그물망은 단원 설계 초기에 반드시 필요한 점검 과정이다.

1) 단원 예시

'식물' 단원을 예로 들면, 스트랜드가 '식물의 구조'일 경우 다음과 같이 정리할 수 있다.

- 뿌리: 양분 흡수
- 줄기: 물과 양분 이동
- 잎: 광합성(에너지 전환)
- 꽃: 생식과 번식
- 씨앗: 발아

스트랜드가 '생애 주기'일 경우, 식물의 성장 단계를 중심으로 다음과 같이 정리한다.

- 발아 → 성장 → 개화 → 결실 → 쇠퇴
- 각 단계에 연결할 수 있는 개념: 환경 조건, 순환, 세대 이어짐 등

이와 같은 구성은 두 스트랜드가 포함하는 개념을 명확히 보여준다. 단원의 전체 구조를 이해하기 쉬워지고, 중요한 개념이 빠지지 않도록 도와준다.

또 다른 예로, 중학교 역사 단원에서 '과거의 생활'과 '현재의 생활'을 비교할 수 있다.

- 과거 생활: 가족 구성 - 대가족 / 직업 - 세습 / 교통 - 도보, 가마
- 현대 생활: 가족 구성 - 핵가족 / 직업 - 다양화 / 교통 - 자동차, 대중교통

이렇게 그물망을 작성하면, 변화의 양상이 자연스럽게 드러난다. 예를 들어, '가족 구조 변화'나 '직업 구조 변화'처럼 공통되는 개념은 이후 일반화 진술로 발전할 수 있다.

2) ChatGPT 활용 팁

ChatGPT는 그물망 작성을 도와주는 유용한 도구다. 교사가 스트랜드와 일부 소재를 입력하면, 관련 개념이나 키워드를 제안받을 수 있다. 예를 들어 다음과 같이 ChatGPT에 질문한다.

> ▾ **예시 :**
> '식물의 구조' 스트랜드에 뿌리, 줄기, 잎, 꽃, 씨앗을 포함하려고 합니다. 각각과 연결할 수 있는 개념이나 키워드를 제시해 주세요.

ChatGPT는 다음과 같은 응답을 제시한다.

- 뿌리: 양분 흡수
- 줄기: 수분과 영양분 운반
- 잎: 광합성
- 꽃: 생식
- 씨앗: 번식과 발아

이러한 응답은 교사가 놓친 요소를 보완하는 데 도움이 된다.
또는 주제만 제시해도 개념 구성을 제안받을 수 있다.

> ▾ **예시 :**
> 중세 시대 생활 단원을 구성하려고 합니다. 관련된 주요 요소를 개념 지도로 정리해 주세요.

ChatGPT는 다음과 같은 구성으로 제안할 수 있다.

- 정치: 봉건 제도
- 경제: 영주와 농노

- 사회: 신분 제도
- 문화: 종교 중심 생활

이러한 ChatGPT의 답변을 바탕으로 교사는 마인드맵을 만들거나 표로 정리할 수 있다. 다만, ChatGPT의 제안은 참고자료일 뿐이다. 교육과정에 맞는 핵심 요소가 빠지지 않았는지 반드시 검토해야 한다.

3) 다른 단계와의 연계

단원 그물망이 완성되면, 각각의 소재와 개념을 통해 어떤 '큰 생각'으로 연결될 수 있을지 가늠할 수 있다. 이 '큰 생각'이 바로 다음 단계인 일반화 진술의 재료가 된다.

그물망은 학생이 배워야 할 내용을 구체적으로 나열한 단계이고, 일반화는 이 내용을 통해 도출되는 본질적인 개념이다. 예를 들어 식물 단원의 그물망을 바탕으로 "식물은 구조와 기능이 유기적으로 연결되어 성장한다"는 일반화 진술을 만들 수 있다.

또한 그물망에서 도출한 개념(예: 순환, 상호 의존)은 일반화 진술과 안내 질문(6단계)에 직접 반영된다. 따라서 그물망은 일반화를 만들어내는 연결고리이며, 이후 7단계의 필수 지식 선정이나 10단계 학습 활동 설계에서도 계속 활용된다. 교사는 이 단계에서 작성한 자료를 단원 전체에 걸쳐 반복해서 참고하게 된다.

05 · 일반화 진술 작성하기(핵심 개념 이해 진술)

일반화는 학생들이 단원 학습을 통해 도달해야 할 핵심 개념적 이해를 문장으로 정리한 것이다. 단원의 구체적인 내용 속에서 도출된 보편적인 원리나 개념 간의 관계를 담고 있다. 일반화는 두 개 이상의 개념을 연결하여 구성하며, 특정 시기나 사례에 국한되지 않고 다양한 상황에 적용할 수 있어야 한다.

예를 들어,

- "식물의 구조와 기능은 생존을 위해 서로 의존한다."
- "역사 속 혁신은 사회 변화를 촉진하지만, 예기치 않은 결과를 낳기도 한다."

이와 같은 문장은 특정 지식을 넘어, 여러 상황에 두루 적용할 수 있는 사고의 틀을 제공한다.

일반화는 학생의 인지 수준에 맞는 언어로 표현하되, 수업 중에 정답처럼 주입해서는 안 된다. 학생은 탐구와 토론을 거쳐 이 일반화에 스스로 도달해야 한다. 한 단원에서 일반화를 여러 개 만들 수도 있지만, 핵심 개념을 담은 몇 개의 진술로 정리하는 것이 효과적이다.

이러한 일반화는 이후 평가에서 학생들의 개념 이해를 확인하는 기준이 되며, 학습 활동에서 도달해야 할 목표로 작용한다.

1) 단원 예시

앞 단계에서 다룬 식물 단원을 예로 들면 다음과 같은 일반화를 만들 수 있다.

- "식물의 성장과 생식은 순환 구조를 이루며, 이 순환은 생태계의 지속성을 유지하는 데 기여한다."
  → 생애 주기를 '주기적 순환'이라는 개념으로 일반화한 예시이다.
- "식물의 뿌리, 줄기, 잎, 꽃은 각각 다른 기능을 담당하며, 이 기능들은 생존과 성장을 위해 서로 긴밀하게 연결된다."
  → 구조와 기능의 상호의존 관계를 표현한 문장이다.

이처럼 일반화는 구체적인 학습 내용(예: 기관의 명칭과 기능, 생장 주기)을 바탕으로 개념 간의 관계(순환, 상호의존)에 도달하도록 안내하는 사고 도구이다.

이해를 돕기 위해 또 다른 예를 들어보자. 중학교 사회 '가족 변화' 단원에서는 다음과 같은 일반화를 도출할 수 있다.

- "가족의 형태는 시대와 문화에 따라 변화하지만, 가족이 사회에서 수행하는 핵심 역할은 지속된다."
  → '변화'와 '지속'이라는 개념 간 관계를 도출했다.

고등학교 문학 '정의' 단원에서는 다음과 같은 일반화가 가능하다.

- "문학 속 정의는 시대와 관점에 따라 다르게 표현되지만, 인간 사회의 윤리를 비추는 역할은 지속된다."

각 일반화는 해당 단원에서 학생들이 얻어야 할 깊이 있는 개념적 이해를 나타내며, 수업 전 과정을 통해 이 이해에 도달하도록 돕는 기준점이 된다.

2) ChatGPT 활용 팁

일반화 작성은 높은 수준의 추상적 사고를 요구하므로 어렵게 느껴질 수 있다. 이때 ChatGPT를 글쓰기 코치처럼 활용하면 효과적이다. 우선 단원의 개념어와 내용을 정리한 뒤, 개념 간의 관계를 문장으로 표현해 달라고 요청해보자. 예를 들어,

> ▼ **예시 :**
> 다음 단원 내용을 바탕으로 일반화 문장을 만들어주세요.
> - 소재: 뿌리, 줄기, 잎, 꽃. 개념: 생존, 성장, 상호의존

ChatGPT는 다음과 같은 문장을 제안할 수 있다.

- 식물의 뿌리, 줄기, 잎, 꽃은 각각 생존과 성장을 위한 기능을 수행하며, 서로 상호의존적인 구조를 이룬다.

이 문장을 참고하여 표현을 다듬거나 개념을 추가하면 교사 고유의 일반화 문장을 만들 수 있다. 또는 일반화 문장을 미리 작성한 후, "학생이 이해하기 쉽게 이 문장을 다듬어주세요."와 같은 요청을 통해 표현을 간결하고 명확하게 고칠 수도 있다.

단, ChatGPT가 제시한 문장은 교육과정과 수업 맥락과 다를 수 있으므로, 교사

는 반드시 교육적 타당성을 검토해야 한다. 일반화 문장이 특정 사례에만 적용되는 것은 아닌지도 반드시 확인해야 한다.

3) 다른 단계와의 연계

일반화는 개념기반 단원 설계의 중심 축이다. 앞 단계에서 만든 단원 그물망을 바탕으로, 흩어져 있던 개념과 정보를 압축하여 정리한 결과물이 일반화 문장이다. 이 일반화는 6단계 안내 질문 설계의 기반이 된다. 예를 들어,

- 일반화: "식물의 구조와 기능은 생존을 위해 상호의존적이다."
- 질문 예시: "왜 식물에는 뿌리와 잎이 모두 필요할까?"

이처럼 일반화는 학생에게 어떤 질문을 던져야 할지 결정하는 출발점이 된다.

또한 일반화는 9단계 평가 설계에도 직접적인 영향을 미친다. 일반화를 기준 삼아, 학생들이 그 내용을 이해하고 적용할 수 있는지를 확인하는 평가 과제를 만들 수 있기 때문이다.

일반화 문장이 잘 정리되어 있으면, 이후 학습 질문 생성, 필수 지식 선정, 학습 활동 설계, 평가 개발까지 모든 단계를 일관되게 연결할 수 있다.

마지막으로, 일반화는 수업 중 명시적으로 전달하는 지식이 아니다. 교사는 이 문장을 염두에 두고 수업을 설계하고 이끈다. 학생들은 탐구와 토의를 통해 이 개념에 도달해야 한다. ChatGPT를 활용해 설계 단계에서 일반화를 명확히 정리해 두면, 수업 중 어떤 경험과 질문이 필요한지도 자연스럽게 드러나게 된다.

06 • 6단계: 안내 질문 만들기

안내 질문(Guiding Questions)은 학생의 생각을 끌어내어, 일반화된 이해에 도달하도록 돕는 질문이다. 수업 시간에 문답, 토론, 활동, 과제로 다양하게 활용할 수 있으

며, 학생이 개념을 깊이 있게 탐구하고 스스로 연결 지을 수 있도록 설계한다.

안내 질문은 주로 다음 세 가지 유형으로 나눌 수 있다.

❖ **사실적 질문**(Factual Question)

구체적인 정보나 지식을 확인하는 질문이다. 보통 '누가', '언제', '무엇을'처럼 명확한 답을 요구한다. 예를 들어 "식물의 잎은 어떤 일을 하나요?", "옛날 가족 구성원에는 누가 있었나요?"와 같은 질문이다. 이 질문은 기초 지식을 쌓는 데 유용하다. 학생이 일반화에 도달하기 위해 필요한 사실을 먼저 익히게 된다.

❖ **개념적 질문**(Conceptual Question)

개별 사례를 넘어서 원리나 관계를 탐구하게 하는 질문이다. '왜', '어떻게'라는 질문이 많고, 하나의 정답에 머무르지 않는다. 예를 들어, "왜 식물의 뿌리와 잎은 서로 영향을 주고받을까요?", "가족의 형태는 왜 시대에 따라 달라졌을까요?"와 같은 질문이다. 이 질문은 학생의 사고를 확장시키고, 다양한 관점을 고려하게 한다. 일반화 문장과 개념적으로 연결되어 있다.

❖ **논쟁적 질문**(Debatable Question)

답이 정해져 있지 않은 개방형 질문이다. 학생이 자신의 입장을 정하고, 근거를 들어 주장하게 만든다. 예를 들어, "현대의 다양한 가족 형태를 모두 가족으로 인정해야 할까요?", "식물에게 뿌리와 잎 중 무엇이 더 중요할까요?"와 같은 질문이다. 논쟁적 질문은 비판적 사고력과 의사소통 능력을 키우는 데 효과적이다.

안내 질문들은 일반적으로 한 단원에 걸쳐 여러 개를 준비한다. 보통 각 일반화마다 3~5개의 사실적/개념적 질문과 1~2개의 논쟁적 질문을 준비하는 것을 권장한다. 수업을 진행하면서 교사는 상황에 따라 추가 질문을 던질 수도 있지만, 미리 설계된 안내 질문들은 수업 활동의 가이드라인이 되어 학생들이 탐구를 통해 결국 일반화에 도달하도록 돕는다.

1) 단원 예시

예시를 통해 다시 한 번 살펴보자. 다음은 "식물의 각 부분은 생존을 위해 상호의존적이다"라는 일반화 문장을 중심으로 만든 안내 질문들이다.

❖ **사실적 질문**

식물 각 기관의 기능을 파악하는 기초 지식 질문으로 "뿌리는 어떤 일을 하나요?", "잎은 어떤 도움을 주나요?"와 같은 질문이다.

❖ **개념적 질문**

기관 간의 관계나 식물과 환경의 상호작용을 탐구하게 하는 질문이다. 예를 들어, "식물의 뿌리와 잎은 어떻게 서로 연결되어 있나요?" 또는 "식물이 환경과 상호작용한다는 것은 무슨 뜻일까요?"와 같은 질문이 여기에 해당한다.

❖ **논쟁적 질문**

"식물에게 뿌리와 잎 중 어떤 기관이 더 중요할까요?"와 같은 질문은 학생들로 하여금 어떤 하나의 의견이나 생각을 선택하고, 그 이유를 설명하게 한다. 이 질문은 토론을 통해 결국 '상호의존' 개념에 도달하게 된다.

2) ChatGPT 활용 팁

ChatGPT는 안내 질문을 생성할 때 매우 유용한 도구다. 다음과 같은 방식으로 요청하면, 수업 준비 시간을 크게 줄일 수 있다.

첫째, 기본적인 요청을 할 수 있다.

> ▾ **예시 :**
> 다음 일반화를 바탕으로 안내 질문을 만들어주세요.
> • 일반화: '식물의 구조와 기능은 생존을 위해 상호의존적이다.'
> • 사실 질문 2개, 개념 질문 2개, 논쟁 질문 1개로 나눠서 작성해주세요.

이에 대해 ChatGPT는 다음과 같이 제시할 수 있다.

- 사실적: "뿌리/잎/줄기는 각각 어떤 일을 하나요?"
- 개념적: "왜 식물의 여러 기관이 함께 작동해야 할까요?"
- 논쟁적: "어떤 기관이 없어도 식물이 살아남을 수 있을까요?"

교사는 이 질문들을 수정하거나 학생 수준에 맞춰 조정하여 수업에 활용할 수 있다.

둘째, 난이도 조절을 요청할 수 있다. 예를 들어, "초등학생도 이해할 수 있게 쉽게 바꿔주세요."라고 요청하면 ChatGPT는 용어나 문장을 더 쉬운 표현으로 바꾸어 다시 제시한다.

셋째, 토론 주제를 요청할 수 있다. "환경 보호와 관련해 논쟁적 질문을 제시해주세요."라고 요청하면 "편리함을 위해 환경을 희생해도 될까요?" 같은 질문이 생성된다. 이를 수업 주제에 맞게 수정하면 훌륭한 토론 수업의 출발점이 된다.

3) 다른 단계와의 연계

안내 질문은 5단계 일반화와 긴밀하게 연결되어 있다. 일반화가 수업의 목적지라면, 안내 질문은 그 목적지로 가는 여러 갈래의 길이라고 할 수 있다. 질문을 따라가며 학생은 다양한 관점에서 탐구하고, 사고를 확장하면서 자연스럽게 일반화된 이해에 이르게 된다.

또한 안내 질문은 7단계에서 선정할 '중요 내용'과도 밀접하게 연결된다. 특히 사실적 질문은 학생이 알아야 할 기초 지식을 드러낸다. 예를 들어 사실적 질문 "잎은 무슨 일을 하나요?"의 관련 내용은 '광합성의 원리', '잎의 구조' 등이다. 이 질문에 대한 답이 7단계에서 반드시 포함되어야 할 내용이 된다. 개념적 질문 역시, 학생이 사고를 확장하려면 관련 개념이나 다양한 사례가 뒷받침되어야 한다. 따라서 안내 질문은 중요 내용 선정의 출발점이 될 수 있다.

또한 10단계 '학습 활동 설계'와도 연결된다. 안내 질문은 단지 사고를 자극하는 도구를 넘어서, 하나의 활동 과제로 발전할 수 있다. 질문 → 탐구 → 결과 논의의 흐름이 자연스럽게 생기기 때문이다. 예를 들면 다음과 같다.

- 개념적 질문: "왜 가족 형태는 시대에 따라 변할까요?"
- 학습 활동: 과거와 현재의 가족 형태를 조사하고 비교하기
- 결과 논의: 가족 변화의 배경과 의미에 대해 발표·토론하기

질문 하나가 탐구 활동으로 확장되고, 수업의 주제 흐름을 만든 것이다. 따라서 안내 질문을 만들 때, "이 질문을 학생들과 어떻게 다룰까?", "어떤 활동으로 연결할 수 있을까?"를 함께 고민하면 10단계 활동 설계가 훨씬 수월해진다.

정리하면 안내 질문은 단원의 전체 구조를 연결하는 중심축의 역할을 한다. 안내 질문은 단원 설계 과정에서 앞의 일반화(5단계)와 중요 내용(7단계), 그리고 학습 활동(10단계)을 연결하는 핵심 연결 고리이다.

이 질문들이 수업의 중심을 잡아주기 때문에, 학생들이 수업 중 다양한 경로를 따라가더라도 결국 단원의 핵심 개념과 이해로 다시 돌아올 수 있다.

07 · 7단계: 중요한 내용 파악하기(학생들이 알아야 할 것)

중요한 내용은 해당 단원을 가르칠 때 학생이 꼭 알고 넘어가야 할 핵심 지식이다. 대부분 사실적 지식으로 구성되며, 일반화 문장을 이해하고 탐구하는 데 기반이 되는 정보들이다. 주로 다음과 같은 항목들이 포함된다.

- 개념 이해에 필요한 정의, 특징, 분류, 사례
- 단원과 연결된 핵심 개념어의 의미
- 교육과정 성취기준에 제시된 지식 요소

이 단계는 수업 시간에 어디에 초점을 두고 설명할 것인지, 무엇을 평가할 것인지를 분명하게 잡아주는 역할을 한다. 학생 입장에서는 "이 단원에서 꼭 알아둬야 할 사실이 무엇인가?"를 정리하는 단계다.

1) 단원 예시

과학, 사회, 국어의 예를 들어보자.

먼저 과학 식물 단원의 일반화는 "식물의 구조와 기능은 생존을 위해 상호의존적이다."이다. 이를 이해하고 탐구하기 위해 필요한 중요한 내용은 다음과 같다.

- 식물 기관(뿌리, 줄기, 잎, 꽃, 열매)의 명칭과 기능
- 광합성 과정과 조건(빛, 물, 이산화탄소)
- 증산 작용, 수분·수정의 원리
- 식물 생애 주기 단계(발아, 성장, 개화, 결실 등)
- 식물 생존에 필요한 환경 요소(물, 햇빛, 토양 등)

이런 지식이 있어야 안내 질문에 답하고, 일반화된 이해로 나아갈 수 있다.

사회 가족 변화 단원의 일반화는 "가족 형태는 사회 변화에 따라 달라진다."이며, 필요한 중요 내용은 다음과 같다.

- 과거 가족의 구조(대가족, 가부장제 등)
- 현대 가족 형태(핵가족, 한부모, 다문화 등)와 특징
- 사회적 배경 변화(농경 → 산업 → 정보 사회)의 영향
- 가족의 기능(경제적, 정서적, 사회화 기능 등)과 변화

국어 문학 '정의' 단원의 일반화는 "문학은 시대에 따라 정의의 의미를 달리 표현한다."이며, 필요한 중요 내용은 다음과 같다.

- '정의'의 사전적 의미와 철학적 개념
- 문학 작품 속 정의의 다양한 모습
- 사회 정의 vs 개인 정의
- 정의와 관련된 현대 사회 이슈

2) ChatGPT 활용 팁

ChatGPT는 단원의 중요한 내용을 정리할 때 강력한 도구가 될 수 있다. 다음과 같은 방식으로 활용해보자.

① 핵심 내용 정리 요청

"중학교 역사 '산업 혁명' 단원에서 학생들이 꼭 알아야 할 핵심 내용을 5가지로 정리해주세요."라고 요청하면 ChatGPT는 다음과 같이 응답한다.

- 산업 혁명의 정의와 시기
- 증기기관 등 주요 발명품
- 산업혁명의 시작과 확산
- 사회·경제 구조 변화
- 노동자의 삶 변화

교사는 이 목록을 자신의 수업 계획과 비교하여 누락된 내용을 보완하거나, 새로운 포인트를 발견할 수 있다.

② 안내 질문과 연결하여 정보 추출

"'소리는 매질을 통해 전달된다'라는 질문에 답하려면 어떤 내용을 알아야 하나요?"라고 요청하면 ChatGPT는 필요한 정보(매질의 정의, 전달 속도 차이, 실생활 예시 등)를 제안해 준다. 이 과정을 통해 안내 질문과 중요한 내용 간의 연결을 정교하게 다듬을 수 있다.

여기서 주의할 점은 ChatGPT가 제안하는 내용이 모든 교육과정에 맞는 것은 아니라는 사실이다. 내용이 너무 어렵거나, 학년 수준을 초과할 수 있으니 교사가 반드시 교육과정과 수준을 검토한 후 조정해야 한다.

3) 다른 단계와의 연계

중요한 내용은 수업 전체 흐름을 구성하는 핵심 기반이다.

첫째, 6단계에서 설정한 안내 질문과 직접 연결된다. 특히 사실적 질문은 대부분 중요한 내용을 전제로 하므로, 해당 질문에 정확히 답하려면 학생들이 그에 해당하는 지식을 알고 있어야 한다. 예를 들어 "잎은 어떤 일을 하나요?"라는 질문에 답하기 위해서는 광합성의 원리와 잎의 구조에 대한 이해가 필요하다. 이처럼 안내 질문에 대응하는 지식이 바로 7단계에서 선정할 중요한 내용이 된다.

또한 중요한 내용은 9단계 평가 설계에도 영향을 준다. 학생이 학습 과정에서 무엇을 정확히 이해했는지를 평가하기 위해서는, 미리 정리해 둔 중요한 내용이 평가 문항이나 수행 과제의 기준이 되어야 한다. 즉, 이 단계에서 정한 핵심 지식이 나중에 지필 평가의 설명형 문항이나 프로젝트 과제의 루브릭 항목으로도 활용될 수 있다.

10단계 학습 활동을 설계할 때도 중요한 내용은 중심 기준이 된다. 각 수업 차시나 활동은 중요한 내용을 바탕으로 구성되어야 한다. 예를 들어 '광합성 과정'이 중요한 내용으로 선정되었다면, 광합성을 다루는 실험, 관찰 활동, 설명 과제 등이 반드시 포함되어야 한다. 또한 '전통 가족과 현대 가족의 차이'가 중요한 내용이라면, 이를 조사하고 비교하는 활동이 계획되어야 한다.

이처럼 중요한 내용은 앞 단계에서 설정한 일반화나 안내 질문이 추상적인 방향성을 제공한다면, 그 방향을 구체적으로 구현하기 위한 지식적 기반이 된다. 학생의 사고를 확장하기 위해 필요한 지적 토대를 제공하고, 동시에 수업의 흐름과 평가의 기준을 일관되게 유지하는 데 중요한 역할을 한다.

08 • 8단계: 핵심 기능 파악하기(학생들이 할 수 있어야 할 것)

핵심 기능은 해당 단원에서 학생들이 실제로 할 수 있어야 할 능력이나 수행 행동을 뜻한다. 7단계에서 정리한 '중요한 내용'이 학생이 알아야 할 지식이었다면, 핵심 기능은 할 수 있어야 할 일에 해당한다. 이 기능들은 주로 교육과정 성취기준에서 '~할 수 있다'로 제시되며, 과정 중심의 성취 목표에 해당한다.

예를 들어 과학에서는 '관찰하기', '실험 설계하기', '자료 해석하기' 등이, 국어에서는 '요약하기', '토의하기', '비평하기' 등이 핵심 기능이 된다. 핵심 기능은 수업 중에 학생들이 반복적으로 연습하고, 단원 마지막 평가에서는 직접 수행을 통해 드러내야 할 능력이다. 따라서 수업 설계, 활동 계획, 평가 기준 모두에 영향을 준다.

1) 단원 예시

과학, 사회, 국어의 단원별 핵심 기능을 예시로 살펴보면 다음과 같다.

❖ 과학 - 식물 단원

- 관찰하기: 씨앗이 발아하고 성장하는 모습을 며칠간 관찰하고 기록한다.
- 분류하기: 다양한 식물의 잎을 형태별로 나누고 공통점과 차이점을 정리한다.
- 실험하기: 햇빛 유무에 따른 식물 생장 실험을 직접 설계하고 수행한다.
- 자료 해석하기: 식물 생장 변화 데이터를 표나 그래프로 정리하고 분석한다.
- 의사소통하기: 관찰한 내용을 글이나 말로 정리하고 발표한다.

❖ 사회 - 가족의 변화 단원

- 비교 분석하기: 옛날 가족과 현대 가족의 구조를 비교하여 변화 양상 이해하기
- 자료 조사하기: 가족 변화 관련 통계나 사례 자료 조사 및 정리하기
- 의견 토론하기: 가족 변화에 대한 자신의 생각을 근거와 함께 제시하고 토론하기
- 시사점 도출하기: 과거 사례를 바탕으로 미래 가족 형태를 예측하거나 의미 해석하기

❖ 국어 - 문학의 정의 단원

- 비판적으로 읽기: 등장인물의 행동을 비판적으로 해석하고 그 의미를 따져보기
- 토론 및 글쓰기: 정의에 대한 자신의 견해를 말하거나 글로 조리 있게 표현하기
- 연결짓기: 작품 속 정의의 주제를 현실 사회 문제와 연결하여 해석하기

이러한 기능들은 교과별 역량 및 기능 요소와도 연결되며, 학생들은 수업 중 이러한 기능을 연습하면서 점차 수행 능력을 키우게 된다.

2) ChatGPT 활용 팁

핵심 기능 도출에도 ChatGPT를 효과적으로 활용할 수 있다. 다만 기능을 직접 묻기보다는 단원 목표나 활동, 성취기준을 기반으로 기능을 유추하는 방식이 더 적절하다.

예를 들어 ChatGPT에 "초등 과학 5학년에서 '식물의 한살이'를 가르칠 때 학생들이 수행해야 할 기능 3가지를 알려주세요."라고 요청한다. 그러면 ChatGPT가 '관찰하기', '예상하기', '기록하기' 등을 제안할 수 있다.

뒤이어 "식물 단원에서 학생들이 해볼 만한 활동은?"라고 요청하면, '식물 키우기', '생장 일지 쓰기' 등의 답이 나올 수 있으며, 이를 바탕으로 '실험하기', '기록하기' 기능으로 연결 지을 수 있다.

"역사 수업에서 학생들이 길러야 할 탐구 기능은?"이라고 질문하면 '사료 분석', '시대 비교', '원인과 결과 추론' 등의 일반적 기능을 제시한다. 이미 정리된 기능이 있을 경우는 어떨까? ChatGPT에게 "이 기능을 기르기 위해 어떤 활동을 하면 좋을까요?"라고 물어보면, 관련 활동 아이디어도 함께 제안해 준다. 예를 들어 "비교 분석 능력을 키우려면 어떤 수업 활동이 좋을까?"라고 질문하면 "비교표 작성, 벤다이어그램, 토론 과제" 등을 제시한다. 이러한 방식은 10단계 학습 활동 설계에서도 유용하게 활용할 수 있다.

3) 다른 단계와의 연계

핵심 기능은 중요한 내용과 짝을 이루어 단원의 목표를 완성한다. 즉, 단원은 '무엇을 알고', '무엇을 할 수 있어야 하는지'를 동시에 정해야 한다. 이 두 요소는 9단계 평가 설계의 기준이 된다.

예를 들어 과학 실험 보고서를 평가할 때는 다음의 두 가지를 함께 평가한다.

- 내용 지식: 실험 목적, 방법, 결과 설명
- 기능 수행: 실험 설계, 관찰, 해석 능력

따라서 8단계에서 정리한 핵심 기능은 평가 루브릭의 주요 항목이 된다. 또한 핵심 기능은 10단계 학습 활동 설계에도 직접 반영되어야 한다. 학생이 수업 중 기능을 실제로 연습해볼 기회를 가져야 기능이 길러진다.

예를 들어, '토론하기'가 기능이라면 수업에 토론 활동이 포함되어야 한다. '실험하기'가 기능이라면 직접 실험을 수행하는 시간이 필요하다. 기능을 설정해 놓고 수업에서 다루지 않으면, 학생은 해당 기능을 충분히 습득하지 못하고, 평가에서도 좋은 결과를 내기 어렵다.

핵심 기능은 6단계 안내 질문과도 연결된다. 예를 들어, 논쟁형 질문을 던졌다면 '토론하기' 기능을 고려했을 것이므로 핵심 기능으로 설정하고 수업과 평가에 반영해야 한다. 이처럼 7단계 중요한 내용과 8단계 핵심 기능은 짝을 이루어 단원의 지식/기능 목표를 설정하며, 다음 9단계와 10단계의 설계 방향을 결정하게 된다.

09 9단계: 최종 평가 및 루브릭 작성하기

이제 단원의 평가를 구체적으로 준비할 차례다. 최종 평가(culminating assessment)는 단원 학습을 마무리하면서 학생이 무엇을 이해했는지, 무엇을 할 수 있게 되었는지를 종합적으로 확인하는 과제다. 개념기반 단원 설계에서는 주로 수행 과제 중심의 평가가 이루어진다. 예를 들어 프로젝트, 프레젠테이션, 연구 보고서, 실험 발표, 포트폴리오, 에세이, 수행 시험 등이 될 수 있다.

이러한 평가는 단순 지식 확인을 넘어, 학생이 배운 개념을 새로운 상황에 적용하거나 창의적 방식으로 표현하면서 개념에 대한 이해의 깊이와 기능의 실천력을 드러내도록 설계하는 것이 핵심이다.

또한 평가는 명확한 기준(루브릭)을 바탕으로 이루어져야 한다. 루브릭에는 다음 요소들이 포함되어야 한다. 개념적 이해를 얼마나 정확하게 드러냈는지, 중요한 내용을 바르게 활용했는지, 핵심 기능을 제대로 수행했는지를 확인할 수 있어야 한다. 루브릭을 미리 설계해두면 수업 중 목표에 맞게 지도하기 쉽고, 평가의 일관성도 확보할 수 있다.

1) 단원 예시

예시를 통해 살펴보자. 초등학교 과학 식물 단원의 평가 과제가 '나만의 식물 도감 만들기'라고 하자. 학생들은 하나의 식물을 선택해 키우거나 관찰하며, 그 과정을 도감 형태로 정리한다. 씨앗부터 꽃과 열매 맺음까지의 과정을 그림, 사진, 설명과 함께 구성하고, 각 부분이 어떻게 작용하고 연결되는지를 자신의 언어로 해석한다.

이 과제를 통해 학생들은 다음과 같은 항목들을 종합적으로 평가받는다.

- 중요한 내용: 식물의 구조와 기능 지식
- 핵심 기능: 관찰, 기록, 설명 능력
- 일반화 이해: "식물의 생장 주기는 순환된다"는 개념

이때 루브릭에 들어갈 예시 항목은 다음과 같다.

- 개념 이해: 식물의 생장 주기와 구조 기능의 상호작용을 정확히 설명했는가?
- 사실 정확성: 과학적 정보가 정확히 기술되었는가?
- 탐구 및 표현: 관찰 내용이 충실하고 표현이 창의적으로 구성되었는가?
- 분석 및 종합: 자신의 언어로 의미 있는 결론(일반화)을 도출했는가?

이번에는 중등 사회 가족 변화 단원에서 평가 과제를 '옛날과 오늘날 가족 생활 비교 에세이 쓰기'라고 정했다고 하자. 학생들은 두 시대의 가족 모습을 구체적으로 비교하고, 그 변화를 이끈 사회적 배경과 가족의 역할 변화에 대한 자신의 생각을 글로 정리한다.

여기에 들어갈 루브릭 예시 항목은 다음과 같다.

- 사실의 풍부함: 과거와 현재의 사례를 구체적으로 제시했는가?
- 분석의 깊이: 가족 변화의 원인과 결과를 논리적으로 설명했는가?
- 개념 이해: '가족의 본질적 역할의 지속성'에 대한 통찰을 담았는가?
- 구성 및 표현: 글의 구조가 논리적이고 표현이 명확한가?

고등학교 국어 문학 정의 단원의 평가 과제가 "'정의란 무엇인가' 토론 및 평론문 작성하기"라면 학생들은 문학 작품 속 정의의 모습과 현실 사회의 정의 문제를 연결해 자신의 관점을 토론하고, 그 내용을 논증적으로 글로 정리한다. 평가 기준은 토론

참여도, 비판적 사고, 논리적 전개, 문학과 현실을 연결하는 해석력 등이다.

2) ChatGPT 활용 팁

ChatGPT는 최종 평가를 설계할 때도 강력한 조력자가 될 수 있다. 특히 다음과 같은 방식으로 활용하면 효과적이다.

① 평가 과제 아이디어 요청

"단원명과 일반화 진술"을 입력하고 "이해도를 평가할 수 있는 수행 과제를 제안해주세요."라고 요청할 수 있다. 예를 들어 다음과 같이 프롬프트를 작성한다.

> ▾ **예시 :**
> 식물 단원의 일반화 '생장 주기는 자연의 순환이다'를 평가할 수 있는 과제를 추천해주세요.

이에 대해 ChatGPT는 '식물 성장 일지와 순환 다이어그램 만들기' 같은 창의적 과제를 제시할 것이다.

② 루브릭 작성 지원

"이 과제에 대한 채점 루브릭을 항목별로 제시해주세요."라고 프롬프트를 입력하면, ChatGPT는 '지식', '기능', '표현', '분석' 등으로 항목을 나누어 각 수준별 서술 기준을 정리해 준다. 교사는 이 초안을 바탕으로 학급에 맞게 조정하면 된다.

③ 학생 관점에서 피드백 요청

"이런 프로젝트를 할 때 학생들이 어려워할 만한 점은 무엇일까?"라고 프롬프트를 입력하면, 예상되는 난이도, 오개념 발생 가능성, 보충 지도가 필요한 부분 등을 ChatGPT가 제시할 것이다.

3) 다른 단계와의 연계

최종 평가는 단원의 목표와 학습 흐름 전체를 완성하는 핵심 요소다. 단원 설계의 모든 단계가 이 평가를 향해 수렴해야 한다. 5단계 일반화는 평가 과제의 핵심 개념이 되어야 한다. 7단계 중요한 내용과 8단계 핵심 기능은 평가 과제 수행 중 학생이 보여줘야 할 지식과 능력이다. 예를 들어, 일반화가 "가족의 핵심 역할은 시대를 넘어 지속된다"인데, 평가에서는 단순히 가족 형태만 나열하게 한다면, 개념적 이해를 측정하지 못하는 평가가 되어버린다.

또한 평가 과제가 정해지면 10단계 학습 활동은 이를 뒷받침하도록 거꾸로 설계되어야 한다. 예를 들어 최종 과제가 비교 에세이라면, 수업 중에는 비교 토론, 작은 글쓰기 연습, 사례 분석 활동 등이 함께 계획되어야 한다.

마지막으로, 평가 루브릭은 수업 초반에 학생과 함께 공유할 수 있다면 더욱 효과적이다. 단, 그 내용을 학생 눈높이에 맞게 설명하고, 학습자와 함께 목표를 확인하는 방식으로 활용해야 한다. ChatGPT를 통해 미리 마련한 루브릭은 그런 공유를 더욱 쉽게 만들어준다.

최종 평가는 단원을 어떻게 마무리할 것인지를 결정하는 학습 설계의 결실 단계다. 이 단계는 단원의 모든 요소—일반화, 내용, 기능, 활동—과 맞물려야 하며, 학생의 개념적 사고력과 실천 역량을 종합적으로 보여줄 수 있도록 설계되어야 한다.

평가는 단순한 확인이 아니라, 학생이 배운 것을 자기 언어로 재구성하고 의미화하는 기회다. ChatGPT는 이러한 설계 과정에서 유용한 조력자가 되어줄 수 있다. 그러나 평가의 핵심은 언제나 교사의 전문적 판단과 교육적 통찰임을 잊지 말아야 한다.

10 • 10단계: 학습 활동 설계하기

학습 목표와 평가 계획이 준비되었다면, 이제 수업 시간에 무엇을 할지 구체적으로 설계할 차례다. 학습 활동(learning experiences)은 단원에서 다루는 개념과 기능을 학생들이 실제로 배우고 익히는 경험으로 구성하는 단계다. 수업 시간별로 어떤 활동을 할지, 어떤 자료를 쓸지, 어떤 상호작용을 유도할지를 구체적으로 정한다.

개념기반 단원 설계에서는 활동도 탐구 중심으로 구성해야 한다. 학생들이 일반화된 이해에 도달할 수 있도록 경험의 흐름을 의도적으로 구성하는 것이 중요하다.

차시별 수업은 일반적으로 다음의 구조로 작성한다.

- 도입(흥미 유발, 선지식 활성화)
- 전개(탐구, 실습, 강의 등)
- 정리 및 피드백

이때, 6단계에서 만든 안내 질문들이 실제로 수업 속에서 던지고, 학생들이 활동에 능동적으로 참여할 수 있는 구조를 만드는 것이 핵심이다. 예를 들어 소그룹 토의, 실험, 역할극, 프로젝트, 문제 해결 과제 등이 이에 해당한다. 또한 활동들은 실제적이고 의미 있는 맥락과 연결되는 것이 바람직하다. 그래야 학생들이 개념을 생활 속 경험과 연결해 이해하고, 새로운 상황에 전이할 수 있다.

1) 단원 예시

초등학교 과학 식물 단원(8차시)을 예시로 살펴보자.

❖ 1차시: 도입

- 질문: "우리는 어떻게 자랄까?" → 인간의 성장 사진 보여주기
- 연결 질문: "식물도 우리처럼 자랄까?"
- 자유 발언: 식물에 대해 알고 있는 것 말하기
- 주제 소개, 안내 질문 제시("식물에게 무엇이 필요할까?")

❖ 2~3차시: 식물의 구조

- 실제 화분 식물 관찰(뿌리, 줄기, 잎, 꽃)
- 역할별 기능 정리, 색칠하기, 발표
- 영상 시청을 통해 광합성 개념 도입

❖ 4차시: 성장 실험

- 씨앗 심기, 조건 설정(햇빛/차광, 물 주기 차이)
- 안내 질문: "어떤 조건에서 더 잘 자랄까? 왜 그럴까?"

- 실험 계획서 작성 및 성장 관찰 시작

❖ **5차시: 생애 주기 이해**
- 씨앗→꽃→열매→씨앗 주기 카드 정렬 게임
- 각 단계에서 일어나는 일 발표, 교사 설명
- 자연의 다른 순환(물의 순환 등)과 비교 토론

❖ **6차시: 상호의존 개념 탐구**
- 실험 결과 중간 점검
- 역할극: 뿌리와 잎이 대화하는 상황극
- 안내 질문: "만약 뿌리나 잎이 없다면 어떻게 될까?"

❖ **7차시: 종합 및 적용**
- 활동 1: 식물 성장 일지 작성
- 활동 2: 상상 속 식물 설계 및 발표(이름, 구조, 기능 등 설명)

❖ **8차시: 정리 및 평가**
- 자신이 만든 식물 도감이나 일지 공유
- 동료 피드백, 질의응답
- 최종 평가: 프로젝트 발표 또는 간단한 수행 과제
- 핵심 질문 정리: "식물이 자라기 위해 꼭 필요한 것은 무엇이었을까?"

2) ChatGPT 활용 팁

ChatGPT는 수업 활동 아이디어를 풍부하게 제공할 수 있는 도구다. 다음과 같은 방식으로 활용할 수 있다.

① 활동 아이디어 요청

예를 들어, "광합성을 재미있게 가르칠 활동 아이디어를 알려주세요."라고 요청한다. ChatGPT가 역할극, 교실 꾸미기, 실험, 게임 등 제안할 것이다.

② 차시 흐름 설계 보조

"이런 활동들을 어떤 순서로 하면 좋을까요?"라고 질문한다. 이에 도입-탐구-정리 흐름에 맞게 배열할 것을 추천받을 수 있다.

③ 활동 간 연결 질문 제안

"광합성 수업 후 어떤 질문을 던지면 좋을까요?"라고 질문하면, 활동과 활동 사이를 연결해주는 질문을 제안할 것이다.

④ 예상 문제 대응

"식물이 죽는 실험 상황이 생기면 수업을 어떻게 이어가야 할까요?" 라고 질문하면, 대체 데이터를 제공하거나, 실패 요인 분석 토의 등의 대응 전략 제시해준다.

⑤ 난이도 및 수준 조절

"고학년/저학년 수준별로 활동을 어떻게 조정할 수 있을까요?"라고 질문하면, 수준별 확장/보충 활동 제안한다.

3) 다른 단계와의 연계

학습 활동은 앞 단계에서 설정한 모든 요소를 교실 안에서 실제로 구현하는 과정이다. 각 활동은 다음과 같이 이전 단계와 긴밀하게 연결되어야 한다.

- 6단계 안내 질문 → 활동에서 질문 던지기, 토의, 탐구 유도
- 7단계 중요한 내용 → 활동을 통해 전달될 지식
- 8단계 핵심 기능 → 학생들이 직접 수행할 기능 중심 활동
- 9단계 최종 평가 → 활동이 향하는 최종 목표, 연습의 방향

예를 들어, 최종 평가가 프로젝트라면, 활동의 특성에 부합할 수 있도록 조사 활동, 설계 활동, 중간 피드백 등을 포함해야 한다. 평가가 지필 평가 방식이라면 매 차시 정리 활동이나 퀴즈로 누적 학습을 할 수 있도록 구성해야 한다. 수업 시간을 고려한 활동 분량과 난이도 조절도 중요하다. ChatGPT의 제안 중에서도 수업 맥락에 맞는 것을 선별하여 적용하는 교사의 안목이 필요하다.

10단계 학습 활동 설계는 지금까지 구성한 '개념적 렌즈', '질문', '지식', '기능', '평가'와 같은 모든 요소를 실제 수업 시간의 흐름으로 엮는 단계다. 이 과정을 통해 단원 설계는 비로소 현실의 수업으로 구현되며, 학생들에게 개념 중심의 깊이 있는 경험을 제공할 수 있다.

11 • 11단계: 단원 개요 작성하기

단원을 시작할 때, 학생들에게 "앞으로 어떤 수업을 함께 만들어갈지" 미리 들려주는 것이 중요하다. 이때 사용하는 것이 바로 단원 개요(Unit Overview)다. 단원 개요는 교사가 학생에게 전하는 간략한 안내이자, 하나의 흥미로운 이야기다.

마치 영화의 예고편처럼, 이 개요는 학생들의 호기심을 자극하고 앞으로의 학습에 대한 기대감을 높여준다. 개요를 통해 아이들은 "무엇을 배우게 될지, 왜 배우는지, 어떻게 배우게 될지"를 감각적으로 느낄 수 있다.

단원 개요는 딱딱한 목표 설명문이 아니다. 교사는 개요 속에 다음과 같은 요소들을 자연스럽게 녹여낼 수 있다.

- 단원의 주제와 관련된 이야기나 질문
- 학생의 삶과 연결된 사례
- 탐구하게 될 핵심 개념(렌즈)에 대한 간접적 암시
- 단원에서 던질 큰 질문이나 탐색할 방향

중요한 것은 아이들이 "이번 단원, 재미있겠다!" 하고 느끼는 것이다. 이를 위해 지나치게 설명적인 문장보다, 비유나 질문, 간단한 사례를 활용한 이야기형 서술이 효과적이다.

1) 단원 예시

식물 단원의 개요 예시는 다음과 같이 작성할 수 있다.

"여러분은 씨앗을 심어본 적이 있나요? 딱딱하고 작은 씨앗이 어느새 새싹이 되고, 나중에는 커다란 해바라기가 되어 씨앗을 또 만들어내는 걸 본 적이 있을 거예요. 이번 단원에서는 이러한 식물의 비밀스런 삶을 탐험해보려고 합니다. 식물이 자라려면 무엇이 필요하고, 또 자라면서 어떤 변화와 순환을 거치는지 함께 알아봅시다. 마지막에는 여러분만의 식물 성장 이야기를 만들어 볼 거예요. 작은 씨앗 속에 숨은 거대한 생명의 순환을 밝혀낼 준비가 되었나요?"

이 개요는 학생들의 경험(씨앗 심기)으로 시작해, 단원의 주요 개념(변화와 순환)을 자연스럽게 언급하면서 호기심을 불러일으킨다. 단원 개요에 탐구할 것들이 무엇인지 암시되어 있어, 학생들이 앞으로 배우게 될 내용에 대해 긍정적 기대를 갖도록 한다.

또한 중학교 *가족 변화*단원이라면 다음과 같이 단원 개요를 작성할 수 있다.

"증조할머니, 할머니, 어머니… 그리고 나. 우리 집은 4대가 함께 모이면 어떤 모습일까요? 100년 전의 가족 사진과 오늘날 우리의 사진을 나란히 놓고 보면 많이 다를 거예요. 이번 단원에서는 옛날과 오늘날 가족의 모습과 역할이 어떻게 바뀌어 왔는지 알아볼 거예요. 가족이란 무엇인지, 시대에 따라 어떻게 변화하고 또 무엇이 이어지는지, 여러분 자신의 가정 이야기도 나누면서 생각해봅시다. 옛날 사람들과 대화할 수 있다면 뭐라고 물어보고 싶나요? 과연 미래의 가족은 어떤 모습일지, 함께 상상해봐도 좋겠습니다."

'변화와 지속'이라는 개념을 암시하면서, 가족이라는 주제를 삶의 맥락에서 풀어낸다. 개요는 생각할 질문도 남겨두어 수업 중간에 다시 연결할 수 있다.

고등학교 문학의 *정의*단원 개요는 다음과 같다.

"정의로운 사회란 과연 가능할까요? 우리 주변에는 정의가 살아있다고 느껴지는 장면도, 때론 정의가 무너지는 것 같은 사건도 있습니다. 문학 작품 속 주인공들은 이러한 상황에서 과연 어떤 선택을 할까요? 이번 단원에서는 여러 이야기 속에서 정의란 무엇인지 고민해보고, 현실의 우리 사회에 그 답을 비춰보려 합니다. 고전부터 현대 소설까지, 등장인물들의 목소리를 통해 정의의 의미를 찾아가는 여정을 함께 합시다. 이 여정을 마치면 여러분은 스스로에게 이렇게 물어볼지도 모릅니다: *"나는 얼마나 정의롭게 살아가고 있는가?"*"

이 개요 역시 현실 문제와 연결하면서, 문학을 통해 고민할 수 있는 가치 개념(정의)을 끌어낸다. 이야기 구조 안에 학습 주제와 개념을 자연스럽게 배치했다.

2) ChatGPT 활용 팁

ChatGPT는 교사의 의도를 반영하여 글 초안을 빠르게 작성해주는 도구로, 단원 개요 쓰기에도 큰 도움이 된다. 우선 단원의 키워드(주제, 렌즈 개념, 주요 학습활동, 목표 등)를 나열하고, 이를 포함하여 흥미로운 단원 소개글을 써달라고 요청해 보자.

ChatGPT는 친근한 어투로 "여러분, 씨앗이 어떻게 나무가 되는지 알고 있나요? …" 식의 글을 술술 써줄 것이다. 나온 초안을 읽어보고 마음에 들면 약간 수정하여 쓰면 되고, 어색하거나 과장된 부분이 있으면 *"조금 더 간결하게"*, *"~부분을 추가해서 다시"*등 계속 피드백을 주며 다듬으면 된다.

또한 ChatGPT에게 학생 수준을 지정하는 것도 중요하다. 위 프롬프트처럼 "초등학생 눈높이" 또는 "중학생에게 맞게" 등을 언급하면, 단어 선택과 문장 길이를 조정해 준다. 반대로 *"흥미롭게"*, *"진지하게"*, *"질문을 포함해서"*등 톤이나 요소를 요구사항에 넣어줘도 좋다.

마지막으로, 완성된 개요를 다른 언어로 번역하거나 더 매력적으로 포장하는 데에도 ChatGPT를 써볼 수 있다. 예컨대 영어 수업 단원이라 개요도 영어로 제시하고 싶다면, ChatGPT에게 번역을 부탁하면 되고, *"이 소개글을 시처럼 운율을 살려주세요."*같은 재미있는 부탁도 해볼 수 있다. 다만 너무 화려하기만 하고 내용이 없어지지 않게, 교육적 목적을 유지하는 선에서 활용한다.

3) 다른 단계와의 연계

단원 개요는 비록 설계 단계에서는 마지막에 작성되지만, 실제 수업에서는 제일 처음에 활용된다. 이는 일종의 백워드 설계의 결과로 볼 수 있는데, 교사가 모든 설계를 마친 후 "이 단원을 한 문단으로 요약하면 뭘까?"를 답해보는 것이기도 하다.

따라서 개요에는 이미 1~10단계의 내용이 농축되어 있다. 렌즈 개념이 암시되어 있고, 학생들이 배우게 될 주요한 소재나 질문이 언급되며, 궁극적으로 학생들이 생각해볼 일반화의 주제도 반영되어 있다. 예를 들어, 가족 단원 개요에서 "무엇이 이어지는지"라는 표현을 넣었다면 이는 지속되는 가족의 역할(일반화)에 대한 암시다. 학생들은 초반엔 그 뜻을 몰라도 학습 후에는 "아, 가족의 사랑과 유대는 변하지 않는다는 걸 말하려 했구나" 하고 깨닫게 될 것이다.

또한 단원 개요는 동기 유발 장치이므로, 이후 활동 전개에서 학생들이 흥미를 유지하도록 처음 제시했던 이야기를 중간중간 상기시킬 수도 있다. 개요에 제시한 큰 질문이나 상황을 수업 중간에 다시 꺼내 "이제 조금 답을 알 것 같나요?"라고 묻는 식이다.

마지막으로, 개요는 교사에게도 설계 점검표 역할을 한다. 개요에 써둔 내용을 다시 보면서 수업을 진행하면, 내가 세운 목표에서 벗어나지 않도록 방향을 잡아준다. ChatGPT와 함께 다듬은 멋진 단원 개요를 단원 첫 시간에 학생들과 나누고, 그 약속대로 흥미롭고 깊이 있는 단원 여행을 이끌어 나가보자.

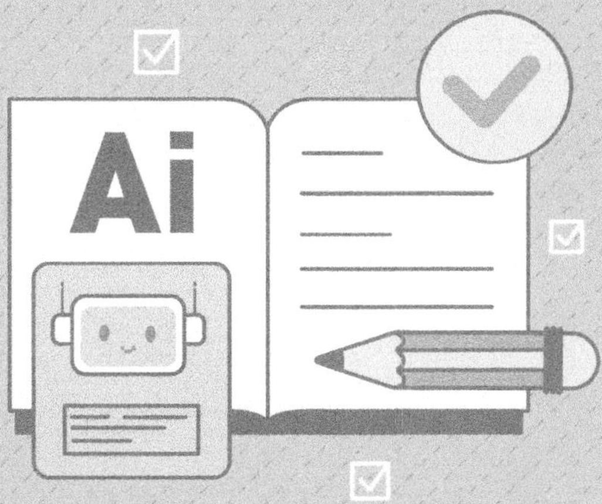
Ai

오디오 가이드(제4장)

4장

1단계 :

단원명 정하기

(초점 또는 맥락 설정)

열정교사	선생님, 개념기반 수업할 땐 단원명부터 바꿔야 한다고 하던데, 꼭 그래야 하나요?
수석교사	그럼요. 교과서 제목은 그냥 예시예요. 성취기준을 먼저 분석하고, 핵심 개념이 잘 드러나게 단원명을 다시 정해야 해요.
열정교사	예를 들면요?
수석교사	예컨대 국어 6학년의 '글 고쳐쓰기' 단원은 사실 '쓰기 과정 점검', '통일성', '독자 중심 쓰기' 같은 개념이 중심이에요. 단순히 문장 고치는 걸 배우는 게 아니죠.
열정교사	아, 그럼 성취기준에서 개념을 먼저 뽑아야겠네요?
수석교사	맞아요. ChatGPT에 성취기준과 해설을 넣으면 '쓰기 과정', '회귀적 특성', '독자 고려' 같은 개념과 '좋은 글은 반복적인 수정이 필요하다' 같은 일반화를 정리해줘요.
열정교사	그리고 나서 그걸 반영해서 단원명을 짓는 거군요?
수석교사	그렇죠. 예를 들어 "생각하며 쓰고, 다시 살펴보기" 같은 제목이 훨씬 방향이 분명하죠. 아이들이 뭘 배우는지 감이 오잖아요?
열정교사	흥미 위주로 제목 지으면 안 되는 거군요?
수석교사	맞아요. 단원명은 수업의 '지도'예요. 주제가 아니라, 상위 개념과 일반화를 담아야 하죠. 수업 흐름을 하나로 묶는 틀이에요.
열정교사	그러니까 설계 순서도 '성취기준 → 개념 → 일반화 → 단원명' 이군요.
수석교사	완벽해요. 이렇게 해야 활동이 연결되고, 수업이 '정보 나열'이 아니라 '의미 있는 흐름'이 되죠.
열정교사	오늘부터 저도 단원명부터 다시 고민해봐야겠어요. ChatGPT랑 같이요!

개념기반 수업으로 재구성할 때 가장 먼저 해야 할 일은 단원명을 명확하게 정하는 것이다. 이 과정에서는 교과서에 제시된 기존 단원명을 교육과정의 성취기준과 비교하며 검토하고, 그 결과를 바탕으로 단원의 핵심 내용을 더 잘 드러내는 적절한 단원명으로 바꾼다. 이를 통해 해당 단원에서 무엇을 중점적으로 가르쳐야 하는지, 어떤 맥락과 흐름으로 가르쳐야 할지를 명확하게 설정할 수 있다.

01 • 교과서 단원명 확인하기

예를 들어, 초등학교 [국어 6-2 ㉯] 7단원의 단원명은 "글 고쳐쓰기"이다. 이 단원은 다음과 같이 구성되어 있다.

7. 글 고쳐 쓰기

- 글을 고쳐 쓰면 좋은 점 알기
- 글을 고쳐 쓰는 방법 알기
- 자료를 활용해 글 쓰기
- 자신이 쓴 글을 고쳐 쓰고 공유하기
- 우리 모둠 글 모음집 만들기

02 • 교육과정 성취기준 확인하기

교과서의 단원명과 내용 구성은 교육과정 성취기준을 달성하기 위한 하나의 예시에 불과하다. 교사는 학생과 교사의 특성, 지역 및 학교의 교육 목표와 환경 등 다양한 요인을 고려하여 교과서를 재구성할 수 있다.

개념기반 수업으로 교과서를 재구성하려면, 단원의 출발점이 되는 교육과정 성취기준을 면밀히 점검하는 것이 필수적이다. 성취기준을 명확히 이해해야만 단원의 핵심 개념과 학습 방향을 올바르게 설정할 수 있고, 이를 바탕으로 교과서의 내용 구성이나 활동도 의미 있게 바꿀 수 있다.

예를 들어, 초등 국어 "글 고쳐 쓰기" 단원을 개념기반으로 재구성하려면, 우선 이 단원이 어떤 성취기준에 기반을 두고 있는지 확인해야 한다. 국어과 교육과정을 살펴보면 다음과 같은 성취기준을 중심으로 구성된 단원임을 알 수 있다.

[6국03-05] 쓰기 과정을 점검 · 조정하며 글을 쓰고, 글 전체를 대상으로 통일성 있게 고쳐 쓴다.
[6국03-06] 쓰기에 적극적으로 참여하며 자신의 글을 독자와 공유하는 태도를 지닌다.

이렇게 단원이 어떤 성취기준에 따라 구성되었는지를 확인하는 것은 매우 중요하다. 특히 교육과정 문서에는 각 성취기준에 대한 상세한 해설이 함께 제시되어 있으므로, 이를 통해 단원의 개념적 구조와 교수학습 방향을 더욱 구체적으로 이해할 수 있다.

국어과 교육과정

(3) 쓰기

[6국03-01] 알맞은 내용을 선정하여 대상의 특성이 나타나게 설명하는 글을 쓴다.
[6국03-02] 적절한 근거를 사용하고 인용의 출처를 밝히며 주장하는 글을 쓴다.
[6국03-03] 체험한 일에 대한 감상을 나타내는 글을 쓴다.
[6국03-04] 독자와 매체를 고려하여 내용을 생성하고 표현하며 글을 쓴다.
[6국03-05] 쓰기 과정을 점검 · 조정하며 글을 쓰고, 글 전체를 대상으로 통일성 있게 고쳐 쓴다.
[6국03-06] 쓰기에 적극적으로 참여하며 자신의 글을 독자와 공유하는 태도를 지닌다.

03 • 개념과 일반화 추출

단원을 개념기반으로 재구성하기 위해서는 교육과정 성취기준과 성취기준 해설에서 학생들이 반드시 알아야 하는 개념과 일반화(일반화된 이해)를 뽑아야 한다. 이 작업은 ChatGPT를 활용하면 더욱 편리하다.

▾ ChatGPT 입력 예시 :

다음의 성취 기준과 성취 기준 해설에서 초등학교 6학년 학생들이 습득해야 할 개념과 일반화를 추출해주세요.

[6국03-05] 쓰기 과정을 점검·조정하며 글을 쓰고, 글 전체를 대상으로 통일성 있게 고쳐 쓴다.

[6국03-06] 쓰기에 적극적으로 참여하며 자신의 글을 독자와 공유하는 태도를 지닌다.

[6국03-05] 이 성취기준은 필자가 자신의 쓰기 과정을 점검·조정하고 그 결과를 바탕으로 글을 고쳐 쓰는 능력을 기르기 위해 설정하였다. 글쓰기에서 통일성의 개념과 중요성, 쓰기 과정에 대한 점검과 조정의 필요성, 쓰기 과정의 회귀적 특성, 글에 대한 독자의 반응을 생각하며 고쳐쓰기, 글의 주제와 목적, 예상 독자 등을 고려하여 글의 통일성 점검하기 등을 학습한다.

▸ ChatGPT 답변 예시

다음은 제시하신 **성취기준 [6국03-05], [6국03-06]** 및 해당 해설을 바탕으로 초등학교 6학년 학생들이 습득해야 할 **핵심 개념**과 **일반화된 이해(일반화)**를 추출한 결과입니다.

■ **1. 습득해야 할 개념**

유형	개념
쓰기 과정 관련	쓰기 과정, 점검, 조정, 회귀적 특성(되돌아보기), 고쳐쓰기
글의 질적 요소	통일성, 주제, 목적, 독자, 예상 독자, 독자의 반응
태도 및 역할	필자(작성자)의 역할, 독자와의 소통, 쓰기 참여 태도, 글 공유

■ **2. 일반화된 이해(Generalizations)**

유형	일반화된 이해 진술
과정 중심 쓰기	좋은 글을 쓰기 위해서는 쓰기 과정을 점검하고 조정하며 반복적으로 고쳐 쓰는 것이 필요하다.
통일성 있는 글쓰기	글 전체의 통일성을 유지하려면 주제, 목적, 독자 등을 고려하여 글의 내용을 일관되게 구성해야 한다.
회귀적 특성 인식	쓰기는 초안 작성 후 수정과 보완을 반복하는 회귀적 활동이다.
독자 중심 쓰기	글을 고쳐 쓸 때는 독자의 반응을 고려하고, 예상 독자에 맞게 내용을 조정해야 한다.
참여와 태도	적극적으로 쓰기에 참여하고, 글을 다른 사람과 공유하려는 태도는 필자로서의 책임감을 기르는 데 중요하다.

■ **참고: 교수학습 설계 시 시사점**

- **쓰기 지도에서 '회귀적 특성'**과 **'통일성'**은 중심 개념으로 삼을 수 있으며, 이를 중심으로 한 활동 설계가 필요합니다.
- 학생들이 **자신의 글을 독자의 시각에서 점검하고 수정하는 활동**을 경험하도록 하고,
- 글을 공유하는 과정을 통해 **쓰기의 사회적 기능과 소통적 성격**도 함께 인식하게 하는 것이 중요합니다.

원하신다면 위 개념과 일반화를 기반으로 **평가 문항, 수업 활동 예시, 루브릭 구성**까지 도와드릴 수 있습니다.

04 • 단원명 선택하기

이제 위에서 추출한 개념과 일반화를 바탕으로 단원의 이름을 새롭게 정할 수 있다. 단원명은 학생들이 쉽고 재미있게 이해할 수 있도록 단순하면서도 명확해야 한다. 이 과정 역시 ChatGPT로 진행할 수 있다.

▾ ChatGPT 입력 예시 :
위의 개념과 일반화로부터 단원명을 3가지 추천해주세요.
단원명은 다음의 기준에 부합하도록 해주세요.
- 초등학교 6학년 학생들이 쉽게 이해할 수 있는 용어와 표현을 사용해주세요.
- 학생들이 해당 단원에서 무엇을 공부할 지 파악할 수 있도록 해주세요.
- 단원에서 배울 내용에 호기심과 흥미를 가질 수 있는 단원명이 되도록 해주세요.
- 단순명료하게 만들어주세요.

▸ ChatGPT 답변 예시

초등학교 6학년 학생들이 흥미롭게 받아들이면서도 단원의 학습 내용을 명확히 파악할 수 있도록, 다음과 같은 3가지 단원명을 제안합니다:

- **1. "글을 다듬으면 더 좋아져요"**
  - **이유:** '고쳐쓰기'라는 개념을 학생 눈높이에 맞게 표현하였고, 글을 다듬는 과정의 긍정적인 효과를 강조합니다.
  - **특징:** 학생들이 쓰기를 부정적인 수정이 아닌, 완성도를 높이는 창의적 활동으로 인식하도록 유도합니다.

- **2. "생각하며 쓰고, 다시 살펴보기"**
  - **이유:** 쓰기 과정의 '점검과 조정', '회귀적 특성'이라는 개념을 쉽게 풀어 설명합니다.
  - **특징:** 글을 처음부터 잘 써야 한다는 부담감을 줄이고, 과정을 중시하는 태도를 길러줍니다.

- **3. "내 글을 읽는 사람을 생각해요"**
  - **이유:** 독자 중심 글쓰기의 핵심 개념을 강조하며, '예상 독자', '소통'의 중요성을 학생 스스로 자각하게 합니다.
  - **특징:** 자연스럽게 '통일성'과 '고쳐쓰기' 활동으로 연결되며, 글쓰기의 목적을 더 깊이 성찰하도록 돕습니다.

원하시면 이 단원명 중 하나를 바탕으로 **차시 구성, 활동 예시, 평가 기준** 등을 함께 설계해드릴 수 있습니다.

수업 단원 제목을 정할 때 단순히 재미있거나 학생들의 흥미를 끌 수 있는 문구로만 정하면, 수업이 산만해지고 핵심이 흐려질 수 있다. 단원명은 수업 전체의 방향을 잡아주는 '중심 끈' 같은 역할을 하므로, 교육과정의 성취기준에서 제시하는 핵심 개념과 일반화를 먼저 살펴보는 것이 매우 중요하다.

이것은 린 에릭슨(H. Lynn Erickson)이 제안한 지식 구조 이론과도 맞닿아 있다. 린 에릭슨에 따르면, 주제(topic)는 우리가 수업 한 시간(차시)에서 다루는 구체적인 내용이다. 예를 들어 5학년 과학에서 '식물의 광합성', '물의 이동', '영양분 흡수' 같은 내용은 각기 다른 차시에서 배우게 되는 '작은 상자'들이다.

한편 단원명(unit title)은 이 여러 상자들을 하나로 묶는 상위 개념이나 일반화된 이해를 담아야 한다. 단원을 '식물의 광합성'이라고 이름 붙이는 것보다, '생명체의 성장과 환경'처럼 더 넓은 개념을 중심에 놓으면, 학생들은 다양한 활동과 내용을 하나의 틀 속에서 연결하며 배울 수 있다. 단원명이 곧 학습의 '지도'(map)가 되는 셈이다.

예를 들어, 3학년 과학에서 "물질의 상태 변화" 단원을 가르친다고 하자. 수업 차시에서는 '물이 얼음이 되는 과정', '김이 나는 이유', '기체와 액체의 차이' 등을 배운다. 이것들은 구체적인 주제에 해당한다.

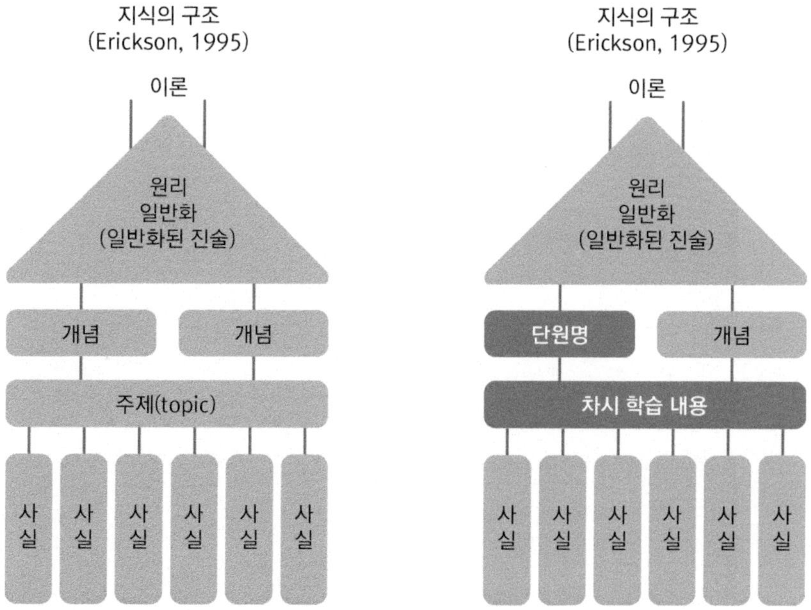

이 단원의 제목은 단순히 '물의 변화'보다는, '물질은 온도에 따라 상태가 변한다'는 일반화된 이해를 반영해 '물질의 상태 변화와 에너지'처럼 지을 수 있다. 이렇게 하면 학생들은 각 활동이 단순한 정보 나열이 아니라, 하나의 큰 원리를 이해하기 위한 조각들이라는 걸 느끼게 된다.

그렇다면 왜 개념과 일반화를 먼저 뽑아야 할까? 이렇게 개념에 기반한 단원명을 먼저 정하고 그 아래에 수업 차시와 활동을 조직하면, 학생들의 학습 흐름이 명확해지기 때문이다.

- "오늘 배우는 이 내용이 왜 중요한지",
- "앞에서 배운 활동과 어떻게 연결되는지",
- "이 주제를 배우면 나중에 어디에 쓸 수 있을지"

이런 물음에 학생들이 스스로 답을 찾을 수 있다.

그래서 단원 설계는 '성취기준 → 개념 추출 → 일반화 도출 → 단원명 결정 → 주제 배열'의 순서로 이루어져야 한다. 그래야 수업이 조각난 정보의 나열이 아니라, 하나의 이야기로 연결되는 구조가 된다.

수업은 하나하나의 활동이 모여 큰 그림을 완성하는 과정이다. 단원명은 그 그림을 구성하는 큰 틀을 제시하는 제목이자 나침반이다.

단원정리

단원명 정하기(1단계) 절차 요약

순서	단계	주요 내용 및 활동
1	**교과서 단원명 확인**	기존 교과서에서 제시한 단원명을 먼저 확인한다.
2	**교육과정 성취기준 확인**	해당 단원이 다루는 **성취기준**(2022 개정 교육과정 기준)을 검토한다.
3	**개념과 일반화 추출**	성취기준, 교과서 내용을 바탕으로 **핵심 개념**과 **일반화**(원리적 진술)를 도출한다.
4	**단원명 선택하기**	위 과정에서 도출된 개념과 일반화를 반영하여, 학생의 이해와 단원의 목표가 명확히 드러나도록 단원명을 최종 선정한다.

◎ 설명 및 특징

- 이 절차는 교과서 → 교육과정 → 개념 및 일반화 → 최종 단원명순으로 진행되어, 기존 교육자료와 국가 교육과정의 기준을 반영함과 동시에, 개념 중심의 교육을 실현하는 단원명을 선택하도록 설계되어 있다.
- 마지막 단계에서 단원명은 단순 암기용 제목이 아니라, 학생의 탐구 방향(초점)과 학습 맥락이 분명히 드러나도록 선정해야 한다는 점이 강조된다.

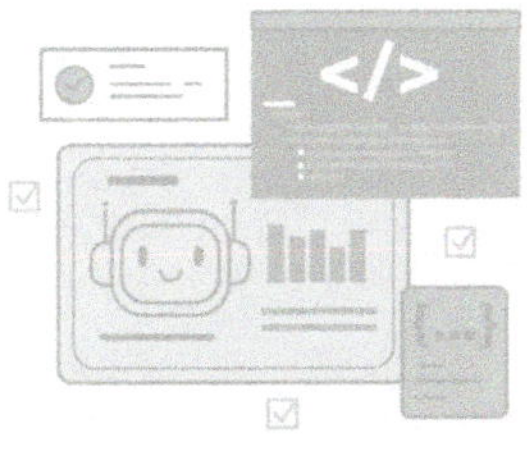

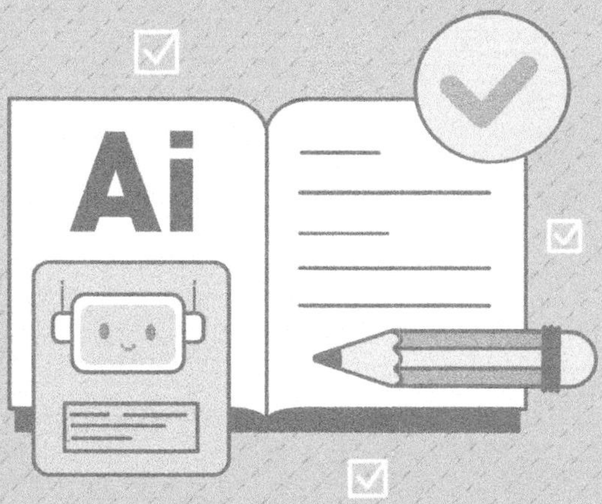
Ai

오디오 가이드(제5장)

5장

2단계 : 개념적 렌즈 파악하기

열정교사 수석선생님, 요즘 '개념기반 교육과정'에 대해 많이 들어서 관심이 생겼어요. 특히 '개념적 렌즈'라는 말을 자주 들었는데, 정확히 어떤 의미인가요?

수석교사 아, 개념적 렌즈에 관심이 생겼군요! 간단히 말하면, 개념적 렌즈는 학생들이 배우는 다양한 내용을 하나의 중심 개념으로 이해할 수 있게 도와주는 사고의 틀이에요.

열정교사 사고의 틀이요? 좀 더 쉽게 설명해주실 수 있을까요?

수석교사 카메라 렌즈를 생각해보세요. 카메라 렌즈는 다양한 사물에 초점을 맞춰 하나의 선명한 이미지로 만들어주죠. 개념적 렌즈도 마찬가지예요. 수업에서 여러 가지를 배우더라도, 하나의 핵심 개념을 통해 모든 내용을 연결해서 이해할 수 있게 해줍니다.

열정교사 아, 그렇군요. 그럼 실제 예시가 있을까요?

수석교사 제가 지난번에 5학년 문학 수업에서 '갈등'이라는 개념적 렌즈를 사용했어요. 학생들은 여러 작품을 읽으면서 모두 '갈등'이라는 렌즈로 바라봤죠. "이 작품에는 어떤 갈등이 있지?", "갈등의 원인은 뭐지?", "이 갈등은 어떻게 해결되었지?" 같은 질문으로 작품을 분석했어요.

열정교사 그러니까 단순히 이야기의 줄거리를 아는 것이 아니라, '갈등'이라는 개념으로 작품을 깊이 이해하는 거군요.

수석교사 정확해요! 그리고 독서 활동, 역할극, 글쓰기 등 다양한 활동을 해도 모두 '갈등'이라는 개념으로 연결되니까 학생들이 배움의 의미를 더 선명하게 인식하게 돼요. 단편적인 지식이 아니라, 깊이 있는 이해와 통합적 사고가 가능해지는 거죠.

열정교사 이해가 됐어요. 그렇다면 개념적 렌즈에는 어떤 종류가 있나요?

수석교사 크게 두 가지 수준으로 나눌 수 있어요. 하나는 교과 수준의 렌즈, 다른 하나는 교과 통합 수준의 렌즈죠.

열정교사 차이가 무엇인가요?

수석교사 교과 수준은 특정 교과 내에서 중심이 되는 개념이에요. 예를 들면, 국어의 '의사소통', 수학의 '패턴', 과학의 '에너지', 미술의 '표현' 같은 개념들이죠. 이걸 '마이크로 개념'이라고도 해요.

열정교사 그럼 교과 통합 수준은요?

수석교사 교과 통합 수준은 여러 교과에서 공통적으로 다룰 수 있는 좀 더 넓은 개념이에요. '변화', '상호작용', '원인과 결과' 같은 개념들이죠. 이를 '매크로 개념'이라고 부르기도 해요.

열정교사 아, 이해가 되네요. 그럼 이런 개념적 렌즈를 어떻게 찾아내나요?

수석교사 좋은 질문이에요! 교육과정의 내용 체계를 보면 각 교과마다 '핵심 아이디어'가 있어요. 이 핵심 아이디어에서 개념적 렌즈를 추출할 수 있죠.

열정교사 그게 어떻게 가능한가요?

수석교사 핵심 아이디어는 개념적 렌즈를 기반으로 만들어진 거예요. 예를 들어, "문학 작품 속 갈등은 인물의 성격 발전과 주제 전달에 중요한 역할을 한다"라는 핵심 아이디어가 있다면, 여기서 '갈등'이라는 개념적 렌즈를 추출할 수 있죠.

열정교사 아, 그렇군요. 요즘 ChatGPT를 교육에 활용하는 이야기도 많이 들었는데, 개념적 렌즈 추출에도 활용할 수 있나요?

수석교사 물론이죠! ChatGPT가 이런 작업에 아주 유용해요. 제가 실제로 활용한 예를 들어볼게요.
이번에 과학 수업을 준비하면서 ChatGPT를 활용해 개념적 렌즈를 추출한 경험이 있어요. 과학 교육과정의 생명 영역 핵심 아이디어를 입력했더니, 여러 수준의 개념적 렌즈를 제안해 주더라고요.

열정교사 어떤 식으로 질문하셨나요?

수석교사 "다음 핵심 아이디어로부터 개념적 렌즈를 추출해 주세요"라고 요청했어요. 그리고 생명 영역 핵심 아이디어들을 나열했죠.

열정교사 그래서 어떤 답변이 나왔나요?

수석교사 첫 번째 단계에서는 '구조와 기능', '물질과 에너지', '자극과 반응', '생식과 유전', '상호작용과 생태계' 같은 개념들을 제안해 줬어요. 하지만 이건 좀 지엽적인 개념이었죠.

열정교사 그럼 좀 더 포괄적인 개념은 어떻게 얻으셨나요?

수석교사 "위에서 추출한 개념적 렌즈들을 바탕으로 한 단계 더 큰 개념적 렌즈를 추출해 주세요"라고 다시 요청했어요. 그랬더니 '통합적 생명 시스템', '에너지와 물질 순환', '정보 전달과 조절', '진화와 지속 가능성', '생명과 환경의 상호의존성' 같은 더 넓은 개념을 제안해 줬죠.

열정교사 와, 정말 유용하네요!

수석교사 맞아요. 그리고 한 번 더 같은 질문을 했더니, 가장 큰 개념으로 '생명 현상의 통합적 본질'이라는 렌즈를 제안해 줬어요. 이처럼 ChatGPT는 마이크로 개념부터 매크로 개념까지 다양한 수준의 개념적 렌즈를 한 번에 제안해 줄 수 있어요.

열정교사 그럼 수석선생님은 어떤 질문 방식이 가장 효과적이라고 생각하시나요?

수석교사 저는 이제 "작은 범위의 개념부터 큰 범위의 개념까지, 다양한 수준의 개념적 렌즈를 함께 제시해 주세요"라고 한 번에 요청해요. 그러면 한꺼번에 다양한 수준의 렌즈를 받을 수 있고, 그중에서 제 수업에 맞는 것을 선택할 수 있죠.

열정교사 그렇군요. 그런데 개념적 렌즈는 항상 단일 개념이어야 하나요?

수석교사 꼭 그렇지는 않아요. '변화와 상호작용', '정의와 책임' 같은 복합 개념 렌즈도 충분히 유효해요. 실제 세계의 문제는 대부분 복합적이니까요. 단, 단일 개념은 명확성과 전이 가능성이 장점이고, 복합 개념은 통합적 사고에 유리하다는 차이가 있죠.

열정교사 이제 개념적 렌즈에 대해 이해가 많이 됐어요. 실제 수업에 적용해보고 싶은데, 국어 교과에서도 활용해볼 수 있을까요?

수석교사 물론이죠! 아까 우리가 ChatGPT로 개념적 렌즈를 추출하는 방법을 이야기했잖아요. 이번에는 국어 교과 쓰기 영역을 예로 들어볼게요.

열정교사 마침 제가 다음 주에 6학년 '글 고쳐쓰기' 단원을 가르쳐야 해서 고민이었어요.

수석교사 그럼 좋은 예시가 될 것 같네요. 먼저 국어 교육과정의 쓰기 영역 핵심 아이디어를 ChatGPT에 입력하면 됩니다.

열정교사 그래서 어떤 개념적 렌즈를 얻으셨나요?

수석교사 1단계에서는 '표현', '의사소통', '전략', '맥락', '윤리' 같은 단일 개념과 '의미 구성', '맥락 기반 쓰기', '전략적 쓰기', '윤리적 의사소통' 같은 복합 개념이 나왔어요.

열정교사 2, 3단계는 어땠나요?

수석교사 2단계에서는 '문제 해결', '자기 성찰', '사회성', '문화 이해' 같은 더 넓은 개념들이, 3단계에서는 '의사소통', '비판적 사고', '문화적 정체성', '책임' 같은 매크로 개념들이 제안됐어요.

열정교사 그중에서 글 고쳐쓰기 단원에 적합한 렌즈는 무엇일까요?

수석교사 5~6학년 글 고쳐쓰기 단원의 주요 기능을 ChatGPT에 알려주고 물어봤더니, '문제 해결'과 '의사소통' 렌즈가 적합하다고 제안해 줬어요.

열정교사 왜 그 두 가지가 적합하다고 했나요?

수석교사 '문제 해결'은 학생들이 자신의 글에서 문제를 찾고 개선하는 과정에 초점을 맞추기 때문이고, '의사소통'은 글을 통해 다른 사람과 의미를 주고받는 측면에 초점을 맞추기 때문이에요.

열정교사 그럼 어느 렌즈를 선택하는 게 좋을까요?

수석교사	그건 선생님께서 수업에서 어디에 중점을 두고 싶은지에 달려 있어요. '문제 해결' 렌즈를 선택하면 글의 오류를 찾고 개선하는 과정에 초점을 맞추게 될 거예요. '의사소통' 렌즈를 선택하면 글이 독자에게 효과적으로 의미를 전달하는 측면에 중점을 두게 되죠.
열정교사	그렇군요. 저는 학생들이 글을 수정하는 과정에서 문제를 발견하고 해결하는 능력을 기르고 싶어요. 그럼 '문제 해결' 렌즈가 적합할 것 같네요.
수석교사	좋은 선택이에요! 이제 그 렌즈를 중심으로 수업 목표와 활동을 설계하면 됩니다. 중요한 것은 선택한 렌즈가 단원 전체의 방향성을 일관되게 이끌어가야 한다는 점이에요.
열정교사	수석선생님, 정말 감사합니다. 개념적 렌즈가 무엇인지, 그리고 ChatGPT를 활용해 어떻게 추출하고 선택할 수 있는지 이해가 많이 됐어요. 이제 제 수업도 더 깊이 있고 의미 있게 구성할 수 있을 것 같아요!
수석교사	천천히 시도해보세요. 처음에는 쉽지 않을 수도 있지만, 경험이 쌓이면 자연스럽게 개념 중심으로 수업을 설계할 수 있게 될 거예요. 언제든 함께 고민해봐요!

01 개념적 렌즈의 정의와 예시

개념적 렌즈란 학생들이 학습 과정에서 접하는 다양한 지식과 활동을 하나의 중심 개념에 초점을 맞추어 통합적으로 이해할 수 있도록 도와주는 사고의 틀이다. 이는 개별적이고 단편적인 사실들을 단순히 나열하는 데 그치지 않고, 서로 관련지어 사고하고 의미 있는 구조로 조직하게 하여 깊이 있는 이해와 개념적 전이를 가능하게 한다.

좀 더 쉽게 설명하면, 개념적 렌즈는 카메라의 렌즈와 비슷하다. 카메라 렌즈를 통해 사물을 보면 초점이 명확해지고, 다양한 사물들이 하나의 주제로 연결되어 보다 선명하게 인식된다. 마찬가지로 어떤 개념적 렌즈를 사용하느냐에 따라 학생들이 학습 내용을 바라보는 관점과 사고의 깊이가 달라진다.

개념적 렌즈는 학생이 수업 속 활동을 단순히 수행하는 것이 아니라, 특정 개념의 관점에서 질문하고 해석하며 통찰을 이끌어내도록 하는 역할을 한다. 예를 들어, 문학 수업에서 '갈등'이라는 개념을 개념적 렌즈로 설정한다고 가정해보자. 학생들은 이 렌즈를 통해 다양한 작품 속에서 공통된 핵심 개념인 '갈등'을 발견하고, 그 양상과 원인, 해결 방식을 탐구하게 된다.

이때 교사는 다음과 같은 활동을 제공할 수 있다.

- 독서 활동: 작품 속 인물들이 겪는 갈등을 찾고, 갈등의 원인과 전개 과정을 분석한다.
- 등장인물 분석: 인물의 행동과 선택이 갈등과 어떻게 연결되어 있는지를 살펴본다.
- 역할극: 갈등 장면을 연기하며, 등장인물의 입장과 감정을 체험하고 다양한 해결 방안을 모색해 본다.
- 글쓰기: 기존의 갈등 상황을 재구성하거나 새로운 갈등 상황을 창작하여 자신만의 이야기를 구성한다.

이러한 활동이 개별적으로 흩어져 있다면, 학생들은 각각의 활동이 왜 중요한지 명확히 인식하기 어렵고 학습 경험이 단편적으로 남을 수 있다. 하지만 '갈등'이라는 개념적 렌즈를 중심에 둘 경우, 모든 활동은 하나의 통합된 질문 구조 안에서 유기적으로 연결되고, 학생들은 깊이 있는 사고와 통합적 이해를 경험하게 된다.

예시를 들어 갈등이라는 개념적 렌즈가 어떻게 수업에 적용되는지 살펴보자.

- 독서 활동에서의 '갈등' 렌즈: "이 인물은 어떤 갈등을 겪고 있을까?", "왜 이런 갈등이 생겼을까?"와 같은 질문을 스스로 던지며 작품을 해석한다.
- 등장인물 분석에서의 '갈등' 렌즈: "이 인물이 이런 행동을 한 이유는 이 갈등 상황 때문이구나!"라는 식으로 인물의 심리와 행동을 개념적으로 이해한다.
- 역할극에서의 '갈등' 렌즈: 인물의 입장에서 갈등 상황을 직접 연기하며 다양한 관점에서 문제를 바라보고, 감정 이입과 문제 해결력을 기른다. 예를 들어, 친구와의 갈등 상황을 연기하면서 "내가 이 친구라면 어떻게 행동했을까?"를 고

민해보게 된다.

- 글쓰기 활동에서의 '갈등' 렌즈: 학생들은 작품의 갈등 상황을 토대로 다른 해결책을 제시하거나, 새로운 갈등 구조를 창작하여 자신의 생각을 글로 표현한다. 이 과정을 통해 문학 작품의 갈등을 자기 경험과 연결짓고, 개념을 새로운 상황에 전이하는 능력을 기를 수 있다.

정리하면, 개념적 렌즈는 학습자가 중심 개념을 바탕으로 다양한 활동을 통합적으로 해석하고, 본질적인 질문을 통해 깊은 이해로 나아가도록 하는 도구이다. 사진 촬영 시 렌즈가 초점을 맞추어주듯, 개념적 렌즈는 학습자의 사고를 선명하게 정리하고, 지식 간의 연결성을 높여준다. 이처럼 개념적 렌즈는 학생들이 복잡한 학습 경험 속에서도 중심 개념을 중심으로 지속적이고 의미 있는 학습 구조를 형성하도록 도와준다.

02 • 개념적 렌즈의 종류

개념적 렌즈를 설정하려면 먼저 어떤 개념들이 렌즈로 활용될 수 있는지 이해하는 것이 중요하다. 개념적 렌즈는 크게 두 가지 수준으로 나눌 수 있다.

1) 교과 수준의 개념적 렌즈

교과 수준의 렌즈는 국어, 수학, 과학, 사회 등 개별 교과 안에서 중심이 되는 핵심 개념을 말한다. 예를 들어 국어의 '의사소통', 수학의 '패턴', 과학의 '에너지', 사회의 '세계화', 미술의 '표현'과 같은 개념들이 이에 해당한다. 이러한 개념들은 한 교과 내에서 비교적 좁은 범위에서 구체적으로 다루어지며, '마이크로 개념(Micro Concept)'이라고도 부른다.

마이크로 개념은 학생들이 구체적인 활동이나 사례를 통해 사고를 확장하고, 해당 교과의 본질적인 구조를 이해하는 데 중요한 역할을 한다.

_교과별 마이크로 개념과 정의(예시)

교과	개념	정의
국어	의사소통	언어를 통해 의미를 전달하고 상호작용하는 과정.
	문학성	문학 작품의 예술적 가치와 표현 기법에 대한 이해.
	독해력	글의 의미를 파악하고 해석하는 능력.
	비판적 사고	글의 내용과 의도를 분석하고 평가하는 능력.
수학	패턴	수, 도형, 사건 등에 존재하는 규칙성과 반복 구조.
	관계	수학적 요소들 사이의 상호 연관성과 구조.
	변화	수학적 양의 크기나 형태가 시간이나 조건에 따라 달라지는 양상.
과학	공간 감각	물체의 위치, 방향, 크기, 형태를 이해하고 시각화하는 능력.
	에너지	물리적, 화학적 과정에서의 에너지 보존과 전달 방식.
	상호작용	물질이나 힘, 생물 간의 작용과 반응.
사회	시스템	정치, 경제, 사회 제도들이 구조적으로 작동하는 체계.
	변화	시간의 흐름에 따른 사회 제도, 가치, 생활 방식의 변동.
	문화	한 사회의 공통된 가치, 관습, 언어, 생활 양식.
	정의	공정함, 인권, 권리와 의무의 균형에 대한 사회적 원칙.
역사	세계화	국가 간 경제, 문화, 정보가 상호 연결되고 의존하는 현상.
	원인과 결과	역사적 사건의 발생 원인과 그것이 가져온 결과 간의 관계.
	변화와 지속	과거와 현재 사이에서 나타나는 연속성과 단절의 인식.
미술	공감	타인의 감정과 입장을 이해하고 예술적으로 표현하려는 태도.
	미적 요소	선, 색, 형태, 질감 등 시각 예술 작품을 구성하는 기본 요소.
	해석	예술 작품의 의미나 메시지를 읽고 비평하는 능력.
체육	운동 수행	기본적인 운동 기술을 익히고 상황에 맞게 활용하는 능력.
	건강	신체적·정신적 건강을 유지하고 증진하는 생활 습관.
	경쟁	스포츠에서의 승부를 통해 규칙, 협동, 공정함을 실천하는 활동.

2) 교과 통합 수준의 개념적 렌즈

교과 통합 수준의 개념적 렌즈는 단일 교과에 국한되지 않고, 여러 교과에서 공통적으로 탐구될 수 있는 추상적이고 폭넓은 개념을 말한다. 이러한 렌즈는 학생들이 다양한 지식과 경험을 하나의 사고 틀 안에서 연결할 수 있도록 도와주며, 보다 통합적이고 심화된 이해로 나아가게 한다. 이러한 개념은 일반적으로 '매크로 개념(Macro Concepts)'이라고도 불린다.

예를 들어 '변화(Change)', '상호작용(Interaction)', '원인과 결과(Cause and Effect)'와 같은

개념은 국어, 사회, 과학, 도덕 등 다양한 교과에서 폭넓게 적용할 수 있다.

이러한 개념들은 주제 중심의 탐구 활동이나 교과 간 통합 수업 설계에 효과적으로 활용될 수 있으며, 학생들이 배운 내용을 보다 넓은 맥락 속에서 이해하고 연결할 수 있도록 돕는다.

_교과 통합 개념적 렌즈(예시)

개념적 렌즈	정의 및 활용	교과 통합의 예
변화 (Change)	시간의 흐름에 따라 현상이나 상태가 달라지는 양상. 역사적, 사회적, 과학적 변화 등을 이해할 때 사용됨.	역사: 시대 변화 / 과학: 물질의 상태 변화 / 사회: 제도 변화
관계 (Relationships)	두 요소 간의 연결, 상호 의존성, 구조적 관련성에 주목. 수학, 사회, 생명과학 등에서 광범위하게 적용됨.	수학: 함수 관계 / 과학: 생태계 관계 / 사회: 인간과 환경의 관계
시스템 (Systems)	요소들이 상호작용하며 전체 구조나 기능을 형성하는 복합체. 사회, 과학, 기술, 생태계 등 다양한 분야에서 사용됨.	과학: 생태계 / 사회: 정치·경제 시스템 / 기술: 인공지능 시스템
책임 (Responsibility)	개인 또는 집단의 선택과 행동에 따른 결과에 대한 도덕적 또는 사회적 책임을 탐구함. 도덕, 사회, 환경 교육에서 자주 다루어짐.	도덕: 책임 있는 시민 / 과학: 환경보호 책임 / 사회: 정책 결정의 책임
관점 (Perspective)	사물이나 현상을 바라보는 다양한 관점이나 시각을 이해하고 비교하는 사고 방식. 문학, 사회, 역사, 미술 수업에서 중요하게 다룸.	국어: 등장인물 관점 / 역사: 사관 / 미술: 작가의 시선
정체성 (Identity)	개인이나 집단이 이해하는 자기 존재의 특성. 문화적, 사회적, 역사적 소속감을 포함함.	사회: 시민 정체성 / 역사: 민족 정체성 / 도덕: 자아 개념
힘과 권력 (Power)	사회의 권력 구조와 영향력의 분포를 분석하고 이해함. 정치적 구조나 갈등, 통제에 대한 탐구와 연결됨.	사회: 권력 구조 / 역사: 권력 이양 / 도덕: 권위와 자유
균형과 불균형 (Balance and Imbalance)	서로 다른 사회·과학 시스템 내에서 균형 상태와 불균형 상태를 분석함.	과학: 생태계 균형 / 사회: 자원 분배 / 경제: 무역 불균형
상호작용 (Interaction)	요소 간의 상호작용으로 발생하는 현상을 분석함. 생명과학, 화학, 사회 관계 등에서 중요하게 다뤄짐.	과학: 물질 반응 / 사회: 인간관계 / 기술: 기계와 인간의 상호작용
원인과 결과 (Cause and Effect)	사건이나 변화가 발생한 이유와 그에 따른 결과를 인과적으로 설명함. 모든 교과에서 핵심 탐구 틀로 사용됨.	역사: 사건의 결과 / 과학: 실험 결과 분석 / 사회: 정책 효과 분석
혁신 (Innovation)	새로운 아이디어나 기술을 통해 변화나 발전이 이루어지는 과정. 기술, 역사, 사회 변동 수업에서 활용됨.	과학: 기술 발명 / 사회: 산업 혁명 / 기술: 신제품 개발
조화와 갈등 (Harmony and Conflict)	집단이나 개인 간의 조화로운 관계와 갈등 양상을 분석하고 해결 방안을 탐색함.	사회: 국제 관계 / 도덕: 인간 관계 / 역사: 전쟁과 평화

진화 (Evolution)	시간의 흐름에 따라 사회, 생명, 지식 등이 점진적으로 변화하거나 발전하는 양상. 생물학뿐 아니라 사회문화적 변화 탐구에 활용됨.	과학: 생물 진화 / 사회: 제도 진화 / 기술: 산업 구조 변화
정의와 불의 (Justice and Injustice)	사회적 정의와 불의를 다양한 사례를 통해 탐구하고 도덕적 판단과 행동의 기준을 탐색함.	도덕: 공정성 / 사회: 인권 / 역사: 사회운동
문화 (Culture)	특정 집단이 공유하는 가치, 언어, 관습, 예술 등 생활 양식의 총체로서 인간 삶을 이해하는 틀.	사회: 지역 문화 / 미술: 시각 문화 / 국어: 문학과 문화
연속성과 변화 (Continuity and Change)	어떤 요소는 시간이 지나도 지속되며, 어떤 요소는 변한다는 관점을 통해 역동적인 세계를 탐구함.	역사: 제도 지속과 개혁 / 과학: 이론의 변화 / 사회: 전통과 현대의 융합
환경 (Environment)	인간과 자연, 사회가 상호작용하는 물리적, 생태적, 사회적 조건 및 그 영향. 환경교육, 과학, 지리 등에서 핵심 개념으로 다뤄짐.	과학: 기후 변화 / 사회: 도시 환경 / 도덕: 지속가능한 삶
세계화 (Globalization)	지역, 국가, 세계가 경제·문화·정보 등 다양한 차원에서 상호 연결되고 의존하게 되는 현상.	사회: 다문화 사회 / 역사: 국제 교류 / 기술: 디지털 네트워크
기회와 도전 (Opportunities and Challenges)	특정 상황이나 변화에서 나타나는 가능성과 함께 그에 따른 문제나 과제를 탐구함. 개인, 사회, 환경 등 다양한 영역에 적용됨.	진로: 진학과 직업 선택 / 기술: 기술 윤리 / 사회: 위기 관리와 정책 결정

하지만 이러한 분류가 절대적인 것은 아니다. 교사는 단원의 목표, 학생의 특성, 수업 맥락에 따라 마이크로 개념과 매크로 개념을 유연하게 선택하고 조합할 수 있다. 정말 중요한 것은, 어떤 개념을 선택하느냐보다 그것을 통해 학생들이 깊이 있고 의미 있는 학습 경험을 하도록 이끄는 교사의 교육적 판단이다. 개념적 렌즈는 수업의 방향을 잡아주는 도구이자, 학생의 사고를 확장시키는 발판이어야 한다.

03 • 개념적 렌즈 추출

이제 개념적 렌즈를 어떻게 찾아낼 수 있는지 살펴보자. 교육과정의 내용 체계를 보면, 각 교과 영역마다 '핵심 아이디어'가 제시되어 있다. 이 핵심 아이디어는 단원의 중심 내용을 요약한 문장이며, 바로 여기에서 개념적 렌즈를 도출할 수 있다. 이는 핵심 아이디어와 개념적 렌즈가 긴밀하게 연결되어 있기 때문이다.

핵심 아이디어는 개념적 렌즈를 기반으로 형성된 사유의 구조라고 볼 수 있다. 예를 들어, 국어 교과의 문학 단원에서 '갈등'이라는 개념적 렌즈를 중심으로 수업을 구성할 경우, 다음과 같은 핵심 아이디어가 도출될 수 있다. "문학 작품 속 갈등은 인물의 성격 발전과 주제 전달에 중요한 역할을 한다." 이처럼 개념적 렌즈는 핵심 아이디어가 어떤 관점에서 형성되었는지를 보여주는 사고의 틀이 된다.

반대로, 이미 제시된 핵심 아이디어에서 그 아이디어를 가능하게 한 개념적 렌즈를 역으로 추론하는 방식도 유효하다. 즉, 핵심 아이디어는 개념적 렌즈를 중심으로 조직된 개념적 이해의 산물이므로, 수업 설계 과정에서 핵심 아이디어 → 개념적 렌즈의 방향으로 사고를 전개하는 것도 효과적인 접근이다.

그럼 이제 실제 예시를 통해 이 과정을 구체적으로 살펴보자. 다음은 과학 교과의 핵심 아이디어에서 개념적 렌즈를 추출하는 과정을 보여주는 사례다.

(3) 생명

핵심 아이디어	· 생물은 세포로 이루어져 있고, 여러 구성 단계가 유기적으로 연관되어 있으며, 조화로운 작용을 통해 건강한 몸을 유지한다. · 식물은 광합성으로 양분을 만들며, 생물은 호흡을 통해 생명 활동에 필요한 에너지를 얻는다. · 동물은 다양한 감각 기관을 통해 자극을 받아들이고, 신경계와 호르몬의 작용을 통해 반응한다. · 생물은 생식을 통해 자손을 생산하고, 생물의 형질은 유전자에 의해 자손에게 전달되며, 생물의 유전 현상은 사람의 가계에서도 관찰된다. · 우리 주변의 다양한 생물은 환경과 영향을 주고받으며 밀접한 관계를 맺고 있으며, 생물다양성은 생태계와 인간의 삶과도 밀접하게 관련되어 있다.

범주 \ 구분		학년(군)별 내용 요소		
		초등학교		중학교
		3~4학년군	5~6학년군	1~3학년
	생물의 구조와 에너지	· 동물의 생김새 · 식물의 생김새 · 균류, 원생생물, 세균의 특징	· 세포의 구조 · 뼈와 근육의 구조와 기능 · 소화 · 순환 · 호흡 · 배설 기관의 구조와 기능 · 뿌리, 줄기, 잎, 꽃의 구조와 기능 · 증산 작용 · 광합성 산물	· 세포와 생물 구성 단계 · 소화계, 순환계, 호흡계, 배설계의 구조와 기능 · 광합성 과정 · 광합성에 영향을 미치는 요인 · 식물의 호흡과 광합성의 관계
	항상성과 몸의 조절			· 감각 기관의 구조와 기능 · 뉴런과 신경계의 구조와 기능 · 자극에서 반응까지의 경로 · 호르몬에 의한 항상성 유지

교육과정 과학과 생명 영역에서 제시된 핵심 아이디어를 바탕으로 개념적 렌즈를 추출할 수 있다. 이때 ChatGPT를 활용하면, 교사들이 개념적 사고를 보다 체계적이고 정교하게 발전시키는 데 큰 도움을 받을 수 있다.

교육과정의 '핵심 아이디어'로부터 개념적 렌즈를 여러 차례 반복적으로 추출하는 사례를 제시하려 한다. 이러한 반복적 추출 과정을 통해, 교사는 자신이 설계하고자 하는 단원에서 어느 수준의 개념적 렌즈를 선택하고 적용해야 하는지를 구체적인 예시를 통해 확인할 수 있다.

궁극적으로 이 과정은 단원 설계 초기 단계에서 교사가 보다 적절한 사고의 틀을 선택할 수 있도록 안내하며, 개념기반 수업의 질적 완성도를 높이는 데 기여한다.

1) 1차 개념적 렌즈 추출

▾ ChatGPT 입력 예시 :

다음 핵심 아이디어로부터 개념적 렌즈를 추출해 주세요.

- 생물은 세포로 이루어져 있고, 여러 구성 단계가 유기적으로 연관되어 있으며, 조화로운 작용을 통해 건강한 몸을 유지한다.
- 식물은 광합성으로 양분을 만들며, 생물은 호흡을 통해 생명 활동에 필요한 에너지를 얻는다.
- 동물은 다양한 감각 기관을 통해 자극을 받아들이고, 신경계와 호르몬의 작용을 통해 반응한다.
- 생물은 생식을 통해 자손을 생산하고, 생물의 형질은 유전자에 의해 자손에게 전달되며, 생물의 유전 현상은 사람의 가계에서도 관찰된다.
- 우리 주변의 다양한 생물은 환경과 영향을 주고받으며 밀접한 관계를 맺고 있으며, 생물다양성은 생태계와 인간의 삶과도 밀접하게 관련되어 있다.

▸ ChatGPT 답변 예시

주어진 핵심 아이디어로부터 다음과 같은 개념적 렌즈를 추출할 수 있습니다:

1. 구조와 기능
- 생물은 세포로 이루어져 있으며, 구성 요소들이 유기적으로 연관되어 작동한다.
- 생명 활동을 유지하기 위한 조화로운 시스템이 강조된다.

2. 물질과 에너지
- 식물의 광합성과 생물의 호흡을 통해 에너지가 생성되고 사용된다.
- 생명 활동의 기본 동력으로서 에너지의 흐름이 중요하다.

3. 자극과 반응
- 동물의 감각 기관, 신경계, 호르몬의 작용을 통해 외부 자극에 반응한다.
- 생물이 환경과 상호작용하며 생존 전략을 발전시킨다.

4. 생식과 유전
- 생식 과정과 유전자의 전달을 통해 생물의 형질이 자손에게 계승된다.
- 유전 현상은 개인과 가계 수준에서도 관찰된다.

5. 상호작용과 생태계
- 생물과 환경은 서로 영향을 주고받으며, 생물다양성은 생태계와 인간의 삶에 중요한 역할을 한다.
- 생물 간의 관계와 생태적 균형이 강조된다.

이러한 렌즈는 생명 과학의 주요 개념을 탐구하거나 교육 내용을 구조화할 때 유용하게 활용될 수 있습니다.

ChatGPT가 제안한 개념적 렌즈는 다소 세부적이고 구체적인 수준에 머무르고 있다. 이러한 렌즈는 포괄할 수 있는 지식의 범위가 제한적이기 때문에, 단원 전체를 아우르기에는 다소 부족한 측면이 있다.

이는 렌즈를 추출하는 과정에서 과학 교과 전체가 아닌, 특정 영역의 핵심 아이디어에만 초점을 맞췄기 때문으로 볼 수 있다. 따라서 현재 도출된 개념적 렌즈를 보다 넓고 추상적인 수준으로 확장하여, 단원의 주제를 보다 깊이 있고 통합적으로 탐구할 수 있는 개념으로 발전시킬 필요가 있다.

2) 2차 개념적 렌즈 추출

▾ **ChatGPT 입력 예시 :**
위에서 추출한 개념적 렌즈들을 바탕으로 한 단계 더 큰 개념적 렌즈를 추출해주세요.

▸ ChatGPT 답변 예시

위에서 추출한 개념적 렌즈들을 통합하여 한 단계 더 큰 개념적 렌즈를 도출하면, 생명 현상을 이해하는 다섯 가지 거시적 관점으로 정리할 수 있습니다:

1. 통합적 생명 시스템
- 생명은 구성 요소(세포, 기관, 시스템 등)가 상호작용하며 하나의 조화로운 시스템을 형성한다.
- 구조와 기능의 조화를 통해 생명 유지가 가능하다.

2. 에너지와 물질 순환
- 생명체는 에너지와 물질을 생성, 전달, 변환하며 생명 활동을 유지한다.
- 광합성과 호흡을 포함한 에너지 흐름과 물질 순환은 생명의 본질적 과정이다.

3. 정보 전달과 조절
- 생명체는 유전자, 신경계, 호르몬 등 다양한 매개체를 통해 정보를 전달하고 반응을 조절한다.
- 유전적 정보는 세대 간 전달되며, 환경 자극에 대한 반응은 생물의 생존과 적응에 필수적이다.

4. 진화와 지속 가능성
- 생물은 생식을 통해 다음 세대를 생성하며, 유전적 변이는 진화를 가능하게 한다.
- 생물다양성과 생태적 균형은 생명체와 환경의 지속 가능성을 지탱한다.

5. 생명과 환경의 상호의존성
- 생명체는 환경과 밀접한 관계를 맺으며 서로 영향을 주고받는다.
- 생태계 내 상호작용과 생물다양성은 생명의 복잡성과 그 가치의 근본을 보여준다.

이러한 큰 개념적 렌즈는 생명 현상을 거시적으로 이해하고, 다양한 세부 개념을 통합하는 틀을 제공하며, 교육 및 연구에서 생명의 본질과 연관성을 강조하는 데 활용될 수 있다.

이전보다 더 포괄적인 개념적 렌즈를 도출하긴 했지만, 여전히 아쉬운 점이 남아 있다. 이 렌즈로도 과학 교과의 생명 영역 단원을 설계하는 데 활용할 수는 있지만, 앞서 살펴본 다른 렌즈들에 비해 적용 범위가 다소 제한적이다.

물론 개념적 렌즈가 구체적일수록 수업 내용을 명확하게 구성하고 초점을 분명히 하는 데 유리하다는 장점이 있다. 그러나 지나치게 좁은 범위의 렌즈는 개념기반 교육과정이 지향하는 깊이 있는 사고와 개념의 전이를 충분히 이끌어내기 어렵다. 따라서 이제는 한 걸음 더 나아가, 보다 폭넓고 통합적인 사고를 가능하게 하는 개념적 렌즈를 모색할 필요가 있다.

이러한 렌즈는 단원의 구체적인 내용들을 하나의 더 큰 개념 틀 속에서 연결하고 확장할 수 있는 사고의 기반이 되어야 한다.

3) 3차 개념적 렌즈 추출

▾ ChatGPT 입력 예시 :
위에서 추출한 개념적 렌즈들을 바탕으로 한 단계 더 큰 개념적 렌즈를 추출해주세요.

▸ ChatGPT 답변 예시

위에서 추출한 다섯 가지 큰 개념적 렌즈를 기반으로 한 단계 더 큰 개념적 렌즈를 도출하면, 생명 현상을 바라보는 궁극적 관점으로 정리할 수 있습니다. 이 관점은 생명의 본질을 전체적으로 통찰하는 프레임워크를 제공합니다:

생명 현상의 통합적 본질
생명은 상호작용을 통해 진화하고 지속되는 동적 시스템이다.

이 렌즈를 구성하는 핵심 요소는 다음과 같습니다:

1. 통합성(Integration):
생명은 세포, 기관, 생태계와 같은 여러 수준에서 통합된 시스템으로 작동한다. 이는 구조와 기능의 상호작용과 물질 및 에너지 흐름을 통해 이루어진다.

2. 동적 균형(Dynamic Equilibrium):
생명체는 내적 조절과 외부 환경과의 상호작용을 통해 항상성을 유지하며 변화에 적응한다.

3. 정보 흐름과 계승(Information Flow and Heritage):
유전적 정보의 전달, 신경 및 호르몬의 신호 전달, 진화적 변화를 통해 생명은 지속적으로 정보를 교환하고 계승한다.

4. 적응과 지속 가능성(Adaptation and Sustainability):
생명체는 환경 변화에 적응하며, 생태계와의 상호작용을 통해 지속 가능성을 추구한다. 이는 진화, 생물다양성, 생태적 균형과 밀접하게 연결된다.

5. 상호의존성과 연결성(Interdependence and Connectivity):
생명은 생물-생물, 생물-환경 간의 상호의존적인 네트워크 안에서 존재한다. 이는 생명체 간 관계와 생명체가 환경에 미치는 영향을 포함한다.

이 "생명 현상의 통합적 본질"이라는 개념적 렌즈는 생명의 복잡성과 상호연결성을 탐구하고, 개별적 생명 현상을 이해하는 데 필요한 궁극적 틀을 제공합니다. 또한 이는 생명과학, 환경 과학, 철학적 생명 이해 등의 다양한 분야에서 활용될 수 있습니다.

4) 단일 개념 vs 복합 개념 렌즈

개념적 렌즈는 일반적으로 하나의 중심 개념만을 담는 것이 이상적으로 여겨진다. 그 이유는 개념이 단일할수록 수업의 초점이 명확해지고, 학생들의 사고가 더 깊이 있게 확장될 수 있기 때문이다. 또한 단일 개념은 다른 주제나 교과에 적용하기도 용이하여, 개념의 전이(transfer of understanding)를 촉진하는 데도 유리하다.

하지만 복합 개념을 렌즈로 활용하는 접근 역시 유효하다. 실제 세계의 문제는 단순하지 않으며, 여러 개념이 얽혀 있는 복합적 구조를 갖고 있기 때문이다. 예를 들어, '변화와 상호작용'이라는 복합 렌즈는 생태계의 변화 양상과 생물 간 관계를 통합적으로 이해하는 데 효과적이다. 또한 '정의와 책임'이라는 렌즈는 사회 문제를 윤리적·실천적인 관점에서 고찰할 수 있도록 도와준다.

결국, 단일 개념 렌즈는 명료성과 전이 가능성, 복합 개념 렌즈는 복잡한 문제 해결과 통합적 사고라는 각기 다른 장점을 지닌다. 따라서 교사는 학습자의 수준, 수업의 주제, 교육 목표를 고려하여 단일 개념과 복합 개념을 융통성 있게 선택하고 조합하는 것이 바람직하다. 중요한 것은 렌즈의 개수가 아니라, 그것이 학생의 사고를 어떻게 이끌어내느냐이다.

04 • 개념적 렌즈 단계 일괄 추출과 선택

교육과정의 핵심 아이디어에서 개념적 렌즈를 도출할 때, ChatGPT를 활용하는 방식에도 전략이 필요하다. 특히 다음과 같이 요청하면 효과적이다.

"작은 범위의 개념부터 큰 범위의 개념까지, 다양한 수준의 개념적 렌즈를 함께 제시해 주세요."

이처럼 마이크로 개념부터 매크로 개념까지 한꺼번에 제시해 달라고 요청하면, 교사는 수업의 목적, 학생의 수준, 단원의 특성에 따라 가장 적절한 렌즈를 유연하게 선택할 수 있다. 예를 들어, 구체적 개념이 필요한 단원에서는 좁은 범위의 렌즈를, 여러 교과나 주제를 아우르는 통합적 접근이 필요한 단원에서는 더 넓고 포괄적인 렌즈를 선택할 수 있다.

결국, 개념적 렌즈를 마이크로 개념 수준으로 할지, 매크로 개념 수준으로 할지는 정해진 정답이 없다. 중요한 것은 단원 설계를 담당하는 교사가 학생의 특성과 학교 상황, 수업의 목표에 맞게 렌즈의 범위와 수준을 적절히 조정하는 일이다.

1) 개념적 렌즈 단계 일괄 추출 예시 : 과학

개념적 렌즈를 한 번에 세 단계 수준으로, 그리고 단일 개념과 복합 개념을 함께 추출한 뒤, 그중 단원의 목적과 맥락에 맞는 개념을 선택하는 방식으로 진행하고자 한다.

▾ **ChatGPT 입력 예시 :**
다음 핵심 아이디어로부터 개념적 렌즈를 추출해주세요. 추출할 때 다음 항목을 반영해서 추출해주세요.
- 기본 수준의 개념적 렌즈부터 교과 범위를 넘어서는 매크로 수준의 개념적 렌즈까지 3단계로 한꺼번에 추출해주세요.
- 각 단계의 개념적 렌즈는 단일 개념과 복합 개념을 모두 추출해주세요.

(생략 : 추출하고자 하는 핵심 아이디어)

▸ ChatGPT 답변 예시

1단계: 기본 수준의 개념적 렌즈(교과 수준에서 직접적으로 다룰 수 있는 개념)

단일 개념:

- **세포:** 생물의 기본 단위로, 모든 생명체는 세포로 구성된다.
- **광합성:** 식물이 빛 에너지를 이용해 양분을 생성하는 과정.
- **호흡:** 생물이 에너지를 얻기 위해 산소와 양분을 사용하는 과정.
- **감각과 반응:** 자극을 인지하고 신경계와 호르몬 작용으로 반응하는 과정.
- **유전:** 유전자를 통해 형질이 자손에게 전달되는 현상.
- **생물다양성:** 다양한 생물이 존재하며 환경과 상호작용한다는 개념.

복합 개념:

- **구조와 기능:** 세포와 기관의 구조가 생명 활동의 기능과 밀접하게 연관됨.
- **에너지 흐름:** 광합성과 호흡을 통한 에너지 생성과 사용.
- **정보 전달:** 유전자, 신경계, 호르몬의 작용을 통해 생명체가 정보를 전달하고 반응하는 과정.
- **생식과 형질 전달:** 생식을 통해 형질이 유전되고, 이를 통해 생명체가 지속됨.
- **환경과 생물의 상호작용:** 생물과 환경이 서로 영향을 주고받는 관계.

2단계: 중간 수준의 개념적 렌즈(다학문적 접근과 교과 간 통합을 요구하는 개념)

단일 개념:

- **조직화:** 세포, 조직, 기관, 개체로 이어지는 생명체의 단계적 조직화.
- **대사 과정:** 광합성과 호흡을 포함한 생명체의 에너지와 물질 대사.
- **적응:** 환경 변화에 대한 생물의 행동적, 생리적, 진화적 반응.
- **진화:** 유전적 변이와 선택 압력을 통한 생물의 변화와 다양성 생성.
- **생태계:** 생물과 환경의 상호작용이 이루어지는 단위.

복합 개념:

- **생명 시스템의 통합성:** 구성 요소 간의 유기적 연관과 협력을 통해 생명이 유지됨.
- **물질 순환과 에너지 흐름:** 생태계 내 물질의 순환과 에너지 전달 과정.
- **정보와 조절:** 생명체 내외에서 발생하는 신호 전달과 반응의 조절.
- **다양성과 상호의존성:** 생물다양성과 생태계의 복잡한 네트워크.
- **생명 현상의 연속성:** 생식과 유전을 통한 생명의 지속성.

3단계: 매크로 수준의 개념적 렌즈(교과를 넘어 철학적, 생태학적, 사회적 시각을 포함하는 개념)

단일 개념:

- **생명체의 복잡성:** 생명 현상의 구조적, 기능적, 환경적 복잡성.
- **지속 가능성:** 생태계와 생물다양성의 유지와 인간 사회의 지속 가능성.
- **상호 연결성:** 생물-생물 및 생물-환경 간의 상호 연결성과 의존성.
- **진화적 맥락:** 모든 생명체의 진화적 기원을 통한 연속성과 다양성의 이해.
- **시스템적 사고:** 생명체와 생태계를 하나의 통합된 시스템으로 바라보는 관점.

복합 개념:

- **생명의 통합적 본질:** 생명체는 조화로운 시스템으로 작동하며, 물질, 에너지, 정보의 상호작용을 통해 진화하고 지속됨.
- **지구 생명 네트워크:** 생물과 환경이 연결된 지구적 생태 네트워크의 관점.
- **생명과 사회:** 생물학적 현상이 인간 사회, 건강, 기술, 윤리에 미치는 영향.
- **환경 변화와 적응:** 기후 변화와 같은 환경적 압력에 대한 생물과 생태계의 적응과 지속 가능성.
- **생명과 철학:** 생명이란 무엇인가를 탐구하며, 생명의 가치와 의미를 이해하려는 철학적 접근.

2) 개념적 렌즈 단계 일괄 추출 예시 : 국어

이번에는 6학년 국어 '글 고쳐쓰기' 단원을 위한 개념적 렌즈를 선택한다. 먼저 교육과정 내용 체계의 "쓰기" 영역에서 핵심 아이디어를 확인한다.

(3) 쓰기

핵심 아이디어		• 쓰기는 언어를 비롯한 다양한 기호나 매체를 활용하여 인간의 생각과 감정을 글로 표현함으로써 의미를 구성하는 행위이다. • 필자는 상황 맥락 및 사회·문화적 맥락 속에서 자신의 의사소통 목적을 달성하기 위하여 다양한 유형의 글을 쓴다. • 필자는 쓰기 과정에서 부딪히는 문제를 해결하기 위하여 적절한 쓰기 전략을 사용하여 글을 쓴다. • 필자는 쓰기 경험을 통해 언어 공동체의 구성원으로 성장하고, 쓰기 윤리를 갖추어 독자와 소통함으로써 바람직한 의사소통 문화를 만들어 간다.			
범주		내용 요소			
		초등학교			중학교
		1~2학년	3~4학년	5~6학년	1~3학년
지식·이해	쓰기 맥락		• 상황 맥락	• 상황 맥락 • 사회·문화적 맥락	
	글의 유형	• 주변 소재에 대해 소개하는 글 • 겪은 일을 표현하는 글	• 절차와 결과를 보고하는 글 • 이유를 들어 의견을 제시하는 글 • 독자에게 마음을 전하는 글	• 대상의 특성이 나타나게 설명하는 글 • 적절한 근거를 들어 주장하는 글 • 체험에 대한 감상을 나타내는 글	• 복수의 자료를 활용하여 다양한 형식으로 쓴 글 • 대상에 적합한 설명 방법을 사용하여 쓴 글 • 타당한 근거를 들어 주장하는 글 • 의견 차이가 있는 사안에 대해 주장하는 글 • 자신의 정서를 표현하는 글
과정·기능	쓰기의 기초	• 글자 쓰기 • 단어 쓰기 • 문장 쓰기	• 문단 쓰기		
	계획하기		• 목적, 주제 고려하기	• 독자, 매체 고려하기	• 언어 공동체 고려하기
	내용 생성하기	• 일상을 소재로 내용 생성하기	• 목적, 주제에 따라 내용 생성하기	• 독자, 매체를 고려하여 내용 생성하기	• 복합양식 자료를 활용하여 내용 생성하기
	내용 조직하기		• 절차와 결과에 따라 내용 조직하기	• 통일성을 고려하여 내용 조직하기	• 글 유형을 고려하여 내용 조직하기
	표현하기	• 자유롭게 표현하기	• 정확하게 표현하기	• 독자를 고려하여 표현하기	• 다양하게 표현하기
	고쳐쓰기		• 문장, 문단 수준에서 고쳐쓰기	• 글 수준에서 고쳐쓰기	• 독자를 고려하여 고쳐쓰기
	공유하기	• 쓴 글을 함께 읽고 반응하기			
	점검과 조정		• 쓰기 과정과 전략에 대해 점검·조정하기		
가치·태도		• 쓰기에 대한 흥미	• 쓰기 효능감	• 쓰기에 적극적 참여 • 쓰기 윤리 준수	• 쓰기에 대한 성찰 • 윤리적 소통 문화 형성

① 개념적 렌즈 일괄 추출하기

교육과정에 나오는 국어 쓰기 영역의 핵심 아이디어로부터 개념적 렌즈를 한꺼번에 추출한다.

▾ **ChatGPT 입력 예시 :**

다음 핵심 아이디어로부터 개념적 렌즈를 추출해주세요. 그리고 다음 항목을 반영해서 추출해주세요.

- 기본 수준의 개념적 렌즈부터 교과 범위를 넘어서는 매크로 수준의 개념적 렌즈까지 3단계로 한꺼번에 추출해주세요.
- 각 단계의 개념적 렌즈는 단일 개념과 복합 개념을 모두 추출해주세요.
  - 쓰기는 언어를 비롯한 다양한 기호나 매체를 활용하여 인간의 생각과 감정을 글로 표현함으로써 의미를 구성하는 행위이다.
  - 필자는 상황 맥락 및 사회·문화적 맥락 속에서 자신의 의사소통 목적을 달성하기 위하여 다양한 유형의 글을 쓴다.
  - 필자는 쓰기 과정에서 부딪히는 문제를 해결하기 위하여 적절한 쓰기 전략을 사용하여 글을 쓴다.
  - 필자는 쓰기 경험을 통해 언어 공동체의 구성원으로 성장하고, 쓰기 윤리를 갖추어 독자와 소통함으로써 바람직한 의사소통 문화를 만들어 간다.

▸ **ChatGPT 답변 예시**

다음은 제시된 네 가지 핵심 아이디어로부터 개념적 렌즈를 3단계 수준(기본 → 중간 → 매크로)으로 구분하여 단일 개념과 복합 개념을 모두 포함해 체계적으로 추출한 결과입니다.

■ 1단계: 기본 수준의 개념적 렌즈

국어 교과 내 쓰기 활동을 직접적으로 설명하는 수준의 개념들입니다.

• 단일 개념

표현 : 생각과 감정을 기호나 매체로 글에 담아내는 행위
의사소통 : 글을 통해 필자와 독자 간에 의미를 주고받는 상호작용
전략 : 쓰기 과정에서 문제를 해결하기 위해 사용하는 방법이나 기술
맥락 : 글을 이해하거나 작성할 때 고려해야 할 상황적·사회문화적 조건
윤리 : 글쓰기에서 책임감 있게 독자와 소통하려는 태도

• 복합 개념

의미 구성 : 글쓰기를 통해 생각과 감정을 구성하고 표현하는 과정
맥락 기반 쓰기 : 사회적, 문화적, 상황적 요소를 고려한 글쓰기 활동
전략적 쓰기 : 목표 달성을 위한 계획적이고 문제 해결 중심의 글쓰기
윤리적 의사소통 : 공동체 내에서 책임감 있게 글을 쓰고 소통하는 태도와 실천

■ 2단계: 중간 수준의 개념적 렌즈

국어과를 포함한 인접 교과와 연결 가능한 수준이며, 글쓰기의 과정과 정체성 형성, 사고 활동 등을 아우릅니다.

• 단일 개념

문제 해결 : 쓰기 중 마주하는 다양한 상황에 대한 분석과 해결 활동
자기 성찰 : 글쓰기 과정을 통해 자신을 돌아보고 성장하는 내적 탐색
사회성 : 공동체 구성원으로서의 글쓰기 행동과 태도
문화 이해 : 사회·문화적 맥락에 대한 인식과 글쓰기 반영

• 복합 개념

정체성 형성과 공동체 소속감 : 글쓰기를 통해 자아를 탐색하고 언어 공동체에 소속되는 경험
의사소통 중심 글쓰기 : 단순한 표현을 넘어서 상호작용적 관점에서 글을 구성하는 활동
상황-맥락-전략의 통합적 사고 : 쓰기에서 요구되는 조건들을 종합적으로 고려하는 인지적 활동
책임 있는 글쓰기 실천 : 독자와의 신뢰를 고려한 글쓰기 윤리 실천

■ **3단계: 매크로 수준의 개념적 렌즈**
국어과의 경계를 넘어 삶, 사회, 교육 전반에 적용할 수 있는 보편적이고 추상적인 개념들입니다.

• 단일 개념
의사소통 : 인간 사회의 기본적 상호작용 방식으로서의 의미 생성과 공유
비판적 사고 : 문제를 인식하고 적절한 전략으로 분석하고 해결하는 사고 능력
문화적 정체성 : 문화적 배경 속에서 자신과 타인을 이해하고 정체성을 형성하는 과정
책임 : 사회적 행위로서의 글쓰기에서 타인에 대한 배려와 도덕적 태도

• 복합 개념
시민적 소통 역량 : 공동체 안에서 자신의 입장을 표현하고 타인의 의견을 존중하며 조율하는 능력
의미 구성자로서의 주체성 : 언어와 기호를 통해 세상을 해석하고 자신의 위치를 자각하는 존재로서의 인간
텍스트 기반 사회참여 : 글쓰기를 매개로 사회 문제에 참여하고 변화에 기여하는 활동
윤리적 주체로서의 성장 : 글쓰기와 의사소통을 통해 사회적 책임을 인식하고 실천해 나가는 자기 발전

정리 및 활용 제안
이처럼 개념적 렌즈는 기초적인 언어 표현 활동에서 출발하여, 개인적 성장과 사회적 참여로까지 확장될 수 있습니다.
수업 설계 시에는 다음과 같은 방식으로 활용할 수 있습니다:
• 수업의 핵심 기능이나 단원 목표에 맞춰 기본 개념을 선정하고,
• 학습 활동이 심화될수록 중간 수준 개념으로 확장하거나,
• 프로젝트 수업이나 융합형 수업에서는 매크로 수준 개념을 활용해 교과 너머의 의미를 탐색할 수 있습니다.

② 6학년 '글 고쳐쓰기' 단원을 위한 개념적 렌즈 추출하기

이제 위의 포괄적인 개념적 렌즈 중에서, 초등학교 5~6학년의 '글 고쳐쓰기' 단원과 가장 밀접한 관련이 있는 내용을 살펴본다.

교육과정에서 제시한 5~6학년 쓰기 영역의 주요 기능은 다음과 같다.

■ 글 수준에서 고쳐쓰기
■ 쓴 글을 함께 읽고 반응하기
■ 쓰기 과정과 전략의 점검 및 조정

이 주요 기능을 학습하는 단원의 개념적 렌즈를 선택하기 위해 ChatGPT에 다음과 같이 요청한다.

▾ ChatGPT 입력 예시 :
위 개념적 렌즈들 중 다음의 5~6학년 쓰기 영역의 주요 기능을 주제로 수업할 때 사용하기 적합한 개념적 렌즈를 선택하고, 선택의 이유를 제시해주세요.
• 글 수준에서 고쳐쓰기
• 쓴 글을 함께 읽고 반응하기
• 쓰기 과정과 전략의 점검 및 조정

▸ ChatGPT 답변 예시

1. 글 수준에서 고쳐쓰기
적합한 개념적 렌즈: 문제 해결(2단계, 단일 개념)

• 선정 이유
글 수준에서의 고쳐쓰기는 학생들이 문장 구성, 문단의 흐름, 표현 방식 등에서 문제를 인식하고, 이를 개선하기 위한 다양한 해결 전략을 적용하는 활동입니다.
즉, 이 과정은 단순한 수정이 아니라, 글의 완성도를 높이기 위한 전략적 사고와 실행을 요구합니다.

- 따라서 이 활동은 '문제 해결'이라는 렌즈를 통해 수업 목표를 명확히 할 수 있으며, 학생들이 자신의 글을 비판적으로 분석하고 능동적으로 개선하는 과정에 집중할 수 있도록 도와줍니다.

2. 쓴 글을 함께 읽고 반응하기
적합한 개념적 렌즈: 의사소통(3단계, 단일 개념)

■ **선정 이유**
자신의 글을 공유하고 다른 사람의 글에 반응하는 활동은 본질적으로 상호작용과 의견 교환을 중심으로 이루어지는 의사소통 활동입니다.
이 과정에서는 표현의 명료성, 독자 반응에 대한 수용성, 공감적 태도 등이 중요하게 작용합니다.

- 따라서 '의사소통'이라는 매크로 수준의 렌즈를 활용하면, 글쓰기를 단순히 혼자만의 활동이 아닌, 사회적 소통과 의미 공유의 과정으로 확장하여 바라볼 수 있게 됩니다.

3. 쓰기 과정과 전략의 점검 및 조정
적합한 개념적 렌즈: 전략적 쓰기(1단계, 복합 개념)

■ **선정 이유**
이 활동은 학생이 자신의 쓰기 과정을 점검하고, 필요한 전략을 조정하거나 선택하는 자기 주도적인 쓰기 활동입니다.
단순히 글을 쓰는 데 그치지 않고, 과정 중심의 자기 조절과 메타인지가 강조됩니다.

- '전략적 쓰기'는 쓰기 과정의 계획, 점검, 수정을 아우르는 복합 개념으로, 학생들에게 글쓰기의 과정을 능동적으로 통제하고 자기 성찰적인 태도를 갖게 하는 데 효과적입니다.

■ **요약:** 기능별 적절한 개념적 렌즈

기능 영역	개념적 렌즈	수준	개념 유형
글 수준에서 고쳐쓰기	문제 해결	2단계	단일 개념
쓴 글을 함께 읽고 반응하기	의사소통	3단계	단일 개념
쓰기 과정과 전략의 점검 및 조정	전략적 쓰기	1단계	복합 개념

필요하다면, 위 개념적 렌즈 각각에 따른 수업 흐름 예시나 활동 구성 아이디어도 제시해드릴 수 있어요!

③ 개념적 렌즈 선택하기

ChatGPT는 세 가지 개념적 렌즈를 제안했다. 이 중 '전략적 쓰기'는 개념이라기보다 기능적 요소에 가까운 항목으로 판단하여 이번 사례에서는 제외하기로 했다. 물론 이러한 판단은 교사의 교육 철학, 수업 목표, 단원 해석에 따라 달라질 수 있으며, 상황에 따라 전략적 쓰기가 수업의 핵심 개념이 될 수도 있다. 그러나 본 예시는 개념적 렌즈 선택 과정을 보여주는 데 목적이 있으므로, 별도의 논의 없이 생략하고자 한다.

결과적으로, '문제 해결'과 '의사소통' 두 개념이 남는다. 두 렌즈 모두 글쓰기 단원의 중심 개념으로 적절하며, 교사는 수업의 초점과 학생에게 기대하는 사고의 방향에 따라 이 중 하나를 선택할 수 있다. 예를 들어, '문제 해결' 렌즈를 선택하면 글쓰기를 통해 자신의 글에서 문제를 인식하고 이를 해결하는 과정에 중점을 두게 된다.

반면, '의사소통' 렌즈를 선택하면 글쓰기를 생각과 감정을 효과적으로 전달하는 행위로 보고, 이에 맞춘 학습 활동을 설계하게 된다. 이처럼 개념적 렌즈는 단원의 중심 사고를 형성하는 틀로서, 단지 학습 활동의 방향뿐만 아니라 학생이 세상을 바라보는 사고의 틀에까지 영향을 미치는 중요한 선택이다. 따라서 교사는 학습자의 특성, 교육적 맥락, 수업 목표를 고려하여 적절한 렌즈를 주체적으로 판단하고 선택해야 한다.

또한 렌즈를 선택한 이후에는, 수업 목표 진술, 단원명, 학습 활동 등이 해당 렌즈와 일관성 있게 연결되어 있는지 점검하는 과정이 필요하다. 이러한 과정을 거치면 수업 구조의 명확성과 일관성이 높아지며, 학생들에게도 깊이 있는 사고와 전이 가능한 학습 경험을 제공할 수 있다.

단원정리

개념적 렌즈 파악하기(2단계) 절차 요약

순서	단계	주요 내용 및 활동
1	**개념적 렌즈 정의 및 이해**	'개념적 렌즈'란 무엇인지, 그 교육적 의미와 역할을 이해한다.
2	**개념적 렌즈 종류 확인**	교과 및 단원에 적합한 다양한 렌즈(예: 변화, 인과, 관점, 책임 등)를 검토한다.
3	**단원에 적합한 렌즈 추출**	단원의 성취기준, 내용, 핵심 개념을 바탕으로 가장 적합한 렌즈(1~2개)를 선정한다.
4	**렌즈 적용의 일관성 점검**	선정한 렌즈가 단원 전반에 일관되게 적용 가능한지, 타당한지 점검한다.

◎ 설명 및 특징

- 개념적 렌즈란: 단원에서 탐구할 핵심 개념을 한층 더 깊이 있게 사고하게 만드는 '사고의 틀' 또는 '관점'을 의미한다.
- 주로 변화, 인과, 연결, 구조, 기능, 관점, 책임 등의 범교과적 대개념이 렌즈로 활용된다.
- 렌즈 선정은 "이 단원의 개념을 학생들이 어떤 시각에서 바라볼 것인가?"를 결정하는 과정이다.
- 선정 후에는 단원 전체의 주요 활동, 질문, 평가 등이 해당 렌즈를 중심으로 일관되게 설계되어야 한다.

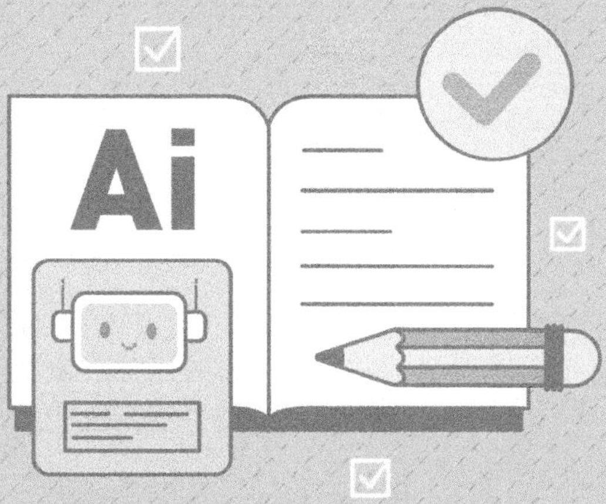
Ai

오디오 가이드(제6장)

6장

3단계 : 단원 스트랜드 파악하기

열정교사 수석선생님, 지난번에 개념적 렌즈에 대해 배우면서 많은 걸 알게 됐어요. 이제 궁금한 건 그 렌즈를 실제 단원 설계에 어떻게 적용하는지예요.

수석교사 그러셨군요. 이제 3단계로 넘어갈 차례네요. 바로 단원 구조를 짜는 단계인데, 여기서 중요한 개념이 '스트랜드(strand)'라는 거예요.

열정교사 스트랜드요? 처음 들어보는 용어인데, 어떤 의미인가요?

수석교사 음…, 쉽게 말하면 단원을 구성하는 주요 학습 갈래라고 할 수 있어요. 마치 중심 개념에서 뻗어 나온 가지들이라고 생각하시면 됩니다. 예를 들어 '환경' 단원을 가르친다면, '자연환경의 변화', '인간 활동의 영향', '지속 가능한 실천' 같은 갈래로 나눌 수 있죠.

열정교사 아, 그렇군요. 그럼 이런 스트랜드를 설정하면 어떤 점이 좋을까요?

수석교사 크게 세 가지 장점이 있어요. 우선 내용이 체계적으로 구조화되고요, 또 학습 목표가 훨씬 분명해지죠. 그리고 평가 기준도 더 구체적으로 세울 수 있고요.

열정교사 그럼 실제로 어떻게 구성하는 건가요?

수석교사 보통 세 단계로 접근해요. 먼저 주제를 더 작은 단위로 세분화하고, 그다음에 각 세부 주제가 성취기준과 잘 연계되는지 확인하고, 마지막으로 학생들이 배우기 좋은 논리적인 순서로 배열하는 거죠.

열정교사 음…, 말로만 들으니 조금 추상적인데, 혹시 실제 사례가 있으면 이해하기 더 좋을 것 같아요.

수석교사 그럼요, 제가 최근에 작업한 4학년 국어의 '문단 쓰기' 단원을 예로 들어볼게요. 이 단원의 성취기준은 "중심 문장과 뒷받침 문장을 갖춘 문단을 쓰고, 문단을 고쳐 쓴다"예요.

열정교사 네, 그 단원 알아요. 그걸 어떻게 스트랜드로 나누셨나요?

수석교사 사실 여기서 ChatGPT가 큰 도움이 됐어요. 성취기준을 입력했더니 주요 주제들을 쭉 정리해 줬거든요. 물론 그걸 4학년 아이들 수준에 맞게 다시 정리하고 배열했죠. 최종적으로는 다섯 개의 스트랜드를 구성했어요.

열정교사 어떤 스트랜드들이었는지 알 수 있을까요?

수석교사 물론이죠. 먼저 '문단의 개념과 역할'로 시작해서, '문단의 구성 요소', '중심 문장과 뒷받침 문장 쓰기', '문단 구성 연습', 그리고 마지막으로 '문단 수정과 고쳐 쓰기'로 마무리했어요. 그리고 각 스트랜드에 맞는 활동들을 구성했죠.

열정교사 와, 정말 체계적이네요! 그렇게 하면 단원 전체가 훨씬 짜임새 있게 구성될 것 같아요.

수석교사	맞아요. 이런 개념 중심 수업의 장점은 학생들이 '이걸 왜 배우는지', '나중에 어떻게 활용할지'를 자연스럽게 생각하게 된다는 거예요. 스트랜드를 활용하면 수업의 흐름도 더 명확해지고요.
열정교사	그런데 ChatGPT는 정확히 어떤 점에서 도움이 됐나요?
수석교사	아, 여러 가지로 도움이 됐어요. 우선 핵심 내용을 빠르게 정리해주니까 시간이 절약되고, 다양한 활동 아이디어도 제안해줘서 수업 구성이 풍성해져요. 무엇보다 교사인 제가 미처 생각하지 못한 부분까지 짚어주니까 더 균형 잡힌 수업을 설계할 수 있었어요.
열정교사	그렇군요. 혹시 ChatGPT를 활용할 때 주의할 점도 있을까요?
수석교사	당연히 있죠. AI는 어디까지나 도우미 역할일 뿐이니, 최종 판단은 항상 교사가 해야 해요. 우리 학생들의 수준과 교실 상황을 가장 잘 아는 건 현장에 있는 교사니까요. 그걸 염두에 두고 활용하면 정말 큰 도움이 될 거예요.
열정교사	정말 감사합니다, 선생님. 이제 스트랜드를 활용한 단원 설계에 자신감이 생겼어요!
수석교사	네 한번 시도해보세요. ChatGPT와 함께하면 단원 설계도 더 체계적이 되고, 수업도 훨씬 명확해질 거예요. 언제든 질문 있으시면 말씀하세요.

3단계는 단원의 구조를 명확히 하고, 학습 내용을 체계적으로 조직하는 단계다. 이 단계에서는 단원의 중심 개념(theme)을 바탕으로 학습 내용을 몇 가지 하위 범주로 나누어 구성하게 된다. 즉, 단원의 핵심 주제를 세분화하고, 각 하위 주제에 해당하는 스트랜드(strand)를 식별하는 과정이다.

이 과정을 통해 교사는 단원의 전체적인 흐름을 조망할 수 있으며, 각 차시가 단원 전체에서 어떤 의미를 가지는지를 명확히 하여 일관성 있는 수업 설계를 할 수 있게 된다. 또한 스트랜드를 중심으로 학습 활동을 구성하면, 학생은 단절된 지식이 아니라 연결된 개념 속에서 학습하게 된다.

01 스트랜드(strand)의 개념과 역할

스트랜드(strand)는 하나의 단원을 구성하는 학습 내용의 주요 갈래를 의미한다. 이는 단원의 중심 주제에서 가지처럼 뻗어나온 하위 주제에 해당하며, 마치 마인드맵에서 중심 개념을 중심으로 뻗어가는 가지들을 떠올리면 이해하기 쉽다.

예를 들어, '환경'을 주제로 한 단원을 구성할 때, 다음과 같이 스트랜드를 나눌 수 있다.

- 자연 환경의 변화
- 인간 활동이 환경에 미치는 영향
- 지속 가능한 환경을 위한 실천

이처럼 스트랜드는 하나의 중심 개념을 다양한 측면에서 나누어 심층적으로 탐구할 수 있도록 돕는 구조이다. 각 스트랜드는 단원의 흐름 속에서 학습 내용을 체계적으로 조직하고, 학생들이 주제를 보다 넓고 깊게 이해할 수 있도록 돕는 역할을 한다.

1) 스트랜드의 주요 효과

스트랜드의 사용하여 얻을 수 있는 주요 효과는 다음과 같다.

① 내용의 구조화

단원의 주요 내용은 논리적이고 계열성 있게 배열되어야 하며, 이를 통해 학습자들이 자연스러운 학습 흐름을 따라갈 수 있도록 도와주는 것이 중요하다. 각 스트랜드는 서로 유기적으로 연결되어 있어, 앞선 학습 내용이 다음 학습으로 이어지는 징검다리 역할을 하게 된다.

이러한 구조는 학습자들이 단편적인 지식을 나열식으로 배우는 것이 아니라, 개념을 점진적으로 심화하며 체계적으로 이해할 수 있도록 돕는다. 결과적으로 스트랜드는 개념기반 수업의 핵심 구조로서, 의미 있는 학습 전개를 가능하게 하는 기초 틀이 된다.

② 학습 내용의 명확화

스트랜드별로 초점이 되는 하위 주제와 학습 목표가 명확히 제시되기 때문에, 학생들은 각 수업에서 무엇을 배우게 될지 분명히 인지할 수 있다. 이는 학습 초반의 불확실성과 인지적 부담을 줄여 주며, 학생들이 학습의 방향을 이해하고 목표를 예측할 수 있도록 도와줌으로써, 학습 동기와 참여도를 높이는 데 효과적이다.

③ 평가 기준의 구체화

각 스트랜드에 구체적인 학습 목표가 설정되면, 이에 따라 평가 기준 역시 명확하게 수립할 수 있다. 교사는 각 스트랜드에서 기대되는 성취를 기준으로 공정하고 체계적인 평가 도구를 설계할 수 있으며, 이를 통해 수업의 흐름과 평가 간의 일관성도 확보할 수 있다. 요컨대, 스트랜드는 단원의 뼈대를 구성하는 핵심 요소로서, 단원의 내용을 논리적이고 계열성 있게 조직하고, 수업 전반에 걸쳐 구조적 통일성과 교육적 완성도를 유지하는 데 중요한 역할을 한다.

2) 스트랜드 구성의 절차

개념기반 단원을 설계할 때 스트랜드를 구성하는 일반적인 절차는 다음과 같은 3단계로 정리할 수 있다:

① 주제 세분화

단원의 전체 주제를 더 작은 하위 주제로 나누는 과정이 스트랜드 설정이다. 이는 단원의 중심 개념을 의미 있게 쪼개어 구조화하는 작업으로, 학습할 내용의 범위와 조직 체계를 결정짓는 중요한 단계에 해당한다.

예를 들어, 단원 주제가 '환경 변화와 인간 생활'이라면, 이를 다음과 같이 세분화할 수 있다.

- 환경 변화의 과학적 원인
- 환경 변화가 사회에 미치는 영향
- 환경 변화에 대한 윤리적 책임

이처럼 중심 주제를 다양한 측면에서 나누어 정리한 결과가 곧 단원의 스트랜드가 된다. 스트랜드 설정은 단원 전체의 논리적 흐름을 구성하고, 교사와 학생 모두에게 학습의 방향성과 구조를 명확히 인식하게 하는 핵심 설계 요소다.

② 학습 목표와의 연계 확인

각 스트랜드는 교육과정의 성취기준 및 학습 목표와 긴밀하게 연계되어야 한다. 스트랜드는 단순한 주제나 소재의 나열이 아니라, 학생들이 어떤 지식과 기능을 배우게 될지를 구체적으로 보여주는 학습 단위이기 때문이다. 따라서 각 스트랜드에 대해 달성하고자 하는 학습 목표를 명확히 설정해야 하며, 이 과정에서 필요하다면 성취기준의 표현을 참고하여 목표를 구체화하는 것이 바람직하다.

예를 들어, 앞서 제시한 '환경 변화의 과학적 원인' 스트랜드는 다음과 같은 학습 목표로 연결될 수 있다. "환경 변화의 주요 요인을 설명할 수 있다."

또한 교사가 학생의 수준이나 수업의 특성을 고려해 추가적인 학습 목표를 설정했다면, 스트랜드의 내용과 구조도 그에 맞게 유연하게 조정할 필요가 있다. 이러한 과정을 통해 스트랜드는 성취기준과의 정합성을 갖춘 실질적인 학습 경로가 되며, 교사는 수업 목표와 학습 활동, 평가를 일관되게 설계할 수 있게 된다.

③ 학습 순서 및 논리적 구조 고려

스트랜드들은 가장 효과적인 학습 순서로 배열해야 한다. 스트랜드 간에는 학습 내용의 선후 관계와 논리적 연결성이 존재하므로, 단순히 병렬적으로 나열하는 것이 아니라, 앞선 학습을 바탕으로 다음 학습을 심화해 나가는 흐름이 되도록 구성하는 것이 중요하다.

예를 들어, '환경'을 주제로 한 단원에서는 먼저 '환경 변화의 과학적 원인'을 학습한 후, 그 지식을 바탕으로 '환경 변화가 사회에 미치는 영향', 그리고 마지막으로 '지속 가능한 환경을 위한 실천'으로 이어지는 구조가 자연스럽다.

이처럼 논리적인 순서로 스트랜드를 배열하면, 학생들은 이전 스트랜드에서 배운 개념을 다음 학습에 적용하거나 확장하면서 지식의 구조를 점차 단단히 구축해 나가게 된다. 결과적으로, 스트랜드 간의 연결성을 고려한 수업 구성은 수업 전개를 원활하게 만들고, 학습자의 이해를 돕는 의미 있는 학습 경험의 흐름을 형성하는 데 크게 기여한다.

이와 같은 절차를 통해 스트랜드를 명확하게 설정하면, 교사는 단원의 내용을 일관성 있게 설계할 수 있으며, 학습자들은 각 개념 간의 관계를 유기적으로 탐색하고 깊이 있게 이해할 수 있다.

스트랜드 중심의 단원 구성은 개념기반 교육과정이 지향하는 핵심 철학, 즉 단편적인 활동의 나열이 아닌, 연결된 사고 흐름과 의미 있는 학습 경험을 설계하는 접근을 구체화하는 방식이다. 이는 학생이 개별 차시의 활동 속에서도 전체 단원의 흐름과 중심 개념을 인식하게 하고, 배운 내용을 다른 맥락에 전이하고 응용할 수 있는 사고의 틀을 제공해 준다.

02 • ChatGPT를 활용한 스트랜드 추출 방법

이제 실제 사례로 초등학교 국어 4학년 '문단 쓰기' 단원을 대상으로, 위 절차에 따라 스트랜드를 도출해 본다. 이 과정에서는 ChatGPT를 보조 도구로 활용하여 수업 설계를 어떻게 구체화할 수 있는지 함께 살펴본다.

이 단원의 성취기준은 다음과 같다.

[4국03-01] 중심 문장과 뒷받침 문장을 갖추어 문단을 쓰고, 문장과 문단을 중심으로 고쳐 쓴다.

성취기준 해설에는 다음과 같은 학습 요소가 포함되어 있다.

- 문단의 개념
- 문단의 기능과 역할
- 중심 문장과 뒷받침 문장의 관계
- 중심 문장과 뒷받침 문장을 쓰는 방법
- 문단을 쓰는 방법
- 문장과 문단을 중심으로 글을 고쳐 쓰는 방법

이 정보를 바탕으로, ChatGPT의 도움을 받아 단원의 학습 내용을 구성하는 과정을 단계별로 정리하면 다음과 같다.

1) 성취기준과 해설 분석하여 학습 개념 추출

먼저 성취기준과 해설을 분석한다. ChatGPT에 이 정보를 입력하면, 단원에서 다루어야 할 주요 학습 주제를 다음과 같이 정리할 수 있다.

- 문단 작성: 문단의 구성 요소와 작성 방법, 중심 문장과 뒷받침 문장을 활용한 문단 쓰기
- 문단 고쳐 쓰기: 문장과 문단 중심의 수정 방법
- 문단의 개념과 역할: 문단의 정의와 글에서의 기능

이 결과는 단원의 핵심 학습 내용을 개괄하는 데 도움이 된다.

도출된 학습 주제는 곧 예비 스트랜드 목록이 되며, 이후 단원 설계의 기초 자료가 된다.

2) 학습자 수준을 고려한 학습 목표 재설정

도출된 학습 주제를 초등 4학년 수준에 맞게 구체화한다. 이 시기의 학생은 글쓰기 경험이 부족할 수 있으므로, 목표를 쉽고 점진적으로 설정해야 한다. 예를 들면 다음과 같다.

- 문단의 개념을 이해하고, 간단한 문단을 작성할 수 있다.
- 중심 문장과 뒷받침 문장을 구별하고 쓸 수 있다.
- 쓴 글을 스스로 점검하여 문단을 고쳐 쓸 수 있다.

ChatGPT에 "4학년 학생 수준에 맞춘 문단 쓰기 학습 목표를 단계별로 정리해 달라"고 요청하면, 다음과 같은 구조도 받을 수 있다.

문단의 개념 이해 → 중심 문장 쓰기 → 뒷받침 문장 쓰기 → 문단 완성 → 문단 수정

이러한 결과를 바탕으로 교사는 학습자의 수준에 맞게 목표를 조정하고, 성취기준과의 정합성도 함께 확인할 수 있다.

3) 학습 주제 및 개념의 구체화

설정한 학습 목표를 바탕으로 각 스트랜드의 학습 개념을 구체화한다. 1단계에서 도출한 예비 주제를 다듬어, 각 스트랜드에 포함될 핵심 내용을 명확히 정리한다.

예를 들어,

- 문단 작성 스트랜드에는 중심 문장과 뒷받침 문장의 개념, 문단 구성의 원리 등이 포함된다.
- 문단 고쳐 쓰기 스트랜드에는 문단의 논리적 흐름, 통일성 점검, 수정 방법이 포함된다.

ChatGPT가 제안한 초안을 그대로 적용하기보다는, 교사가 학생 수준과 수업 맥락을 고려해 내용을 조정해야 한다. 학년 수준에 비해 어려운 개념은 생략하고, 필요한 경우 내용을 추가한다. 이 과정에서 각 스트랜드가 성취기준을 충실히 반영하는지도 함께 점검한다.

4) 쓰기 활동 중심의 수업 흐름 구성

스트랜드별로 쓰기 활동을 중심에 둔 수업 흐름을 구성한다. ChatGPT에 "도출된 학습 주제를 수업 전개 순서에 따라 재구성해 달라"고 요청하면, 다음과 같은 흐름을 제시받을 수 있다.

문단의 개념 이해 → 중심 문장 쓰기 연습 → 뒷받침 문장 쓰기 연습 → 문단 완성 → 문단 수정

이와 함께 구체적인 활동 예시도 요청하면 도움이 된다. 예를 들어 다음과 같은 쓰기 활동을 제안할 수 있다.

- 중심 문장 쓰기: 친숙한 주제를 정해 중심 문장을 작성해 본다.
- 뒷받침 문장 쓰기: 중심 문장을 뒷받침할 예시나 설명 문장을 추가해 본다.
- 문단 완성하기: 학생이 직접 문단을 작성하고, 친구와 함께 수정해 본다.

이러한 활동은 단순한 개념 학습을 넘어서, 학생의 실제 쓰기 경험으로 이어진다. ChatGPT가 제안한 초안은 교사가 수업에 맞게 조정하고, 학생 수준에 맞춰 활동의 난이도와 형식을 조절할 수 있다.

03 • 단원 스트랜드 최종 구성 예시

초등학교 4학년 국어과 '문단 쓰기' 단원의 중심 주제는 "문단을 효과적으로 작성하고 다듬기"이다. 아래는 개념기반 접근을 바탕으로 구성한 스트랜드와 각 스트랜드에 해당하는 학습 개념 및 쓰기 활동의 예시이다.

1) 스트랜드 1: 문단의 개념과 역할

❙ 학습 개념: 문단의 정의와 기능

문단이란 무엇이며, 글에서 어떤 역할을 하는지 이해한다.

예 문단은 여러 문장이 모여 하나의 생각이나 주제를 나타내는 글의 단위이다.

❙ 쓰기 활동: 글 속에서 문단 찾기 및 토의

친숙한 동화나 글을 읽고 문단을 나눈다. 각 문단이 글 전체에서 어떤 기능을 하는지 짝과 함께 토의한다.

예 첫 문단은 주제를 소개하고, 다음 문단들은 내용을 구체화하는 역할을 한다.

2) 스트랜드 2: 문단의 구성 요소

① 학습 개념: 중심 문장과 뒷받침 문장

중심 문장은 문단의 주제를 나타내고, 뒷받침 문장은 예시, 이유, 설명 등으로 중심 문장을 구체화한다. 두 문장이 조화를 이루어 문단을 구성한다.

▌쓰기 활동: 예시 문단 분석 활동

짧은 예시 문단을 제시하고, 중심 문장과 뒷받침 문장을 구분해 표시한다. 선택 이유를 설명하며 문단의 구조를 이해한다.

3) 스트랜드 3: 중심 문장과 뒷받침 문장 쓰기

▌학습 개념: 중심 문장 작성 및 뒷받침 문장 확장

주어진 주제에 맞는 중심 문장을 쓰고, 그 문장을 뒷받침하는 내용을 예시나 설명 문장으로 확장한다.

▌쓰기 활동: 문장 쓰기 연습

친숙한 주제를 선택해 중심 문장을 쓴다. 짝과 서로의 문장을 읽고 피드백을 나눈다. 이후 중심 문장에 어울리는 뒷받침 문장을 2~3개 작성한다.

예 "내가 가장 좋아하는 계절은 봄이다." → "봄에는 꽃이 피어서 산책하기 좋다.", "날씨가 따뜻해 기분이 좋아진다."

4) 스트랜드 4: 문단 쓰기와 구성

▌학습 개념: 완성된 문단 작성

중심 문장과 뒷받침 문장을 연결해 하나의 문단을 완성한다. 문장 간 연결어 사용, 내용의 흐름과 통일성을 고려하여 구성한다.

▌쓰기 활동: 한 단락 글쓰기

'나의 꿈', '우리 학교에서 바꾸고 싶은 점' 등 친숙한 주제로 문단을 완성한다. 글을 쓴 후, 짝과 교환하여 체크리스트로 점검한다.

예 중심 문장이 분명한가? 문장 간 흐름이 자연스러운가? 중복된 내용은 없는가?

5) 스트랜드 5: 문단 수정 및 글 속 역할 재고

▌학습 개념: 문단 다듬기와 전체 글 구성 속 역할 파악

작성한 문단을 다시 읽고 중심 문장의 명확성, 문장 간 연결, 내용의 중복 여부

등을 점검하여 수정한다. 수정 과정에서 문단의 글 속 위치와 역할(도입, 전개, 마무리)을 함께 이해한다.

❙ 쓰기 활동: 문단 고쳐쓰기

앞서 쓴 문단을 바탕으로 자기 점검 후 수정한다. 피드백을 받아 글의 완성도를 높인다. 완성된 문단을 모아 글 전체의 구조를 살펴본다.

예 머리말 문단, 본문 문단, 맺음말 문단이 각각 어떤 역할을 하는지 토의한다.

이와 같은 스트랜드 구성은 '문단 쓰기' 단원의 내용을 개념 중심으로 구조화한 결과이다. 각 스트랜드에 학습 개념과 활동을 명시하면, 교사와 학생 모두 학습 목표와 수행 과제를 명확히 이해할 수 있다.

이러한 구성은 단원의 학습 흐름을 일관되게 유지시켜 주며, 학생이 개념을 단계적으로 심화하고 실제 쓰기로 연결할 수 있도록 돕는다. 결과적으로 수업의 질이 높아지고, 학습자의 글쓰기 능력도 자연스럽게 성장하게 된다.

04 • 수업 설계에의 시사점

1) 개념기반 설계의 강점

개념 중심으로 교육과정을 설계하면 학생은 지식을 암기하는 데 그치지 않고 개념을 이해하고 사고를 확장하게 된다. 개념과 일반화에 초점을 맞춘 수업은 학생에게 '왜 이 내용을 배우는가', '어떻게 활용할 수 있는가'를 생각하게 하고, 이를 통해 깊이 있는 사고력이 자란다.

또한 다양한 학습 내용을 서로 연결해 큰 그림으로 이해하도록 돕기 때문에, 새로운 상황에서도 배운 지식을 전이하고 응용하는 능력을 기를 수 있다. 이러한 접근은 21세기 교육이 요구하는 비판적 사고력과 문제 해결력을 신장하는 데 효과적이다.

2) 스트랜드 중심 구성의 실천적 장점

스트랜드를 기반으로 단원을 구성하면 수업의 구조가 명확해진다. 교사는 수업 계획을 논리적 계열성에 따라 정리할 수 있고, 각 스트랜드별로 학습 목표-내용-활동-평가를 한눈에 대응시킬 수 있어 판단과 설계가 쉬워진다. 학생은 매 시간 무엇을 배우는지 분명히 알 수 있고, 이전에 배운 내용을 바탕으로 다음 학습으로 자연스럽게 나아갈 수 있다.

이러한 흐름은 학습의 연속성을 느끼게 하고, 불필요한 부담을 줄이며 학습 동기를 높이는 데도 효과적이다. 또한 스트랜드별 학습 목표가 명확하면 이에 따른 평가 기준도 설정하기 쉬워진다. 이로 인해 수업과 평가의 정합성이 높아지고, 평가의 공정성과 신뢰성도 확보할 수 있다.

요약하면, 스트랜드 중심 단원 설계는 수업 준비, 실행, 평가 전반을 체계적으로 운영하는 데 효과적인 구조이다.

3) ChatGPT의 활용 가능성과 교사에게 주는 도움

ChatGPT와 같은 AI 도구는 교사의 수업 설계 과정을 실질적으로 지원하는 동반자가 될 수 있다.

첫째, 자료 분석과 아이디어 생성 속도가 빠르다. 성취기준이나 해설처럼 양이 많은 자료를 ChatGPT에 입력하면, 핵심 내용을 빠르게 정리하고 중요한 개념을 추출할 수 있다. 새로운 교과나 단원을 처음 가르칠 때 특히 유용하다.

둘째, 수업 흐름과 활동에 대한 구조적 제안을 제공한다. ChatGPT는 다양한 교육 사례와 데이터를 바탕으로 수업 전개, 활동 구성, 발문 전략 등을 다각도로 제안한다. 예를 들어 이번 '문단 쓰기' 단원에서도, 중심 문장-뒷받침 문장 지도 순서나 쓰기 활동 아이디어를 구체적으로 도출할 수 있었다.

셋째, 교사의 전문성 향상에 기여한다. AI의 제안을 그대로 수용하는 것이 아니라, 교사는 그것을 비판적으로 검토하고 자신의 철학과 판단으로 다듬는다. 이 과정에서 교사는 새로운 관점이나 놓쳤던 요소를 발견하며 성찰하게 되고, 결과적으로 전문성을 발전시킬 기회를 갖는다.

물론 유의할 점도 있다. AI가 제안한 내용이 항상 교육과정과 일치하지는 않기 때문에, 최종 결정은 교사의 판단에 따라야 한다. 또한 학생의 수준과 흥미는 교사가 가장 잘 알고 있기 때문에, AI가 만든 초안을 수업 맥락에 맞게 수정하는 작업이 반드시 필요하다.

개념기반 교육과정 설계를 통해 교사는 큰 개념을 중심으로 단원을 설계하고, 스트랜드를 활용하여 그 설계를 구조적으로 구현할 수 있다. 이때 ChatGPT는 수업 아이디어 생성과 구조화 작업을 도와주며, 수업 준비 시간을 줄이고 완성도를 높이는 데 실질적인 도움을 준다. 이러한 접근은 학생에게는 의미 있고 깊이 있는 학습 경험, 교사에게는 체계적이고 자신감 있는 수업 전개를 가능하게 해줄 것이다.

단원정리

단원 스트랜드 파악하기(3단계) 절차 요약

순서	단계	주요 내용 및 활동
1	**스트랜드 개념 이해**	'스트랜드(strand)'의 개념과 단원 설계에서의 역할을 이해한다.
2	**성취기준 및 교과 내용 검토**	해당 단원의 교육과정 성취기준, 교과서의 세부 내용, 기존 단원 구조를 꼼꼼히 살핀다.
3	**스트랜드 후보 도출**	단원 전체를 대표하거나 구성하는 **주요 주제** 또는 **하위 영역**(2~4개)을 후보로 뽑는다.
4	**ChatGPT 등 활용하여 구체화**	ChatGPT 또는 협의과정을 통해 스트랜드별 명칭과 구체적 내용을 다듬고 확정한다.
5	**최종 스트랜드 확정**	단원 내 **모든 차시/활동/평가**가 스트랜드별로 구조화될 수 있는지 점검 후 최종 결정한다.

◎ 설명 및 특징

- 스트랜드(strand)란 단원 전체를 관통하는 '굵은 주제의 흐름' 혹은 '하위 영역'을 뜻한다. 한 단원에서 2~4개 정도로 세분화하여, 각각이 단원 내 여러 활동과 평가의 기본 틀이 된다.
- 스트랜드는 성취기준 - 핵심개념 - 렌즈와 연결되어 있어야 하며, 이후 소재 선정·개념 연결·평가 설계 등 모든 과정의 뼈대가 된다.
- ChatGPT 등 AI를 활용할 때에는 "이 단원의 주요 스트랜드(하위 영역)는 무엇이 있을까?"라는 형태의 프롬프트로 여러 후보를 도출할 수 있다.
- 최종 선정 시에는 학생의 성장, 단원 목표 달성, 수업 일관성을 기준으로 점검하는 것이 중요하다.

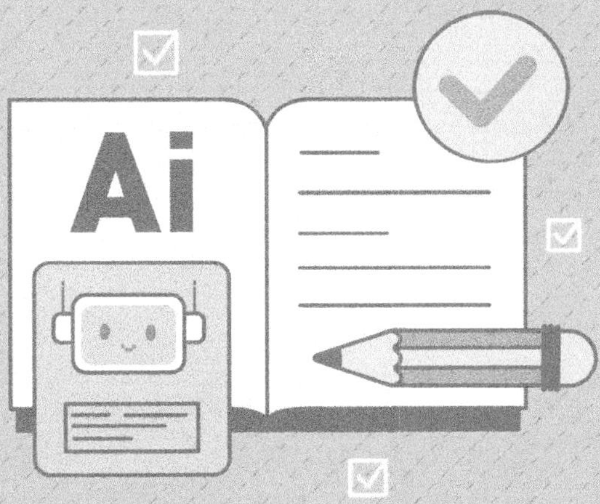
Ai

오디오 가이드(제7장)

7장

4단계 : 스트랜드 내에서 단원 소재와 개념 엮기

열정교사 수석선생님, 지난번에 스트랜드에 대해 배웠는데요. 다음 단계는 어떤 걸 해야 하나요?

수석교사 이제 4단계로 넘어갈 차례예요. 각 스트랜드 안에 어떤 구체적인 세부 주제와 개념들이 들어가야 할지 추출하고 서로 연결하는 작업을 하게 될 거예요. 마치 그물망처럼 개념들을 촘촘하게 엮는 과정이라고 볼 수 있죠.

열정교사 아, 그렇군요. 그런데 스트랜드랑 세부 주제는 정확히 어떻게 다른 건가요?

수석교사 음, 이렇게 생각해보세요. 스트랜드가 책의 장(章)이라면, 세부 주제는 그 안에 들어가는 절(節)이나 소제목 같은 거예요. 스트랜드는 큰 틀을 제시하고, 세부 주제는 실제 수업 시간에 아이들과 다루게 될 구체적인 내용이라고 보면 돼요.

열정교사 그럼 그 세부 주제들은 어디서 어떻게 찾는 게 좋을까요?

수석교사 보통 네 가지 정도의 자료를 참고하면 도움이 많이 돼요. 일단 가장 기본이 되는 국가 교육과정이랑 교과서를 꼼꼼히 살펴보는 게 첫 번째고요. 그다음엔 교사용 지도서나 성취기준 해설서 같은 자료들이 많은 도움이 돼요. 세 번째로는 참고서나 다양한 수업 자료들, 마지막으로 요즘엔 선생님들끼리 공유하는 온라인 커뮤니티나 SNS에서도 좋은 아이디어를 많이 얻을 수 있어요.

열정교사 그런 자료들을 통해서 주제와 개념들을 쭉 모아보는 거군요.

수석교사 네, 맞아요. 일단 관련된 내용을 최대한 많이 모아본 다음에, 비슷한 주제끼리 묶어서 범주화하는 작업을 해요. 그리고 각 주제와 연결된 개념도 함께 정리하면 좋아요. 예를 들면, '식물의 생애 주기'라는 스트랜드 아래에 '씨앗의 발아'라는 세부 주제가 있다면, 여기에는 '성장'이나 '변화'라는 개념이 연결될 수 있겠죠. 또 '꽃의 개화'라는 주제에는 '주기성'이나 '환경 요인'이란 개념이, '식물의 번식' 주제에는 '다양성'이나 '생존' 같은 개념이 연결될 수 있고요.

열정교사 아, 주제뿐만 아니라 그 주제에 담긴 개념까지 연결해서 정리하는 거네요!

수석교사 맞아요. 그리고 이렇게 주제와 개념들을 모으고 나면, 이들 사이의 관계를 화살표나 선으로 연결해서 마인드맵 형태로 시각화하면 전체 구조가 훨씬 잘 보이게 돼요. 또 이 과정에서 학습의 자연스러운 흐름도 계획할 수 있고요.

열정교사 그 마인드맵은 어떤 도구를 사용해서 만들면 좋을까요?

수석교사 여러 가지 방법이 있는데, 가장 간단하게는 ChatGPT에 직접 마인드맵 형식으로 정리해달라고 부탁하면 텍스트 형태로 구조화해서 보여줘요. 좀 더 시각적으로 예쁘게 만들고 싶다면 GPTs 기능 중에 '마인드맵 플로우 차트 GPT'라는 걸 활용해보는 것도 좋아요. 이건 Whimsical 같은 사이트와 연동돼서 직접 편집도 할 수 있거든요.

열정교사	와, 그런 기능까지 있었군요! 근데 이런 마인드맵 작업이 단순히 보기 좋게 만드는 작업만은 아니겠죠?
수석교사	아이고, 당연하죠! 마인드맵은 겉보기엔 단순해 보여도 사실 교사가 단원의 전체 흐름과 논리적 연결성을 한눈에 파악하고, 혹시 누락된 중요 개념은 없는지 점검하면서 전체 수업 구성을 완성해가는 정말 중요한 도구예요. 이 작업을 꼼꼼히 해두면 나중에 수업할 때 훨씬 수월해진답니다.
열정교사	아, 그렇군요. 이제 세부 주제와 개념을 정리하고, 마인드맵으로 시각화하는 과정까지 대략 감이 잡히는 것 같아요.
수석교사	정말 잘 이해하셨네요! 처음에는 이런 과정이 좀 시간이 걸리고 번거롭게 느껴질 수도 있어요. 하지만 몇 번 해보시면 익숙해지고, 그러면 훨씬 더 효과적이고 깊이 있는 수업 설계를 할 수 있을 거예요. 학생들도 배움의 연결성을 더 잘 느끼게 될 거고요.
열정교사	정말 감사합니다, 선생님! 이번 주말에 제가 다음 단원 설계할 때 바로 적용해볼게요! 생각보다 구체적인 방법이 있어서 훨씬 자신감이 생겼어요.

01 스트랜드 내 세부 주제와 관련 개념 찾기

4단계는 3단계에서 설정한 각 스트랜드 내에서 구체적인 세부 주제(소재)와 관련된 개념을 추출하고 연결하는 작업이다. 스트랜드가 단원의 중심 축이라면, 세부 주제와 개념들은 이 축을 둘러싼 실질적인 내용을 구성하는 요소들이다. 이 과정은 교사가 실제 수업에서 다룰 내용을 명확히 하고 학생들이 개념 간의 연계를 이해하도록 돕는 필수적인 단계다.

1) 자료 탐색과 개념 추출

스트랜드가 정해졌다면, 아래의 자료들을 참고하여 스트랜드와 연관된 세부 주제와 관련 개념을 찾아낸다.

- 국가 교육과정 문서와 교과서: 각 단원에서 필수적으로 다뤄야 할 내용을 정리한 가장 기본적인 자료다. 교육과정과 교과서에서 제시하는 주요 내용과 개념을 추출한다.
- 교사용 지도서와 성취기준 해설서: 교사들이 활용하도록 돕는 자료로, 개념을 더 깊이 이해하는 데 유용하다.
- 기존의 수업 자료와 참고서: 기존 수업 자료집이나 시중의 참고서에서 다양한 소재와 구체적인 예시를 얻는다.
- 온라인 커뮤니티 및 SNS 자료: 다양한 현장 사례와 실제 수업 경험을 공유하는 자료로부터 참신하고 실용적인 소재를 찾을 수 있다.

이러한 자료에서 발견한 세부 주제와 관련 개념을 초별로 목록화하여 기록한다.

2) 개념과 소재의 범주화

수집한 개념과 소재를 스트랜드 별로 다시 정리하면서 유사하거나 관련된 항목끼리 묶는다. 이 과정에서 자연스럽게 범주화가 이루어진다. 예를 들어 '생애 주기'라는 스트랜드 아래에 "식물의 씨앗 발아", "꽃의 개화", "식물의 번식 방법"과 같은 구체적인 세부 주제를 묶을 수 있다.

이때 각 주제 옆에 연결될 핵심 개념도 같이 명시해 둔다. 예를 들면 다음과 같다.

- 생애 주기
- 씨앗 발아(개념: 성장, 변화)
- 꽃의 개화(개념: 주기성, 환경적 요인)
- 식물의 번식(개념: 다양성, 생존)

3) 개념의 연결 고리 명확히 하기

각 세부 주제 옆에 개념을 기록했다면, 이제 이 개념들이 서로 어떻게 연결되는지를 명확히 한다. 개념 간의 관계를 표시할 때는 간단한 화살표나 연결선을 사용하여 마인드맵 형태로 표현해 보는 것이 좋다. 예를 들면 다음과 같다.

- 성장 → 변화 → 주기성 → 환경적 요인
- 다양성 → 생존 → 주기성

이러한 연결은 교사가 수업의 흐름을 이해하고 학생들에게 개념 간 상호작용을 명확하게 전달하는 데 큰 도움을 준다.

4) 난이도와 학습 순서 고려하기

세부 주제와 개념 연결 시 난이도와 학습 순서를 고려하여 배열한다. 기본 개념에서 심화 개념으로, 구체적 사례에서 일반화된 개념으로 이어지도록 구성하는 것이 이상적이다. 예를 들어 식물의 생애 주기를 다룰 때, 먼저 "씨앗 발아"라는 쉬운 개념부터 시작해, "식물의 번식"과 같이 좀 더 복잡한 주제로 나아가도록 구조화한다.

5) 교과 간 연계 요소 탐색하기

각 스트랜드의 세부 주제와 개념을 정리할 때, 다른 교과와의 연계 요소도 찾아서 표시하면 좋다. 예를 들어 식물의 구조라는 스트랜드에서 "잎의 광합성"을 다룰 때, 과학 교과뿐 아니라 환경 교과나 사회 교과(생태계 보호, 지속가능성)와 연결 지을 수 있다. 이는 통합적인 학습 경험을 제공하는 중요한 기반이 된다.

이러한 과정을 거쳐 스트랜드 내 세부 주제와 개념을 체계적으로 정리하면, 다음 단계인 일반화 도출을 위한 견고한 토대를 마련하게 된다. 체계적이고 잘 조직된 세부 주제와 개념은 수업 진행과 학생들의 심층적 이해를 돕는 강력한 도구가 된다.

02 • 마인드맵으로 시각화하기

앞서 정리한 단원 스트랜드를 마인드맵 형태로 시각화해 본다. 마인드맵은 단원 전체의 구조를 한눈에 파악하고, 개념 간의 연결 관계를 드러내는 데 매우 유용한 도구다. 주제, 소주제, 관련 개념, 활동 아이디어, 평가 요소 등을 유기적으로 배열할 수 있어 수업 설계의 밑그림을 그리는 데 큰 도움이 된다.

평소에 즐겨 사용하는 마인드맵 프로그램이 있다면 그대로 활용하면 된다. 별도의 프로그램이 없다면 GPTs나 ChatGPT에 마인드맵 형식으로 정리해달라고 요청하는 것도 효과적인 방법이다.

ChatGPT는 입력된 단원 스트랜드를 기반으로 주요 개념을 계층화하고, 시각적 구조를 제안하는 데 도움을 줄 수 있다. 이후 결과를 기반으로 마인드맵 도구에 직접 옮기거나, 그림으로 구체화하면 된다.

이 단계는 단지 '보기 좋게 만드는 작업'이 아니라, 교사가 수업의 큰 그림을 정교하게 구성하는 과정이다. 마인드맵을 만드는 동안 새로운 연결 고리가 보이기도 하고, 누락된 개념이나 활동 아이디어를 발견할 수도 있다. 이런 과정을 통해 단원 설계는 더욱 체계적이고 내실 있게 완성된다.

다음은 GPTs에서 마인드맵 생성 GPT를 활용해서 마인드맵을 만드는 방법이다.

1) [GPT 탐색] 메뉴 열기

ChatGPT 채팅 화면 좌측에서 [GPT 탐색]을 클릭한다.

2) 마인드맵 검색

GPT 검색창에 "마인드맵"을 검색한다.

3) GPT 선택

검색된 마인드맵 GPT 중 "마인드맵 플로우차트 GPT"를 클릭한다.

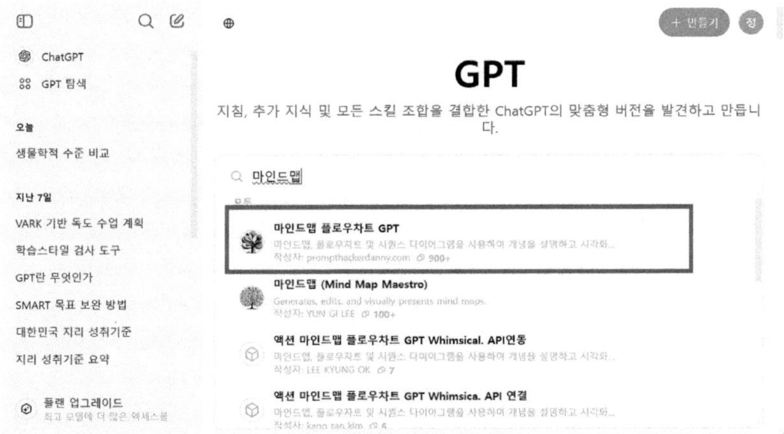

4) 채팅 시작

팝업창이 뜨면 "채팅 시작"을 클릭한다.

5) 마인드맵 생성 요청

프롬프트를 다음과 같이 입력하여 마인드맵 생성을 요청한다.

> ▾ **ChatGPT 입력 예시 :**
> 다음을 마인드맵으로 만들어주세요.
>
> 1. 문단의 개념과 구성 요소 이해
>   - 문단의 정의와 역할 이해하기
>   - 문단의 구성 요소 탐구하기(중심 문장, 뒷받침 문장)
>   - 간단한 주제를 선택하여 문단 작성하기
> 2. 중심 문장과 뒷받침 문장 작성
>   - 중심 문장의 역할과 작성 방법 익히기
>   - 뒷받침 문장의 유형(예시, 설명, 이유)과 작성 방법 탐구하기
>   - 중심 문장과 뒷받침 문장을 활용해 문단 완성하기
> 3. 문단 작성의 원칙 이해
>   - 짜임새 있는 문단 구성 방법 익히기
>   - 문장 간 논리적 흐름과 통일성 유지하기
>   - 주어진 주제에 맞는 논리적인 문단 작성하기
> 4. 문단 고쳐 쓰기와 보완
>   - 문단 내 불필요한 문장 수정하고 삭제하기
>   - 문장 간 연결성과 논리적 흐름 점검하기
>   - 작성한 문단을 수정하고 보완하여 완성도 높이기
> 5. 문단의 효과적 사용
>   - 글의 흐름에서 문단의 역할 이해하기
>   - 새로운 주제나 생각을 중심으로 문단 나누기
>   - 글 전체를 문단별로 재구성하여 더 나은 흐름 만들기

6) 외부 사이트 연결 허용

마인드맵이 생성되기 전 마인드맵을 생성하기 위해 마인드맵 생성 사이트 연결을 허용할 것인지 묻습니다. "허용"이나 "항상 허용"을 클릭한다.

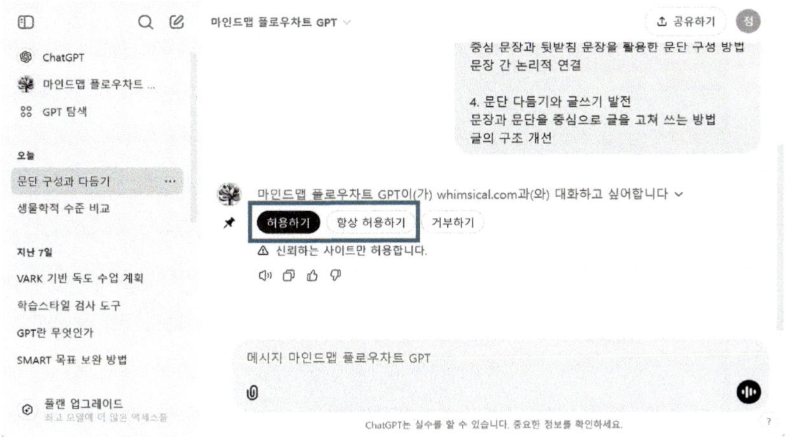

7) 생성된 마인드맵은 참고용으로 활용

ChatGPT가 마인드맵을 만들어주면, 일단 참고용으로만 살펴본다. 지금 우리가 정말 하려는 건 이 마인드맵을 더 발전시켜서 더 알찬 단원 스트랜드를 만드는 것이다. 마인드맵 아래쪽에 보면 Whimsical 사이트로 연결되는 메시지가 있는데, 이걸 클릭하면 마인드맵을 직접 수정할 수 있다.

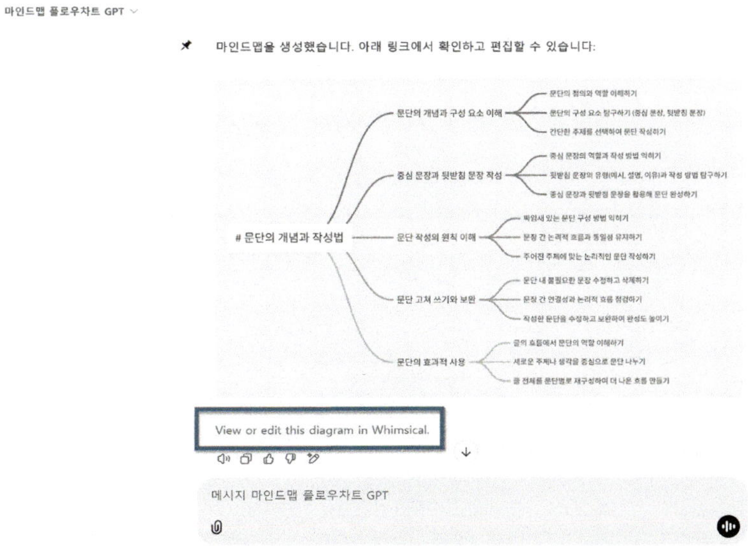

8) Whimsical 편집 화면에서 마인드맵 다듬기

링크를 클릭하면 웹 브라우저 새 창이 열리면서 플로우차트 작성 사이트인 Whimsical이 연결된다. 이제 ChatGPT로 생성한 마인드맵을 원하는 대로 편집할 수 있다. 화면 좌측에 편집을 위한 메뉴바가 있다.

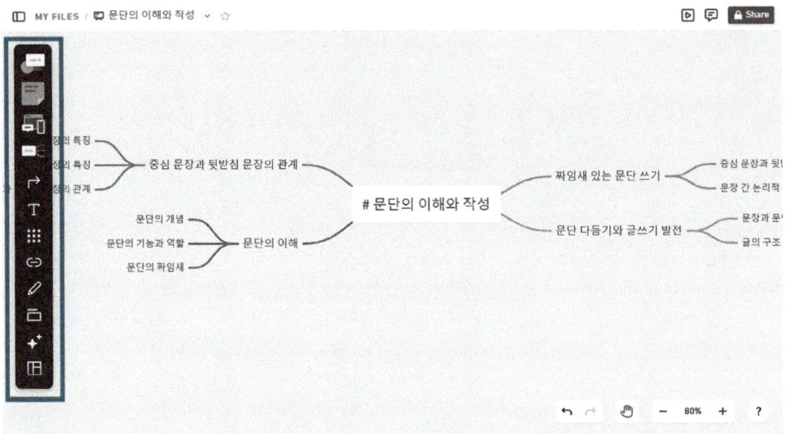

9) 핵심 기능 활용 편집하기

Whimsical에는 다양한 기능이 있지만, 단원 설계 4단계에서는 몇 가지 핵심 기능만 있으면 충분하다. 마인드맵의 가지를 더하거나 빼고 고치는 기능, 스트랜드와 소재, 개념을 서로 이어주는 기능, 그리고 메모를 덧붙이는 기능이면 된다. 이렇게 마인드맵을 다듬어서 저장까지 하려면 Whimsical에 회원 가입을 해야 한다.

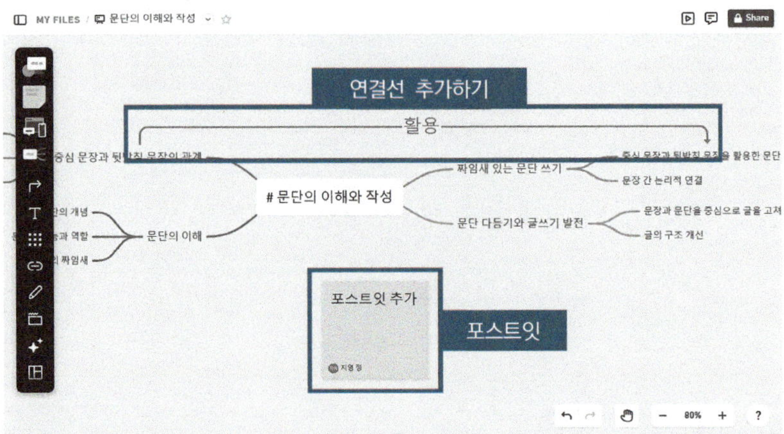

단원정리

스트랜드 내에서 단원 소재와 개념 엮기(4단계) 절차 요약

순서	단계	주요 내용 및 활동
1	**스트랜드별 세부 주제 및 소재 찾기**	각 스트랜드(하위 영역)별로 다룰 **세부 주제, 주요 소재**(학습 내용, 사례 등)를 선정한다.
2	**관련 개념 도출**	각 소재/주제와 연결되는 **핵심 개념**을 도출한다.
3	**개념과 소재의 상호 연결 구조화**	소재와 개념이 어떻게 연결되고 상호작용하는지 시각적(표, 마인드맵 등)으로 구조화한다.
4	**단원 그물망 작성**	단원 전체의 **스트랜드 – 주제 – 개념**이 유기적으로 연결된 구조('개념 그물망')를 완성한다.
5	**연계성 점검 및 수정**	그물망 구조가 단원 목표 및 전체 학습 흐름과 논리적으로 연결되어 있는지 검토하고 보완한다.

◎ 설명 및 특징

- 이 단계의 핵심은 각 스트랜드(하위 영역) 안에서 구체적으로 어떤 소재(학습 내용, 실제 사례 등)를 다룰지 정하고, 그 소재와 연결되는 핵심 개념을 도출하여 '개념적 연결망'을 설계하는 것이다.
- '단원 그물망'은 스트랜드 – 주제 – 개념이 촘촘히 연결된 지도(map)로, 수업 설계의 전체 구조와 흐름을 한눈에 볼 수 있게 한다.
- 마인드맵, 표, 도식 등을 활용하여 시각적으로 표현하면 교사와 학생 모두 단원의 개념 구조를 명확하게 파악할 수 있다.
- 단원 그물망 작성 후, 전체 흐름과 각 부분의 연결이 자연스럽고, 단원 목표(성취기준)와도 부합하는지 반드시 점검해야 한다.

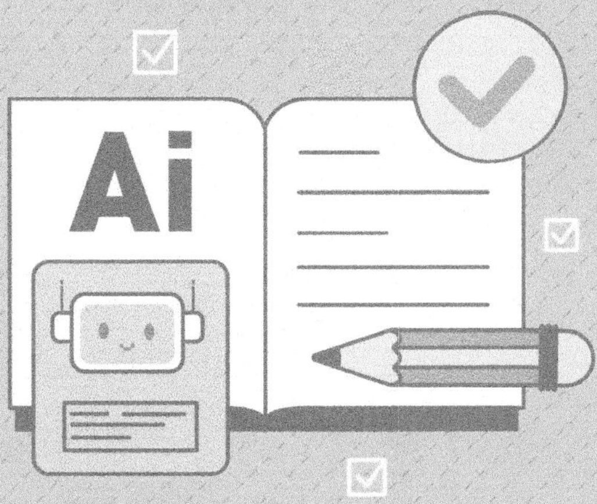
Ai

오디오 가이드(제8장)

8장

5단계 : 일반화 작성하기

열정교사 수석선생님, 스트랜드랑 세부 주제까지 정리해봤는데요. 다음은 뭘 해야 할지 궁금해요.

수석교사 이제 5단계로 넘어갈 차례네요. '일반화 문장 만들기'라고 하는데, 쉽게 말해서 학생들이 단원을 공부한 후에 꼭 이해해야 할 큰 개념이나 아이디어를 문장으로 표현하는 거예요.

열정교사 아, 그렇군요. 그런 일반화 문장이 수업에서 어떤 역할을 하는 건가요?

수석교사 음, 일종의 나침반 같은 역할을 한다고 보면 돼요. 수업을 어디로 이끌어 가야 할지 방향을 잡아주는 거죠. 수업 목표도, 학습 활동도, 평가도 결국이 일반화 문장을 중심으로 정리되거든요. 그리고 아이들 입장에서도 '내가 이 단원에서 결국 뭘 배웠지?'라는 질문에 대한 답을 하나의 명확한 문장으로 정리할 수 있게 도와줘요.

열정교사 그럼 그런 일반화 문장은 어떻게 만들면 좋을까요?

수석교사 일단 핵심적인 세 가지 요소가 있어요. 우선 앞서 정리한 스트랜드와 중심 개념이 필요하고요, 그다음에 개념적 렌즈, 마지막으로 어떤 형태의 문장을 원하는지에 대한 구체적인 요청사항이 있으면 좋아요. 이 세 가지를 함께 ChatGPT에 입력하면 꽤 괜찮은 일반화 문장을 만들어줘요.

열정교사 음… 좀 추상적인데, 구체적인 예시가 있으면 더 이해가 잘 될 것 같아요.

수석교사 그럼요, 예를 들어볼게요. ChatGPT에 이렇게 입력할 수 있어요. "초등학교 3학년 식물의 한살이 단원이에요. 스트랜드는 '식물의 구조(뿌리, 줄기, 잎)', '식물의 생애 주기(발아, 성장, 개화, 결실)'이고, 개념적 렌즈는 '상호의존'과 '변화와 지속'이에요. 각 스트랜드별로 아이들이 꼭 이해해야 할 일반화 문장을 만들어 주세요."

열정교사 이렇게 하면 ChatGPT가 정확하게 일반화 문장을 만들어 주나요?

수석교사 사실 꽤 잘 만들어 준다고 생각해요. 예를 들어 제가 '소리의 발생과 전달' 단원으로 해봤을 때는 "소리는 물체의 진동에 의해 발생한다", "소리는 매질을 통해 전달된다" 같은 문장들이 나왔거든요. 과학적으로 복잡한 개념도 명확하고 간결하게 정리된 문장이 나오더라고요.

열정교사 그런데 혹시 만든 결과가 마음에 들지 않으면 어떻게 해야 할까요?

수석교사 아, 그럴 땐 프롬프트를 조금 수정해서 다시 요청하면 돼요. 예를 들어 "문장이 너무 어려우니 초등학생 수준으로 좀 더 쉽게 바꿔 주세요"라든지, "이 주제에 대한 일반화 문장을 좀 더 추가해 주세요" 같은 식으로요. ChatGPT는 지시를 꽤 잘 따라서 원하는 방향으로 조정할 수 있어요.

열정교사 그렇군요. 그런데 한 단원에 일반화 문장은 몇 개 정도가 적당할까요?

수석교사 경험상 대략 5~10개 정도가 적당한 것 같아요. 너무 많으면 수업의 초점이 흐트러질 수 있고, 너무 적으면 단원의 핵심 내용을 다 담기 어렵거든요. 물론 학년이나 단원 시수에 따라서도 조절이 필요하죠. 저학년이면 좀 더 적게, 고학년이면 좀 더 많이... 이런 식으로요.

열정교사 일반화 문장도 혹시 여러 유형이 있나요?

수석교사 네, 크게 보면 '지식 중심 일반화'와 '과정이나 기능 중심 일반화'로 나눌 수 있어요. 가령 "파동은 에너지를 한 지점에서 다른 지점으로 전달한다"는 지식 중심이고, "과학적 탐구는 관찰, 가설 설정, 실험, 분석의 과정을 따른다"는 과정 중심이죠. 둘 다 중요하고 필요해요.

열정교사 아, 그럼 교과에 따라서도 좀 다르게 적용해야겠네요.

수석교사 맞아요! 과학이나 수학 같은 교과는 지식 중심 일반화가 많고, 국어나 예체능 교과는 기능이나 과정 중심이 더 많은 편이에요. 교과의 특성이나 선생님이 추구하는 수업 방식에 따라 조절하면 돼요.

열정교사 ChatGPT로 일반화 문장을 만들 때 특별히 주의할 점이 있을까요?

수석교사 글쎄요, 일단 교육과정의 성취기준은 반드시 포함해서 알려주는 게 중요해요. 그리고 학년이나 단원명, 아이들의 수준 같은 정보도 함께 알려주면 더 적절한 문장을 만들어줘요. 그리고 무엇보다, ChatGPT가 제안한 문장은 어디까지나 '초안'일 뿐이라는 걸 기억하세요. 교사인 우리가 꼭 검토하고 필요하면 수정해야 한다는 거죠.

열정교사 그렇군요. 그런데 이런 일반화 문장 접근법은 모든 교과에 다 적용할 수 있을까요?

수석교사 네, 물론이죠! 예를 들어 국어 교과에서는 "의사소통은 서로 협력하면서 의미를 구성해가는 과정이다" 같은 일반화가 가능하고, 사회 교과에서는 "혁명은 사회적 불평등에 대한 집단적 대응 방식 중 하나이다" 같은 일반화도 만들 수 있어요. 어떤 교과든 그 학문의 핵심 개념과 원리를 담아내면 된답니다.

열정교사 와, 정말 도움이 많이 됐어요! 이제 일반화 문장도 자신 있게 만들 수 있을 것 같아요.

수석교사 잘하셨어요. 일반화 문장은 단원 설계의 중심축이라고 할 수 있거든요. ChatGPT가 작업을 훨씬 수월하게 해주는 좋은 도우미지만, 결국 최종 설계는 우리 교사의 전문적 판단이 가장 중요하다는 점, 꼭 기억하세요!

01 • 일반화의 개념과 중요성

일반화는 두 개 이상의 개념을 연결하여 하나의 문장으로 정리한 것이다. 이 문장은 학생들이 단원 학습을 통해 꼭 이해해야 할 '큰 생각(Big Idea)'을 담고 있다. 쉽게 말해, 일반화는 단원에서 배운 다양한 지식과 개념을 한 줄로 꿰는 핵심 진술이다. 예를 들어 '식물 단원'에서 학생들은 뿌리, 줄기, 잎의 기능을 배우고, 성장 과정도 익힌다. 그런데 이 내용들을 하나로 엮어 "식물의 구조와 기능은 생존을 위해 서로 연결되어 있다."라는 일반화로 정리하면, 배운 내용을 큰 틀로 이해하게 된다.

일반화는 단원 전체의 방향을 잡아주는 기준이 된다. 수업에서 어떤 활동을 하든, 어떤 내용을 다루든, 결국 그 모든 것은 일반화된 문장으로 귀결된다. 다시 말해, 수업의 목표와 방향을 한 문장으로 제시하는 셈이다.

또한 일반화는 다음과 같은 역할을 한다.

- 수업 설계의 기준점이 된다. 어떤 활동을 할 것인지, 어떤 질문을 던질 것인지, 어떤 평가를 할 것인지 모두 일반화를 바탕으로 결정할 수 있다.
- 학생의 개념 이해를 확인하는 기준이 된다. 수업 후 학생이 일반화 내용을 스스로 설명할 수 있다면, 그 단원을 깊이 이해했다는 뜻이다.
- 교사와 학생 모두에게 단원의 핵심을 상기시켜주는 나침반이 된다. 수업 중에도 교사는 일반화를 자주 떠올리며 수업의 흐름이 흔들리지 않도록 한다.

지금까지의 교육은 '무엇을 외웠는가'를 중요하게 여겨왔다. 하지만 개념기반 수업은 '무엇을 이해했는가'를 더 중요하게 생각한다. 일반화는 바로 이 '이해'를 이끌어내는 도구다. 학생은 다양한 활동과 탐구를 거치며, 단원 속 개념들이 어떻게 연결되는지를 스스로 발견하게 된다. 결국 교사는 그 과정 전체를 설계하고, 일반화를 향해 수업을 이끈다고 보면 된다.

02 · ChatGPT를 활용한 일반화 문장 생성 방법

일반화는 교사가 직접 개념 간 관계를 문장으로 정리할 수도 있지만, 이 작업은 시간과 사고의 집중을 많이 요구한다. 이때 ChatGPT를 활용하면 다양한 표현과 관점을 빠르게 생성할 수 있어, 작업 시간을 줄이고 아이디어도 더욱 풍부하게 얻을 수 있다.

ChatGPT는 교사의 사고를 보완해주는 도구로, 일반화 문장을 초안 단계에서 함께 구상하거나, 완성된 문장을 점검·수정하는 데에도 활용할 수 있다. 아래는 ChatGPT에게 효과적인 일반화 문장을 생성해 달라고 요청할 때, 프롬프트를 어떻게 구성하면 좋은지를 단계별로 정리한 안내이다.

1) 프롬프트에 포함할 핵심 요소

ChatGPT에 일반화 문장을 요청할 때는 단순히 "일반화 문장을 만들어 주세요"라고만 말하기보다, 프롬프트에 필요한 정보를 구조적으로 포함하는 것이 중요하다. 다음 네 가지 요소를 함께 제공하면 보다 정교하고 적절한 응답을 받을 수 있다.

① 단원 스트랜드

단원의 중심 개념과 학습 내용을 알려준다. 예를 들어 '식물 단원'에서 "식물의 구조", "생애 주기"와 같은 스트랜드가 있을 수 있다. 이 정보를 ChatGPT에 입력하면, GPT가 단원의 주제와 주요 맥락을 파악하는 데 도움이 된다.

예 스트랜드: 식물의 구조(뿌리, 줄기, 잎, 꽃), 생애 주기(발아, 성장, 개화, 결실)

② 개념적 렌즈(conceptual lens)

해당 단원을 바라보는 중심 관점이다. 예를 들어 '혁신', '상호의존', '순환', '변화와 지속' 등과 같은 개념적 렌즈는, GPT가 개념 간 관계를 어떤 방향으로 연결할지를 결정하는 기준이 된다.

예 개념적 렌즈: 순환, 상호의존

→ "식물의 구조와 기능이 서로 연결되어 생존을 돕는다"와 같은 문장은 '상호의존'이라는 렌즈에서 나오는 일반화이다.

③ 요청 사항

일반화 문장을 만들어 달라는 구체적인 지시어를 포함한다. 이때 문장 형식, 분량, 표현 방식 등에 대한 요구를 명시하면 GPT가 더 정확하게 응답한다.

예 단원의 개념을 바탕으로, 간결한 단문 형태의 일반화 문장을 만들어 주세요.

→ 불필요하게 복잡하거나 장황한 문장이 생성되는 것을 방지할 수 있다.

④ 기타 조건

여러 개의 스트랜드를 다루는 경우, 각 스트랜드마다 일반화를 구분해 달라고 요청할 수 있다. 일반화 문장의 개수를 제한하거나, 초등학생 눈높이에 맞춘 표현을 사용해 달라는 요청도 가능하다.

예 각 스트랜드별로 한 문장씩, 총 두 개의 일반화를 작성해 주세요.
초등학교 6학년이 이해할 수 있는 표현을 사용해 주세요.

이와 같이 구조적으로 구성한 프롬프트를 ChatGPT에 입력하면, 보다 교육적으로 의미 있는 일반화 문장을 빠르게 생성할 수 있다. 교사는 이 초안을 바탕으로 수업의 흐름에 맞게 표현을 조정하거나, 학생의 수준에 맞춰 쉽게 풀어 쓰는 방식으로 발전시킬 수 있다.

2) 프롬프트 작성 예시와 결과

다음은 중학교 2학년 과학 단원 '빛과 파동'을 예시로, 단일 개념을 중심에 두고 ChatGPT를 활용해 일반화 문장을 생성하는 과정을 보여주는 사례이다.

이 단원에서는 '파동'이라는 개념이 중심이 되며, 수업 전반은 이 개념을 다양한 맥락에서 탐구하는 방식으로 진행된다. 학습 목표에 따라 다섯 개의 스트랜드(주요 내용 영역)로 구성되어 있다.

▾ **ChatGPT 입력 예시 :**
다음 학습 스트랜드를 바탕으로, 학생들이 단원 학습을 통해 이해하게 될 일반화 문장을 생성해 주세요. 중심 개념은 '파동'입니다. 각 문장은 가능한 한 간결한 단일 명제 형식으로 작성해 주세요.
스트랜드별로 일반화 문장을 2~3개씩 제시해 주세요.

중학교 2학년 과학 단원: 파동
1. 소리의 발생과 전달
   - 소리굽쇠나 스피커를 활용해 소리의 발생 실험
   - 공기, 물, 고체 등 다양한 매질을 통한 소리의 전달 비교
2. 진폭, 진동수, 파장의 이해
   - 시뮬레이션으로 진폭, 진동수, 파장을 시각화
   - 파형과 연결하여 소리의 크기와 높낮이 분석
3. 파형과 소리의 특성
   - 음악과 소음 등 다양한 소리의 파형을 관찰 및 비교
   - 주파수와 진폭을 조작해 소리를 생성
4. 파동의 본질 이해
   - 스프링, 물결 등으로 파동의 전달 방식 탐구
   - 종파와 횡파의 차이를 실험적 예시로 관찰
5. 소리의 실생활 응용
   - 초음파, 소음 제어 등 기술 사례 탐색
   - 소리의 원리를 실생활 문제 해결에 적용

ChatGPT는 제공된 스트랜드를 바탕으로, 각 영역에 맞는 일반화 문장을 여러 개 생성해 주었다. 결과를 살펴보면, 개념 간의 관계가 명확히 드러나며, 한 문장에 하나의 핵심 개념 연결만 포함된 단순 명제 형식으로 표현되어 있다. 예를 들어,

- "소리는 물체의 진동으로 발생한다."
- "파동은 에너지를 전달한다."

이러한 문장들은 복잡한 과학 개념을 간결하게 정리하고 있어, 학생이 학습 후 반드시 이해해야 할 내용을 명확히 보여준다. 교사는 이 일반화 문장을 바탕으로 수업의 흐름을 설계하거나, 학습 활동 후 개념 이해를 점검하는 평가 문항을 구성할 수 있다. 따라서 ChatGPT가 생성한 일반화 문장은 단원 목표를 구체화하고, 수업과 평가의 방향을 일관되게 잡아주는 기준으로 활용할 수 있다.

> **TIP**
>
> ChatGPT가 생성한 일반화 문장이 만족스럽지 않다면, 프롬프트를 약간 수정해 다시 요청할 수 있다. 예를 들어,
>
> - **문장이 너무 어렵게 생성되었다면**
>   → "초등학생도 이해할 수 있도록 쉬운 표현으로 바꿔 주세요."
> - **일반화 문장의 수가 부족하다면**
>   → "각 스트랜드별로 3개씩 더 제시해 주세요."
>
> 이처럼 요청 방식만 바꿔도 결과가 크게 달라질 수 있다.
> 또한 단원의 성취기준이나 학년 수준을 프롬프트에 함께 명시하면, ChatGPT가 난이도와 표현을 더 정확하게 조절할 수 있다.
> 예시: "2022 개정 과학과 교육과정 중학교 2학년 수준에 맞춰 주세요."

단, ChatGPT가 생성한 문장은 항상 교사의 검토와 수정이 필요하다. 개념 연결이 정확한지, 표현이 학습자의 수준에 맞는지, 교육과정과 일치하는지 살펴본다. 이러한 기준을 바탕으로 판단하고 보완해야, 실제 수업에 효과적으로 활용할 수 있다.

03 일반화 문장의 개수 조절 및 난이도 검토

일반화 문장은 단원에서 다루는 핵심 개념을 정리한 것이다. 그렇다면 한 단원에 몇 개의 일반화 문장이 적절할까? 일반적으로 1개 단원에는 5~10개 내외의 일반화 문장이 적당하다. 이 정도면 단원의 주요 개념을 고르게 다루기에 충분하다. 일반화가 너무 많으면 수업 초점이 흐려지고, 너무 적으면 단원의 핵심 내용을 포괄하지 못한다. 단원의 범위와 개념의 깊이에 따라 유연하게 조절해야 한다.

1) 학년 수준 고려

초등학교 저학년의 경우 한 단원에서 다루는 내용이 비교적 적고 추상화 수준이 낮기 때문에 일반화 문장 수도 3~5개 정도로 구성한다. 고등학교 수준의 심화 단원이라면 개념이 복잡하고 학습내용도 많아 10개 안팎으로 늘어날 수도 있다. 핵심은 학생이 이해할 수 있는 양을 넘어가지 않도록 조절하는 것이다.

2) 수업 시간 고려

단원에 할당된 수업 시수도 중요한 기준이 된다. 2~3차시 단원인데 일반화를 10개나 설정하면, 수업당 하나씩 다루기도 어렵다. 반대로 10차시 이상이라면 일반화를 2~3개만 제시하는 것은 너무 적을 수 있다. 따라서 단원 분량과 수업 시수에 맞춰 일반화 개수를 적절히 맞추는 것이 핵심이다.

3) 난이도 점검

생성된 일반화 문장이 적절한 수준인지 확인하는 것도 중요하다. 너무 쉬운 문장은 학습 효과가 낮고, 이미 알고 있는 사실이라면 일반화로 적합하지 않다. 예를 들어, "식물은 물이 있어야 산다."와 같은 일반화다. 반면 너무 어려운 문장은 학생이 이미 알고 있는 지식으로 전혀 이해가 불가능하다면 적절하지 않다. 예를 들어, 초등학교 저학년에게는 "모든 생물은 세포로 이루어져 있다."는 너무 어려운 문장일 수 있다. 따라서 학생의 인지 발달 수준, 개념의 복잡성, 표현의 난이도를 종합적으로 검토해 문장을 수정하거나 선별해야 한다.

ChatGPT를 활용하면 일반화 문장을 한 번에 여러 개 생성할 수 있다. 이때 교사의 판단이 중요하다. 처음에 8개 문장이 생성되었다고 하자. 빠진 개념이 있다면: "○○에 대한 일반화도 추가해 주세요."라고 추가 요청한다. 너무 많거나 겹치는 내용이 있다면, 중요도 낮은 것을 제외하고 6~8개로 압축한다. 혹은 애초에 "각 스트랜드별로 2개씩, 총 10개 일반화 문장을 생성해 주세요.", "이 단원의 핵심 개념을 포함한 일반화를 5개만 간결하게 제시해 주세요."와 같이 요청할 수도 있다.

이렇게 처음 생성하고, 수정·추가·선별하는 과정을 반복하면서 최종 일반화 목록을 완성하면 된다.

04 • 일반화 문장의 유형 분류와 활용 방법

일반화 문장을 모두 작성했다면, 그 다음 단계는 작성된 문장을 유형별로 분류하는 작업이다. 일반화는 크게 지식 중심 일반화와 과정·기능 중심 일반화로 나눌 수 있으며, 경우에 따라 가치·태도 중심 일반화도 포함될 수 있다.

이러한 분류는 단원의 이해를 다양한 관점에서 점검할 수 있게 하고, 수업과 평가를 설계할 때 어떤 영역을 강조해야 할지 균형을 맞추는 데 도움을 준다.

1) 지식의 일반화

지식 중심 일반화는 개념과 개념 간의 관계를 구조화한 문장이다. 주로 내용 지식의 보편적인 원리나 사실을 표현한다. 예를 들면 다음과 같다.

- 과학: "파동은 에너지를 전달한다."
- 사회: "모든 혁명은 불평등한 권력 구조에서 발생한다."

이러한 문장은 학생들이 무엇을 이해해야 하는가에 초점을 맞추며, 개념기반 단원의 핵심 개념을 명료하게 드러낸다.

2) 과정 및 기능의 일반화

과정·기능 중심 일반화는 어떤 활동이나 기능을 통해 무엇을 수행하거나 적용할 수 있는지를 나타낸다. 즉, 개념을 실천하거나 수행하는 방식에 초점을 둔다. 예를 들면 다음과 같다.

- 국어: "의사소통 과정에서는 듣는 이와 말하는 이의 상호작용이 중요하다."
- 과학: "과학 탐구는 가설 설정, 실험, 결론 도출의 과정을 따른다."

이러한 문장은 학생들이 어떻게 개념을 사용하거나 수행하는가에 중점을 두며, 활동 중심 수업이나 프로젝트 학습과 잘 연결된다.

교과에 따라 일반화의 수와 성격이 다를 수 있다. 예를 들어 수학, 과학, 사회 과목은 핵심 개념과 원리가 비교적 뚜렷하여 지식의 일반화를 중심으로 설계하기 좋다. 반면 국어, 영어, 예체능 과목 등은 기능 습득과 과정 중심 수업이 중요하므로 해당 분야에서는 과정·기능 중심의 일반화가 더 많이 필요할 수 있다. 하지만 대부분의 교과는 지식과 기능, 태도가 통합적으로 작용하므로 두 종류의 일반화를 골고루 검토하는 것이 바람직하다. 실제로 2022 개정 교육과정에서도 모든 교과에서 '지식·이해', '과정·기능', '가치·태도' 영역을 균형 있게 다룰 것을 강조하고 있다.

일반화 목록을 작성한 후, 각 문장이 어떤 유형에 속하는지 분류해보면 빠진 부분은 없는지, 편향되지는 않았는지 점검할 수 있다. 예컨대 작성된 8개의 일반화 중 지식 영역에만 치우쳐 있다면, 과정 측면의 일반화를 추가로 고려해볼 수 있다. 이 작업에도 ChatGPT의 도움을 받을 수 있다. 직접 만든 일반화 문장들을 나열한 뒤에, ChatGPT에게 "다음 일반화들을 지식 중심과 과정·기능 중심으로 분류해주세요."라고 요청하면 GPT가 각각을 분류해줄 것이다. 또는 "각 일반화가 어떤 교육과정 요소(지식·이해/과정·기능/가치·태도)에 해당하는지 알려주세요."와 같이 물어볼 수도 있다.

다음은 중학교 2학년 과학 단원 '소리와 파동'에서 생성한 일반화 문장을 지식 중심과 과정·기능 중심으로 분류한 예시이다.

① 지식의 일반화

- "소리는 물체의 진동으로 발생한다."
- "소리는 매질을 통해 전달된다."
- "진폭은 소리의 크기를 결정한다."
- "파동은 에너지를 전달한다."

위 예시 문장들은 개념 간의 관계나 과학적 원리를 설명한다. 학생이 반드시 이해해야 할 핵심 개념과 과학적 사실을 정리하는 데 초점이 있다.

② 과정·기능의 일반화

- "소리의 과학적 원리는 초음파와 소음 제어 기술에 활용된다."

- "소리의 원리를 실생활 문제 해결에 응용할 수 있다."

위 문장들은 개념을 실제 상황에 적용하거나 수행하는 방식에 초점을 둔다. 과학적 개념을 활용하는 능력, 문제 해결 능력과 관련된 일반화이다.

이처럼 일반화 문장을 유형별로 분류해두면, 수업과 평가를 보다 체계적으로 설계할 수 있다. 지식 중심 일반화는 개념 이해를 심화하는 설명, 자료 탐구, 토의 중심 수업에 활용할 수 있다. 과정·기능 중심 일반화는 실험, 프로젝트, 조사 활동, 기능 연습 등 수행 중심 수업으로 확장하기에 적합하다.

또한 평가를 설계할 때도 일반화의 유형에 따라 방향이 달라진다. 지식 중심 일반화는 개념 설명, 비교, 원리 적용 등 이해 중심 문항으로 평가할 수 있다. 과정 중심 일반화는 실험 보고서, 발표, 수행 과제 등 실천적 결과물 중심 평가가 적합하다.

결국, 일반화 문장은 단지 정리된 문장이 아니라, 단원 전체의 흐름을 설계하고 수업 실행의 방향을 잡아주는 핵심 도구가 된다. 교사는 일반화를 중심으로 수업의 목표, 활동, 평가까지 일관성 있게 연결할 수 있으며, 학생에게도 학습의 큰 그림을 제공할 수 있다.

05 교사가 고려해야 할 실천 팁

마지막으로, ChatGPT를 활용해 일반화를 도출하는 과정에서 교사가 유념해야 할 사항을 정리한다. AI 도구의 편리함을 활용하되, 교육 현장의 맥락에 맞게 잘 적용하기 위해서는 교사의 전문적 판단이 함께 필요하다.

1) 교육과정 성취기준 반영

ChatGPT에 입력하는 단원 정보에 국가 교육과정의 성취기준이나 학교 교육목표를 포함하면, 생성되는 일반화가 공식 교육과정과 어긋나지 않고 필요한 개념을 반영하는 데 도움이 된다.(예를 들어, 위 과학 예시에서는 '파동의 발생과 전달 과정을 다루는 성취기준([9과10-04])'을 토대로 스트랜드를 구성했다.)

2) 맥락 정보 제공

가능하면 학년, 교과, 단원명을 프롬프트에 명시하고, 단원의 배경이나 학생들의 사전 지식 수준도 설명해 주면 좋다. 예를 들어 "중학교 2학년 과학 단원에서...", "학생들은 이전 단원에서 OO를 배웠음" 등의 정보를 주면 ChatGPT가 더욱 맥락에 맞는 일반화를 생성한다.

3) 출력 검토 및 수정

ChatGPT가 제시한 일반화 문장은 초안으로 생각하고, 교사가 검토하여 수정보완하는 것이 중요하다. 생성된 문장 중 어색한 표현이 있거나, 교육적으로 부적절한 내용(너무 피상적이거나 학년에 맞지 않는 내용)이 있으면 수정한다. 예컨대 GPT가 제시한 문장이 현실과 살짝 다르다면 교사가 정확한 표현으로 다듬어야 한다. ChatGPT는 훈련된 방대한 데이터로부터 그럴듯한 문장을 만들지만, 교과의 정확한 지식이나 학습자에 대한 이해는 교사가 더 잘 알고 있다.

4) 학생 수준에 맞는 표현으로 조정

일반화는 결국 학생들에게 직접 전달되거나 학생들이 이해해야 할 문장이다. 따라서 학생 눈높이의 언어인지 확인해야 한다. 전문 용어가 필요한 고등 수업이 아닌 한, 너무 어려운 어휘나 구조는 풀어서 쓰는 것이 좋다. 필요하다면 ChatGPT에게 "이 중학생이 이해할 수 있도록 쉽게 바꿔주세요."라고 요청해서 어휘 수준을 낮추는 것도 한 방법이다.

5) 다양한 교과 사례 탐색

ChatGPT를 활용한 일반화 생성은 모든 교과와 학교급에서 적용 가능하다. 예를 들어, 초등학교 국어 단원에서 개념적 렌즈를 '의사소통'으로 정하고 주요 학습 내용을 나열한 뒤 요청하면 "의사소통은 말하는 사람과 듣는 사람이 함께 만들어가는 것이다", "상황에 따라 다른 표현을 사용해야 효과적으로 전달된다"와 같은 일반화를 얻을 수 있을 것이다. 사회 교과의 고등 세계사 단원이라면 '혁명'을 렌즈로 삼아 "혁명은 사회의 불평등에 대한 대응으로 일어난다", "혁명 이후에는 새로운 사회 질서를 구축하려는 움직임이 나타난다" 등의 일반화를 도출할 수 있다. 수학의 기하 단원에서는 "모든 사각형은 내각의 합이 360도다", "도형의 성질은 회전이나 대칭과 같은 변환을 통해서도 유지된다" 등의 규칙성에 대한 일반화가 나올 수 있다. 이처럼 교과별 예시를 미리 몇 가지 생각해보고 ChatGPT에 시도하면 더욱 풍부한 결과를 얻을 수 있다.

6) 윤리적 고려 및 보안

학생들과 관련된 민감한 정보를 프롬프트에 넣지 않도록 유의한다. 예를 들어 특정 학생의 이름이나 성적 같은 개인정보를 언급할 필요는 없다. 단원 내용과 개념 위주로 작성하되, 학교 맥락은 일반적인 수준에서 설명하면 충분하다. 또한 ChatGPT의 답변은 어디까지나 모델의 생성 결과이므로, 최종 결정은 교사가 책임지고 해야 함을 기억한다.

위와 같은 실전 팁들을 명심하여 ChatGPT를 활용한다면, 일반화 작성 단계에서 창의적이고도 교육과정에 충실한 개념 문장들을 손쉽게 얻을 수 있다. 이를 통해 교사는 단원 설계의 나머지 부분(안내 질문 개발, 중요 내용 선정 등)도 보다 일관성 있고 깊이 있게 진행할 수 있을 것이다. ChatGPT가 제공하는 아이디어와 문장을 교사의 전문성으로 선별하고 다듬어 활용한다면, 초등부터 고등까지 다양한 교실에서 개념기반 수업 설계를 실천하는 데 큰 도움이 될 것이다.

단원정리

일반화 작성하기(5단계) 절차 요약

순서	단계	주요 내용 및 활동
1	**일반화의 개념 및 중요성 이해**	'일반화'(Generalization)의 의미와 교육적 역할을 이해한다.
2	**핵심 개념 및 단원 구조 재점검**	앞서 도출한 **핵심 개념, 스트랜드, 단원 그물망** 등을 다시 검토한다.
3	**ChatGPT 등 활용 초안 작성**	각 스트랜드별로 **핵심 개념 사이의 관계**를 설명하는 원리적 진술(일반화 문장)을 초안으로 작성한다.
4	**일반화 문장 난이도 및 수 조정**	일반화가 적절한 수준(학생 눈높이, 학년별 적합성)인지, 문장 수가 과하지 않은지 점검한다.
5	**유형 분류 및 최종 선정**	작성된 일반화 문장을 유형별(원리형, 원인-결과형, 관계형 등)로 분류하고, 최종 일반화를 선정한다.
6	**현장 활용 및 실천 팁 적용**	실제 수업에서 학생 질문, 활동, 평가 등에 일반화가 효과적으로 반영될 수 있도록 실천 방안을 고민한다.

◎ 설명 및 특징

- 일반화(Generalization)란, 단원에서 다루는 여러 개념(혹은 사실) 사이의 관계나 원리를 한 문장으로 명료하게 진술한 것이다.

  예 "혁명은 기존 질서에 대한 저항이 극대화될 때 발생한다."

- 일반화 문장은 학생이 단원 전체를 꿰뚫는 통찰을 얻을 수 있게 해주는 학습의 '큰 그림' 역할을 하며, 탐구 질문, 수업 활동, 평가 설계의 기준이 된다.
- ChatGPT 등의 AI 도구를 활용할 경우, "이 단원의 개념을 연결짓는 일반화 문장을 2~3개 제시해줘"와 같이 프롬프트를 활용할 수 있다.
- 일반화는 학생의 수준(초등/중등/고등), 단원 목표, 수업 흐름에 맞게 적정한 수와 난이도로 조정해야 하며, 너무 추상적이거나 많지 않도록 주의한다.

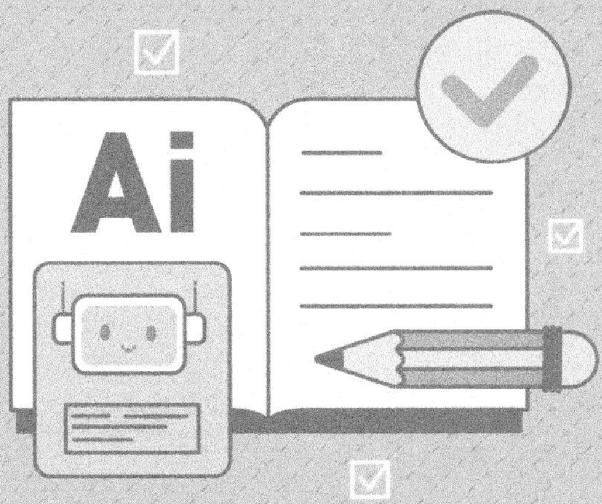
Ai

오디오 가이드(제9장)

9장

6단계 : 안내 질문 만들기

열정교사 수석선생님, 일반화 문장까지 만들었는데요. 다음 단계는 뭐가 있을까요?

수석교사 이제 6단계인 '안내 질문 만들기'예요. 학생들의 사고를 이끌어주고 개념 이해를 돕는 질문들을 설계하는 단계죠.

열정교사 안내 질문이 수업에서 어떤 역할을 하는 건가요?

수석교사 길에서 이정표 같은 역할이라고 보면 돼요. 학생들이 개념을 스스로 탐색하고 다양한 관점에서 생각해볼 수 있게 이끌어주는 거죠. 단순한 지식 확인이 아니라 생각을 확장시키는 질문이에요.

열정교사 좋은 안내 질문의 특성은 어떤 게 있나요?

수석교사 크게 네 가지예요. '개방형'이어야 하고, '핵심 개념에 초점'을 맞추며, '탐구와 토론을 촉진'하고, '다양한 관점을 수용'할 수 있어야 해요.

열정교사 안내 질문의 유형도 있나요?

수석교사 세 가지로 나눌 수 있어요. '사실적 질문'은 정답이 있고 기초 지식을 확인하는 거고, '개념적 질문'은 개념 간 관계를 탐구하게 하고, '토론적 질문'은 정답이 없이 다양한 의견을 나누는 거예요.

열정교사 수업에서는 이 질문들을 어떻게 활용하면 좋을까요?

수석교사 수업 흐름에 따라 조합하면 좋아요. 도입에서는 '사실적 질문', 탐구 단계에서는 '개념적 질문', 마무리에서는 '토론적 질문'을 활용하면 학습이 자연스럽게 심화돼요.

열정교사 이 질문들이 일반화 문장과는 어떤 관계가 있나요?

수석교사 일반화 문장이 목표라면, 안내 질문은 그 목표로 가는 길을 안내하는 이정표예요. 그래서 일반화 문장을 중심으로 질문들을 구성하게 되죠.

열정교사 적당한 질문 수는 어느 정도인가요?

수석교사 일반화 문장 하나당 사실적 질문 35개, 개념적 질문도 35개 정도면 좋아요. 토론적 질문은 단원 전체에 1~2개 정도가 적당해요.

열정교사 예시를 들어주시면 더 이해가 잘 될 것 같아요.

수석교사 예를 들어, "생활 모습은 자연환경과 밀접한 관계가 있다"라는 일반화 문장이 있다면,
사실적 질문은 "사막과 북극 지역 사람들의 집은 어떻게 다른가요?"
개념적 질문은 "자연환경이 생활 방식에 영향을 주는 이유는 뭘까요?"
토론적 질문은 "기후 변화가 우리 생활 방식을 어떻게 바꿀까요?"
같은 식이죠.

열정교사 ChatGPT로도 이런 질문을 만들 수 있을까요?

수석교사	물론이에요! 단원의 핵심 요소를 정리하고 구조화된 프롬프트로 요청하면 다양한 질문들을 생성해줘요.
열정교사	ChatGPT가 만든 질문은 그대로 사용해도 될까요?
수석교사	아니요, 초안일 뿐이에요. 질문 유형, 난이도, 학생 수준, 일반화와의 연결성 등을 검토하고 수정해야 해요. 학생들의 예상 답변도 ChatGPT에 물어보면 질문의 적절성을 더 잘 판단할 수 있어요.
열정교사	수업 각 단계에서 어떻게 활용하면 좋을까요?
수석교사	도입부에선 토론적 질문으로 흥미를 끌고, 탐구 단계에선 사실적·개념적 질문으로 사고를 이끌고, 정리 때는 개념적 질문으로 통합하면 좋아요. 평가에도 활용할 수 있고요.
열정교사	안내 질문이 정말 중요한 도구네요!
수석교사	맞아요. 교사가 어떤 질문을 하느냐에 따라 수업의 깊이와 방향이 달라지거든요. 좋은 질문 하나가 수업 전체를 살릴 수 있어요.
열정교사	정말 유익했어요. 다음 단계는 뭔가요?
수석교사	7단계 '중요한 내용 파악하기'예요. 질문들이 사고를 이끈다면, 다음 단계는 수업의 핵심 개념과 사실을 명확히 정리하는 거죠.
열정교사	감사합니다! 이제 안내 질문의 중요성을 알았으니 제 수업에도 잘 활용해볼게요.
수석교사	좋은 질문은 학생들의 생각을 움직이는 힘이 있어요. 질문 설계의 힘을 수업에 잘 녹여보세요. 어려운 점 있으면 언제든 물어봐요!

01 안내 질문 만들기: 개념기반 단원 설계의 이론과 실천

개념기반 단원 설계 중 안내 질문 만들기 단계는 수업에서 학생들의 깊은 이해를 이끌어내는 핵심 과정이다. 이 챕터에서는 안내 질문의 개념과 교육적 의의를 살펴보고, 사실적·개념적·토론적 질문의 유형별 정의와 이론적 배경을 설명한다. 또한 ChatGPT를 활용하여 안내 질문을 생성하는 절차와 효과적인 프롬프트 작성 전략을 제시하고, 만들어진 질문의 품질을 향상시키기 위한 수정 및 예상 답변 검토 방법을 다룬다. 끝으로, 수업의 도입-전개-정리 및 수행평가에 이르는 교육 현장 전반에서 안내 질문을 활용하는 구체적인 방안을 다양한 교과 사례와 함께 제시한다.

02 안내 질문의 개념과 교육적 의의

안내 질문이란 학생들의 사고를 깊게 하고 개념을 정확히 이해하도록 이끄는 수업 설계상의 질문을 말한다. 말 그대로 학습자의 사고 여정을 안내하는 질문으로, 학생들이 스스로 답을 찾아가는 탐구의 길잡이 역할을 한다.

교사의 질문이 수업에서 중요하다는 것은 오래전부터 강조되어 왔지만, 개념기반 수업에서는 단순 지식 확인을 넘어 학생이 개념을 성찰하고 적용하도록 돕는 질문이 특히 중요하다. 단순한 사실 확인형 질문은 암기 여부만 확인하는 데 그치지만, 개념을 탐구하게 하는 질문은 학생 생각의 폭을 넓히고 개념을 맥락 속에서 적용하도록 유도한다. 궁극적으로 안내 질문은 학생이 깊이 이해한 개념을 새로운 상황에까지 확장·적용할 수 있도록 돕는 것을 목표로 한다.

잘 설계된 안내 질문은 다음과 같은 특성을 가진다:

- 개방형 질문으로서 학생들의 깊이 있는 사고를 유도한다.
- 단원의 핵심 개념과 일반화(big idea)에 초점을 맞춘다.
- 학생의 탐구 활동과 토론을 활성화한다.
- 다양한 시각과 해석을 받아들일 수 있도록 한다.

이처럼 안내 질문은 단순 지식 확인을 넘어, 학생들의 사고 방향을 조직하고 확장하는 역할을 한다. 개념기반 수업에서 안내 질문은 수업 설계의 전략적 도구로서, 어떤 질문을 어떻게 제시하느냐에 따라 학생들의 개념 이해와 사고력 발달의 깊이가 크게 달라질 수 있다.

03 • 안내 질문의 유형과 이론적 배경

안내 질문은 학습 목적과 인지 수준에 따라 크게 세 가지 유형으로 나눌 수 있다. 이러한 분류는 개념기반 교육과정 설계에서 널리 활용되며, IB(국제 바칼로레아) 등의 개념중심 교육과정에서도 공식적으로 채택하고 있는 방식이다.

각 질문 유형의 정의와 특징은 다음과 같다.

1) 사실적 질문(Fact-based Question)

기본 지식이나 사실을 확인하기 위한 질문이다. 교과서나 자료에 명확히 제시된 정보를 묻고, 답이 하나로 정해져 있는 것이 특징이다. 주로 "누가", "무엇을", "언제", "어디서"와 같이 사실을 묻는 형태로 시작되며, 학생들의 배경지식 여부나 기초 개념 이해를 점검하는 데 사용된다. 예를 들어, "우리나라의 수도는 어디인가요?"라는 질문은 한 가지 정답(서울)을 갖는 전형적인 사실적 질문이다.

2) 개념적 질문(Conceptual Question)

학생들이 특정 개념을 깊이 이해하고 연결짓도록 유도하는 질문이다. 단순 암기보다 한 단계 높은 분석, 종합, 평가 등의 고차 사고력을 필요로 하며, 답변은 하나로 정해지지 않고 여러 가지가 나올 수 있다. 주로 "어떻게", "왜"와 같은 형태로 시작하며 원인이나 원리, 의미를 탐색하게 한다. 예를 들어, "생태계에서 생물 다양성이 왜 중요할까요?"라는 질문은 생태계라는 맥락에서 '생물 다양성' 개념의 중요성을 설명하도록 하여 다양한 이유와 사례를 생각해 보게 하는 개념적 질문이다.

3) 토론적 질문(Debatable Question)

하나의 정답이 정해져 있지 않고 논쟁의 여지가 있는 주제를 다루는 질문이다. 학생들에게 비판적 사고를 자극하고 다양한 관점을 탐색하도록 하며, 자기 입장을 정하고 근거를 들어 논리적으로 표현하게 하는 것이 목표다. 사회적 쟁점이나 도덕적 문제처럼 찬반이 갈릴 수 있는 주제가 많다. 예를 들어, "인공지능의 발전은 우리 사회에 도움이 될까요, 위험할까요?"라는 질문은 정해진 답이 없으며 학생마다 도움이 된다 혹은 위험하다 등 입장을 선택하고 토론하게 만드는 질문이다.

이 세 가지 질문 유형은 상호 보완적이며 수업의 단계와 목적에 따라 적절히 조합하여 활용하는 것이 효과적이다. 예를 들어, 새로운 단원을 시작할 때는 사실적 질문으로 기초 배경 지식을 확인하고, 학습이 진행되는 동안에는 개념적 질문으로 심층 이해를 유도하며, 중요한 개념을 다 배운 뒤나 정리 단계에서는 토론적 질문을 통해 비판적 사고를 확장시키고 다양한 관점을 형성하게 할 수 있다.(뒤에서 다룰 '수업에서의 활용'절에서 자세히 다룬다.) 이러한 질문 설계 방식은 학생들의 인지 수준을 고려하면서도 탐구심과 사고력을 지속적으로 자극하여, 개념기반 수업의 학습 목표인 "이해의 심화와 전이(transfer)"를 효과적으로 달성할 수 있도록 한다.

04 • 안내 질문과 일반화 문장의 연계

안내 질문은 단원의 일반화 문장(generalization)을 토대로 개발된다. 일반화 문장이란 두 개 이상의 중요한 개념을 연결하여 하나의 명제로 표현한 문장으로, 해당 단원에서 학생들이 얻어야 할 핵심 이해(큰 개념)를 나타낸 것이다. 예를 들어 "모든 혁명은 불평등한 권력 구조에서 비롯된다"는 문장은 역사 단원의 일반화에 해당하며, 혁명과 권력 구조라는 개념을 연결해 그 단원의 큰 아이디어를 보여준다.

안내 질문은 일반화 문장을 학생들이 탐구를 통해 스스로 발견하고 이해하도록 돕는 역할을 한다. 다시 말해, 교사가 미리 제시한 일반화(추상적인 개념 명제)를 학생들이 직접 사고하고 답하는 일련의 질문으로 구체화시키는 것이다. 학생들은 안내 질문에 답해가는 과정에서 분절된 지식들을 연결하고, 궁극적으로 해당 일반화(큰 개념 진술)에 도달하게 된다. 그러므로 일반화와 안내 질문은 밀접하게 연결되어 있으며, 하나의 일반화를 뒷받침하기 위해 여러 개의 사실적·개념적 질문과 일부 토론적 질문이 만들어진다.

일반적으로 일반화 문장 하나당 3-5개의 사실적 질문과 3-5개의 개념적 질문을 설계하고, 토론적 질문은 단원 전체에 1-2개 정도만 포함시키는 것이 권장된다. 개념기반 교육과정의 선구자인 린 에릭슨(H. Lynn Erickson) 역시 일반화 문장 하나에 3-5개의 사실적 질문과 3-5개의 개념적 질문, 2-3개의 토론 질문을 만들 것을 제안했다.

질문의 수와 유형을 이런 식으로 배치하면, 한편으로는 학생들이 필요한 사실 지식을 갖추게 하고 다른 한편으로는 심층적인 개념 이해를 이루며, 나아가 비판적 관점까지 형성할 수 있는 균형 잡힌 탐구 활동이 가능해진다.

예시를 들어 설명해 보겠다. 일반화 문장이 "사람들의 생활 모습은 그 지역의 자연환경과 밀접한 관계가 있다."인 초등 사회과 단원의 경우, 이를 탐구하기 위한 안내 질문을 다음과 같이 구성할 수 있다.

- 사실적 질문(정답이 정해진 사실 확인 질문): "사막에 사는 사람들의 집은 북극에 사는 사람들의 집과 어떻게 다를까요?"
- 개념적 질문(원인과 개념을 탐구하는 질문): "왜 지역의 자연환경이 다르면 사람들의 생활 방식도 달라질까요?"
- 토론적 질문(정해진 답이 없고 다양한 의견이 나올 수 있는 질문): "만약 기후 변화로 환경이 크게 바뀐다면, 사람들은 생활 방식을 어떻게 바꾸어야 할까요?"

위 예시에서 보듯, 하나의 일반화를 중심으로 사실적 질문으로 사례와 정보를 확인하고, 개념적 질문으로 이유나 메커니즘을 사고하게 하며, 토론적 질문으로 미래 상황이나 가치 판단에 대해 생각해보도록 질문을 조직할 수 있다. 이처럼 안내 질문과 일반화 문장의 긴밀한 연계를 통해, 수업의 큰 방향성(개념적 목표)과 구체적인 발문(질문 활동)이 일치하게 되어 일관성 있는 수업 전개가 이루어진다. 교사는 일반화 문장을 항상 염두에 두고, 학생들이 각 질문에 답하면서 자연스럽게 그 일반화된 이해에 도달하도록 질문들을 계열화해야 한다.

05 • ChatGPT를 활용한 안내 질문 생성 절차

안내 질문은 교사의 교육 철학과 전문성이 반영되는 요소다. 하지만 최근에는 ChatGPT와 같은 생성형 인공지능 도구를 활용해, 안내 질문을 더 빠르고 체계적으로 만들 수 있다.

아래는 교사가 ChatGPT를 활용해 안내 질문을 효과적으로 생성하는 절차를 단계별로 정리한 것이다.

1) 단원 개요 및 핵심 요소 정리

먼저 단원의 성취기준, 개념 목표, 일반화 문장을 정리한다. 함께 고려해야 할 핵심은 개념적 렌즈(conceptual lens)다. 개념적 렌즈란, 단원의 개념을 어떤 관점에서 연결하고 바라볼 것인지를 제시하는 중심 키워드다. 예를 들어, 과학 단원에서 렌즈가 '전달'이라면, 소리·빛·에너지를 모두 '전달'이라는 공통 관점에서 바라보게 된다.

이 정보들은 ChatGPT가 수업의 흐름을 이해하고, 질문의 방향을 정확하게 잡도록 하는 기초 자료가 된다.

2) 프롬프트 구성 및 질문 생성 요청

ChatGPT에게 안내 질문 생성을 요청할 때는, 구조화된 프롬프트를 활용하는 것이 좋다. 아래와 같은 요소들을 순서대로 포함하면 효율적이다.

① 단원명/과목/학년 등 맥락 제공

"고등 국어 문학 단원에서…", "중학교 과학 '빛과 파동' 단원에서…" 등 해당 단원의 맥락을 알려주면 좋다.

② 개념적 렌즈 언급

"이 단원의 개념적 렌즈는 '전달'입니다."와 같이, 앞서 정리한 렌즈를 명시한다. (ChatGPT가 질문을 생성할 때 사고의 초점을 잡아주는 역할을 한다).

③ **일반화 문장 나열**

단원의 일반화들을 나열한다.

예 "일반화: 1) 소리는 물체의 진동으로 발생한다. 2) 소리는 매질을 통해 전달된다. …"

④ **요구사항 명시**

어떤 종류의 질문을 몇 개씩 생성할지 지시한다. 예를 들어 "각 일반화로부터 2~3개의 안내 질문을 만들어 주세요. 사실적 질문과 개념적 질문을 골고루 포함하고, 가능하면 토론적 질문도 1개 정도 넣어주세요."와 같이 작성한다. 질문의 수나 유형 비율은 교사가 원하는 대로 조절할 수 있지만, 앞서 언급한 가이드라인(사실적/개념적 질문 몇 개, 토론적 질문 몇 개)을 참고하면 된다.

⑤ **출력 형식 지시**

ChatGPT의 응답 형식을 지정하면 보기 좋게 정리된 결과를 얻을 수 있다. 예를 들어 "질문 끝에 (사), (개), (토)를 붙여 질문 유형을 표시하고, 표 형식으로 제공해 주세요."처럼 요청할 수 있다. 이렇게 하면 ChatGPT가 각 질문의 유형을 표시해 주어서 교사가 결과를 검토하기 쉽다.

위의 구조화된 프롬프트의 예시를 종합하면 다음과 같다.

▾ **예시 :**
고등 국어 문학 단원의 일반화와 개념적 렌즈를 바탕으로 안내 질문을 생성해주세요.
일반화: "문학 작품은 시대의 가치관과 갈등을 반영한다."
이 일반화를 탐구하기 위한 사실적 질문, 개념적 질문, 토론적 질문을 각각 1개씩 만들어 주세요. 각 질문의 끝에는 (사), (개), (토)로 질문 유형을 표시해주세요.

06 • ChatGPT 응답 확인 및 수정

ChatGPT가 생성한 질문들을 확인한다. 대체로 요구에 맞게 여러 유형의 질문을 제시해 줄 것이다. 예를 들어 위의 프롬프트에 대한 ChatGPT의 응답은 다음과 같

을 수 있다:

- 이 문학 작품은 어떤 시대를 배경으로 하고 있나요?(사실적 질문)
- 이 작품의 주요 갈등은 그 시대 사회의 어떤 문제를 보여주나요?(개념적 질문)
- 문학 작품이 사회의 변화를 이끌 수 있다고 생각하나요? 왜 그렇게 생각하나요?(토론적 질문)

ChatGPT는 입력된 일반화 문장을 기반으로 이처럼 관련된 사실 확인 질문, 개념적 이해 질문, 토론 질문을 생성해 준다. 교사는 ChatGPT가 제시한 결과를 토대로 질문들을 다듬고 조정하는 과정을 거치게 된다. 이 단계에서 다음 사항을 점검해야 한다.

1) 질문 유형의 적절성

각 질문이 의도한 유형(사실적/개념적/토론적)에 맞게 작성되었는지 확인한다. 간혹 개념적으로 의도했으나 사실 확인 수준에 그치는 경우가 있다.

2) 학생 수준 적합성

질문의 언어와 난이도가 해당 학년 학생들에게 적절한지 점검한다. 너무 어려운 용어나 복잡한 문장은 더 쉽게 바꾼다.

3) 일반화와의 연계성

모든 질문이 일반화 문장으로 학생들을 이끌어 가는 데 기여하는지 살핀다. 핵심 개념과 무관한 질문은 제외하거나 수정한다.

4) 학습 활동 연계 가능성

각 질문이 구체적인 학습 활동으로 발전할 수 있는지 검토한다. 실제 수업에서 어떤 활동으로 이어질지 구상해 본다.

5) 질문 간 계열성

질문들이 서로 연결되어 사고의 깊이를 점차 심화시키는 흐름을 가지는지 확인한다. 필요하다면 순서를 조정한다.

이러한 점검 과정을 거쳐 ChatGPT가 생성한 질문을 교사의 전문성과 수업 맥락에 맞게 최적화할 수 있다. 원하는 결과를 얻지 못했다면, 프롬프트를 수정하여 다시 질문을 생성하거나 기존 질문을 개선해 달라고 요청할 수도 있다.

07 • 프롬프트 설계 전략과 예시

ChatGPT에서 원하는 결과를 얻기 위해서는 프롬프트를 잘 설계하는 것이 중요하다. 앞서 절차에서 언급한 내용을 토대로, 효과적인 프롬프트 작성 전략을 정리하면 다음과 같다.

1) 맥락과 목표 명시

프롬프트에 단원명, 학년, 과목, 개념적 렌즈 등을 언급하여 ChatGPT가 현재 다루는 교육 맥락을 이해하도록 한다. 예를 들어 "중학교 과학 '빛과 파동' 단원에서…", "개념적 렌즈는 '에너지 전환'이다"처럼 배경을 설명하면 보다 맥락에 맞는 질문이 생성된다.

2) 필요한 출력 구체적으로 지정

단순히 "안내 질문을 만들어줘"보다는, 몇 개의 어떤 유형 질문이 필요한지 구체적으로 쓰는 것이 좋다. "각 일반화당 사실적 질문 2개와 개념적 질문 2개씩 만들어줘", "토론적 질문은 전체에서 2개만 포함해줘"처럼 요청하면 결과물이 요구에 부합한다. 또한 "질문 끝에 (사), (개), (토)를 붙여줘" 또는 "표 형식으로 제시해줘" 등 형식에 대한 요구도 명시하면 답변을 한눈에 보기 좋게 얻을 수 있다.

3) 예시 제공(필요시)

원하는 질문의 어투나 깊이 수준을 ChatGPT가 제대로 파악하지 못하는 경우, 직접 한두 개의 예시 질문을 프롬프트에 제시할 수 있다. "예를 들어, '무엇 무엇…?'(사) 같은 질문을 포함해줘"처럼 예시를 넣으면 ChatGPT가 그 스타일을 참고하여 일관성 있는 결과를 만들어낸다.

4) 추가 지시를 통한 개선

첫 번째 생성 결과가 마음에 들지 않을 때는 프롬프트를 약간 수정해 후속 요청을 할 수 있다. "질문들을 더 간결하게 다듬어줘", "학생들의 흥미를 끌 수 있도록 질문을 다시 만들어줘" 등 세부 조건을 추가하면, ChatGPT가 결과를 개선해준다. 프롬프트를 단계적으로 발전시키며 원하는 수준에 도달할 때까지 몇 번이고 시도해볼 수 있다는 유연성을 활용한다.

이러한 프롬프트 설계 전략을 따르면, ChatGPT를 활용한 안내 질문 생성이 한층 정확하고 만족스러운 결과를 가져온다. 중요한 것은 교사가 원하는 바를 인공지능에게 명확히 전달하는 일이다. 프롬프트는 곧 교사의 의도를 표현한 글이므로, 그만큼 구체적이고 논리적으로 작성해야 한다. 잘 작성된 프롬프트는 수업 맥락에 꼭 맞는 우수한 안내 질문 세트를 제공해줄 것이다.

08 • 질문의 질을 높이기 위한 수정 및 예상 답변 확인

안내 질문 초안을 마련한 후에는, 질문의 질을 한 단계 높이는 작업이 필요하다. 여기에는 질문 자체를 다듬는 것뿐 아니라, 예상되는 학생들의 답변을 미리 확인해 보는 과정이 포함된다. 학생들이 어떻게 답할지를 가늠해 보면 질문이 적절한지, 혹은 더 개선할 점이 무엇인지 명확히 드러나기 때문이다.

특히 ChatGPT를 이용하면, 생성된 질문에 대해 가상으로 학생들이 어떻게 답할지 예측해 볼 수 있다. 이는 일종의 시뮬레이션으로서, 질문 자체를 점검하고 개선하는 데 매우 유용하다.

다음은 이 방법을 활용하는 단계와 그 교육적 효과다.

1) 사실적·개념적 질문의 예상 답변 검토

ChatGPT에게 각 사실적 또는 개념적 질문에 대해 "학생들이 이 질문에 어떻게 답할까요?"라고 물어보면, 해당 질문에 대한 모범 답안 또는 흔히 나올만한 학생 응답을 생성해준다. 이때 "초등학교 5학년 수준에서", "중학생이라면" 등 학년 수준을 지정하면 그 연령대에 맞는 표현과 수준으로 답변이 나오므로 현실성을 높일 수 있다. 이러한 예상 답변을 통해 다음과 같은 점검이 가능하다.

① 질문 수준에 대한 점검

학생 답변이 지나치게 단순하거나 피상적이면, 질문이 너무 얕은 것은 아닌지 돌아볼 수 있다. 이 경우 질문을 더 "왜 그렇게 생각하니?" 식으로 후속 질문을 붙이거나, 질문 자체를 더 구체적인 맥락으로 바꾸어 사고를 깊게 유도하도록 수정한다.

② 질문 표현의 명확성과 적절성 검토

예상 답변을 보고 학생들이 혼동하거나 오개념을 가질 소지가 발견될 수 있다. 예를 들어 질문 표현이 모호해서 엉뚱한 해석을 부를 여지가 있거나, 학생들의 배경지식으로는 어려운 용어가 포함된 경우이다. 이때는 해당 질문의 문구를 더 평이하게 고치거나, 구체적인 어휘로 바꾸어 오해의 여지를 줄인다.

③ 질문의 난이도 조절

ChatGPT가 생성한 답변이 너무 수준이 높거나 추상적이라면, 현실의 학생들에게는 난이도가 높은 질문일 수 있다. 이 경우 질문을 단계적으로 쉽게 만들어 주거나, 문장을 나누어 두 개의 질문으로 재구성하는 등 난이도 조절을 한다.

④ 예상 답변을 통한 수업 준비

예상 답변은 교사에게 학생 응답에 대한 피드백 방향도 미리 생각해볼 기회를 준다. 어떤 답이 나오면 어떻게 긍정적인 피드백을 주고, 어떤 부분에서 추가 설명이나 보충질문을 할지 사전에 준비할 수 있다. 이는 교사가 실제 수업에서 예상치 못한 학생 반응에도 유연하게 대처할 수 있게 한다.

2) 토론적 질문의 예상 의견 검토

토론 문제에 대해서는 ChatGPT에게 "학생들이 가질 수 있는 다양한 입장을 제시해주세요."라고 요청할 수 있다. 예를 들어 "질문: '인공지능은 인간을 도와주는 기술일까요, 위협이 되는 기술일까요?'"에 대해 ChatGPT가 예상 입장을 나열하게 하면, 학생들이 실제로 어떤 찬반 의견을 내놓을지 미리 파악할 수 있다.

이를 통해 교사는 토론 수업을 준비할 때 쟁점이 될 부분을 짚어내고, 각각의 입장에 대한 배경 지식이나 사례도 미리 찾아볼 수 있다. 또한 한쪽 의견만 우세하게 나오지 않도록 균형을 맞추는 방안도 생각해 둘 수 있다.

이러한 예상 답변 생성 및 검토 과정은 질문을 사전에 리허설해 보는 셈이며, 궁극적으로 질문의 품질을 높이는 데 핵심적인 역할을 한다. ChatGPT를 통한 예상 답변 확인은 교사로 하여금 "내가 만든 이 질문으로는 원하는 깊이의 사고를 이끌어내기 어렵겠구나" 혹은 "이 질문은 학생들이 오해할 수도 있겠군"과 같은 통찰을 얻도록 도와주고, 질문을 개선할 구체적인 실마리를 제공한다.

이 과정을 거쳐 질문들을 최종 정돈하면, 비로소 학생들의 사고력과 탐구심을 최대한 북돋울 수 있는 양질의 안내 질문 세트가 완성된다. 또한 교사는 어떤 답이 나와도 그에 대한 피드백을 미리 준비하게 되어 수업 진행 능력이 한층 강화된다.

09 • 수업과 평가에서 안내 질문의 활용

잘 설계된 안내 질문은 수업의 모든 단계에서 다양하게 활용될 수 있으며, 나아가 평가까지도 안내한다. 이제 완성된 안내 질문들을 실제 수업에서 어떻게 적용하고, 학습 평가와 어떻게 연계할 수 있는지 알아보자.

1) 수업 도입(Opening)

새로운 단원을 시작하거나 수업을 여는 단계에서 안내 질문을 활용하면 학습 동기 유발과 사전 지식 활성화에 큰 효과가 있다. 특히 토론적 질문은 단원 도입용으로 매우 유용한데, 논쟁이 되는 쟁점을 제시함으로써 학생들의 흥미를 최고조로 끌어올리고, 해당 주제에 대해 각자의 생각을 가지도록 자극한다.

예를 들어 과학 수업에서 "환경을 보호하기 위해 불편을 감수할 준비가 되어 있나요?"와 같은 토론 질문으로 시작하면, 학생들이 적극적으로 자신의 입장을 표현하면서 해당 주제(환경 문제)에 관심을 갖게 된다. 동시에 교사는 학생들이 이미 알고 있는 지식이나 가지고 있는 생각이 무엇인지 파악할 수 있어 진단평가의 역할도 겸한다.

경우에 따라, 단원 전체를 아우르는 큰 질문(본질적 질문) 하나를 도입부에 제시하고 수업 내내 반복적으로 상기시키는 전략도 효과적이다. 예를 들어 역사 수업에서 "역사는 왜 반복될까요?" 같은 질문을 던져 놓고, 매 차시의 학습 후 이 질문에 대한 이해가 어떻게 달라졌는지 이야기해보는 식이다. 이때의 질문이 바로 단원의 일반화를 함축하는 개념적/토론적 질문이라면, 수업 전 과정에 일관성을 부여하는 나침반 역할을 할 것이다.

2) 탐구 활동(Investigation)

수업 중반, 본격적인 탐구와 학습 활동 단계에서는 안내 질문들이 학습자들의 사고를 조직하는 가이드라인이 된다. 예컨대 사실적 질문들은 학생들이 교과서나 자료를 통해 스스로 지식을 발견하도록 하는 데 활용할 수 있다. 교사가 일방적으로 지식을 전달하기보다는, 학생들이 짝이나 모둠으로 협력하여 사실적 질문의 답을 찾아보게 하면 학습자의 참여도와 흥미가 높아진다. 자료 조사, 실험, 관찰 등의 활동에 사실적 질문을 제시해 두면 학생들은 그 문제를 해결하는 과정에서 자연스럽게 학습 목표에 도달하게 된다.

한편 개념적 질문들은 탐구 과정 전반에서 토의 또는 사고과정의 초점으로 활용된다. 예를 들어 과학 수업에서 "왜 같은 조건에서 물은 위로 올라가고 공기는 퍼질까요?", 사회 수업에서 "어째서 같은 사건을 두고 역사적 해석이 달라질까요?" 같은 개념적 질문을 던져 놓으면, 학생들은 활동을 하면서 끊임없이 그 이유와 원리를 고민하게 된다. 교사는 필요할 때 이 질문을 다시 상기시키거나 추가 힌트를 제공하면서 학생들의 사고를 깊게 파고들게 도울 수 있다.

개념적 질문은 소규모 그룹 토의나 전체 학급 토론에서 중심 화두로 삼아도 좋다. 학생들이 탐구 활동을 통해 얻은 자료와 지식을 바탕으로 이러한 질문에 대한 자기 해석을 내놓게 하는 것이다. 이를 통해 사실→개념의 추론 과정을 실시간으로 연습하게 되고, 개념적 이해가 탄탄해진다.

3) 수업 정리(Closing)

단원을 마무리하거나 한 차시를 끝맺을 때, 안내 질문을 통해 배운 내용을 정리 및 적용할 수 있다. 특히 개념적 질문은 정리 단계에서 유용한데, 학생들이 그동안 배운 여러 사실과 지식을 종합하여 큰 개념으로 표현해 보도록 요구하기 때문이다.

예를 들어 "지금까지 살펴본 여러 사례들을 바탕으로, 좋은 리더십이란 무엇인지 한 문장으로 정의해볼까요?"와 같은 개념적 질문을 마지막에 던지면, 학생들은 자신의 언어로 개념을 정리하며 이해를 확고히 하게 된다. 이는 곧 해당 단원의 일반화 문장에 학생 스스로 도달해보는 활동이기도 하다.

또한 수업 도입에 제시했던 토론적 질문을 다시 재방문하여 "여러분은 이제 이 질문에 어떻게 답하겠나요?"라고 물어보는 것도 좋은 마무리 방법이다. 처음에는 의견이 갈렸거나 막연했던 질문에 대해 학생들은 배운 내용을 근거로 보다 깊고 성찰적인 답변을 내놓을 수 있을 것이다. 이런 과정을 통해 학습자들은 자신의 사고 변화를 메타인지하고, 배운 지식을 실제 삶이나 사회에 적용하여 그 의미를 깨닫게 된다.

4) 평가 및 수행평가(Assessment)

안내 질문은 평가 측면에서도 강력한 도구로 활용된다. 우선, 수업 중에 학생들이 안내 질문에 어떻게 답하는지를 관찰하면 그들의 이해 수준을 진단할 수 있다. 이는 구두 질문-응답이나 간단한 쓰기 활동으로 확인할 수 있으며, 수업 진행 중의 형성평가 역할을 한다.

나아가 단원의 총괄평가나 수행평가를 설계할 때, 안내 질문을 그대로 활용하거나 변형하여 사용할 수 있다. 예를 들어 개념적 또는 토론적 질문은 서술형 문항이나 에세이 과제로 발전시킬 수 있다. 앞서 역사 단원의 예시에서 나온 "혁명은 정당화될 수 있는가?"라는 토론적 질문을, 단원 말미의 수행평가로 찬반 논술 과제로 내는 식이다. 학생들은 수업에서 탐구한 내용을 바탕으로 자신만의 논거를 세워 글을 쓰게 되고, 이는 그들의 깊은 이해와 비판적 사고력을 평가하는 자료가 된다.

또한 안내 질문은 평가 루브릭의 기준을 마련하는 데에도 도움이 된다. 예를 들어 과학 단원에서 "에너지는 형태를 바꾸어 전달된다"는 일반화에 대한 개념적 질문들을 생각해보면, 학생들이 꼭 이해해야 할 핵심 개념 요소들이 드러난다. 이를테면 "다른 형태로 전환된 에너지도 총량이 보존되는가?", "에너지 전환의 효율을 결정하는 요인은 무엇인가?" 등의 질문이 나왔다면, 이는 해당 단원에서 평가해야 할 요소(에너지 보존 개념, 전환 효율 개념 등)이다. 교사는 이러한 질문들을 토대로 루브릭의 척도나 성취기준 상세 요소를 설계할 수 있다. 즉, 안내 질문 → 일반화로 이어지는 흐름을 평가 설계에도 일관되게 적용하여, 가르친 것과 평가하는 것이 어긋나지 않도록 할 수 있다.

요약하면, 안내 질문은 교수-학습-평가의 연결고리다. 수업의 도입에서 마무리까지 안내 질문을 적재적소에 활용하면 학생들의 흥미를 불러일으키고, 탐구 방향을 제시하며, 깊은 이해를 점검하고, 비판적 사고를 촉진할 수 있다. 더불어 그 질문 자체가 평가 목표와도 직결되므로, 수업과 평가의 정합성을 높여준다. 이러한 이유로 안내 질문은 개념기반 수업의 핵심 도구일 뿐만 아니라, 교사의 수업 전문성을 보여주는 척도라고도 할 수 있다.

모든 교과의 교사들은 자신의 수업에서 학생들을 큰 개념의 세계로 안내할 수 있는 질문들을 끊임없이 고민해야 하며, 본 챕터에서 소개한 원리와 방법들을 활용하여 누구나 체계적이고 창의적인 안내 질문 설계에 도전해볼 수 있을 것이다.

단원정리

안내 질문 만들기(6단계) 절차 요약

순서	단계	주요 내용 및 활동
1	**안내 질문의 개념과 의의 이해**	'안내 질문(Driving/Guiding Questions)'의 의미와 교육적 목적을 파악한다.
2	**일반화 및 개념 구조 재검토**	이전 단계에서 도출한 **일반화, 핵심 개념, 단원 구조** 등을 다시 점검한다.
3	**질문 유형 및 이론적 근거 숙지**	안내 질문의 유형(예: 개방형, 본질형, 탐구형 등)과 이론적 배경을 숙지한다.
4	**ChatGPT 등 활용 초안 작성**	각 스트랜드, 일반화, 핵심 개념을 바탕으로 **학생의 탐구를 촉진하는 질문**을 2~3개 초안 작성한다.
5	**질문의 질·적합성 검토 및 수정**	질문이 **단원 목표, 학생 수준, 수업 흐름**에 맞는지, 개념적 사고를 촉진하는지 점검·수정한다.
6	**최종 안내 질문 선정 및 적용**	최종 안내 질문을 선정하여, **수업 도입, 활동, 토론, 평가** 등에서 구체적으로 활용한다.

◎ 설명 및 특징

- 안내 질문은 학생들이 단원의 핵심 개념과 일반화에 도달하도록 이끄는 '탐구의 방향타' 역할을 한다.

  예 "민주주의가 사회에 미치는 영향은 무엇인가?", "왜 사회는 변화를 필요로 하는가?"

- 좋은 안내 질문은 개방적·탐구적이며, 단순 사실 답변이 아니라 '왜', '어떻게' 등의 사고를 유도한다.
- ChatGPT 등 AI 활용 시 "이 단원의 일반화와 개념을 탐구할 수 있는 안내 질문 2~3개를 제시해줘" 등으로 프롬프트를 만들 수 있다.
- 질문은 학생 수준, 단원 목표, 수업 흐름에 맞게 조정·보완하며, 수업의 여러 단계에서 반복적으로 활용될 수 있다.

오디오 가이드(제10장)

10장

7단계 : 중요한 내용 파악하기

열정교사 수석선생님, 안내 질문까지 다 완성했는데요. 다음 단계는 뭐예요?

수석교사 이제 7단계인 '중요한 내용 파악하기'예요. 단원의 핵심 개념을 이해하는 데 꼭 필요한 사실적 지식들을 정리하는 단계죠.

열정교사 중요한 내용이라는 게 정확히 어떤 걸 말하는 거예요?

수석교사 일반화 문장을 뒷받침하는 사실들이에요. 예를 들면 "빛과 소리는 서로 다른 성질의 파동이다"라는 일반화를 이해하려면 "소리는 매질이 필요한 종파"나 "빛은 매질 없이 전달되는 횡파" 같은 구체적 사실들이 필요하죠.

열정교사 이런 중요한 내용을 따로 정해야 하는 이유가 뭐예요?

수석교사 수업의 깊이와 방향을 결정하는 나침반 역할을 하거든요. 학습 목표부터 수업 활동, 평가까지 모든 설계의 기준이 되는 거죠.

열정교사 앞서 만든 일반화나 안내 질문, 스트랜드와는 어떻게 연결되나요?

수석교사 일반화와는 개념-사실의 짝으로 연결되고, 안내 질문 중에서도 특히 사실적 질문과 밀접해요. 스트랜드와는 각 하위 주제를 뒷받침하는 사실들로 대응된다고 볼 수 있고요.

열정교사 중요한 내용은 어떻게 선정하면 좋을까요?

수석교사 세 가지 관점으로 접근하면 좋아요. '일반화에서 추론하기'는 일반화를 뒷받침하는 필수 사실들을 도출하는 거고, '스트랜드 기반 정리'는 각 스트랜드에 맞는 핵심 사실들을 정리하는 방법이에요. '안내 질문 분석'은 특히 사실적 질문에 필요한 지식들을 정리하는 거고요.

열정교사 이 세 가지 관점을 다 함께 사용하는 게 좋을까요?

수석교사 네, 세 관점을 종합하면 내용의 타당성도 확보하고, 체계적으로 구조화하고, 학습자 관점까지 반영할 수 있어요.

열정교사 ChatGPT로도 이런 작업을 할 수 있나요?

수석교사 당연하죠! 각 관점별로 프롬프트만 잘 설계하면 필요한 사실들을 빠르게 추출할 수 있어요.

열정교사 어떤 프롬프트 예시가 있을까요?

수석교사 일반화 기반으로는 "이 일반화 문장을 뒷받침하는 사실적 지식들을 알려주세요"라고 요청할 수 있고요. 스트랜드 기반으로는 "이 단원 스트랜드에 따라 학생들이 알아야 할 핵심 사실들을 정리해 주세요"라고 물어볼 수 있어요.

열정교사 프롬프트 설계할 때 주의할 점이 있을까요?

수석교사	교과와 학년, 단원명 같은 맥락 정보를 꼭 제공하세요. 그리고 ChatGPT 결과는 초안이니까, 교사가 직접 교육과정에 맞게 검토하고 조정해야 해요.
열정교사	추출한 중요 내용은 어떻게 활용할 수 있을까요?
수석교사	단원 차시 구성의 기준이 되고, 학습 활동이나 자료 설계, 평가 문항 개발, 개념 정리 자료나 오개념 진단 도구 개발에도 활용할 수 있어요.
열정교사	실제로 어떤 자료 형태로 만들 수 있을까요?
수석교사	교사용 개념 카드, 질문-개념 연결 활동지, 학생용 개념 정리 카드, 수업 정리용 슬라이드, 오개념 진단 질문지 등 다양하게 만들 수 있어요.
열정교사	와, 이제 중요한 내용을 어떻게 파악하고 활용할지 명확해졌어요!
수석교사	잘 이해하셨네요. 중요한 내용 정리는 개념기반 수업의 핵심이에요. ChatGPT도 이 과정에서 큰 도움이 될 수 있으니 적극 활용해보세요. 이제 8단계 '핵심 기능 파악하기'로 넘어가 볼까요?

개념기반 단원 설계 7단계에서 '중요한 내용 파악하기' 단계는 단원의 핵심을 명확히 정하고 수업 내용의 깊이와 방향을 결정하는 과정이다. 이 장에서는 중학교 과학 단원 '빛과 파동'을 예시로, 모든 교과와 학년에 적용할 수 있는 구조로 이론과 실천 절차를 살펴본다. 교사들은 이 단계를 통해 학생들이 반드시 알아야 할 핵심 지식과 개념적 이해에 필요한 사실을 선정하며, 이는 학습 활동 구성과 평가 계획 수립의 단단한 기초가 된다. 또한 ChatGPT 같은 도구를 활용하면 '중요한 내용'을 더 체계적이고 효율적으로 도출해 의미 있고 일관된 학습 경험을 설계할 수 있다.

01 • '중요한 내용'의 정의 및 교육적 의미

'중요한 내용'은 개념기반 수업 설계에서 학생들이 반드시 알아야 할 핵심 사실을 뜻한다. 쉽게 말해 사실적 지식으로, 앞 단계에서 도출한 일반화 문장을 학생들이 이해하고 활용하는 데 꼭 필요한 기본 정보들이다. 예를 들어, 과학 단원 '빛과 파동'에서 일반화 문장이 "빛과 소리는 서로 다른 성질을 가진 파동이다"라면, 이를 이해하기 위한 중요한 내용으로 "소리는 매질을 필요로 하는 종파" 또는 "빛은 매질 없이 전달되는 횡파" 같은 사실들이 해당한다. 이런 핵심 사실들은 단원의 개념과 긴밀히 연결되면서도 국가 교육과정의 성취기준과 교과서의 학습 목표와 일치해야 한다. 다시 말해, '중요한 내용'은 개념적 이해를 뒷받침하면서도 교육과정 요구에 맞는 지식으로 구성한다. 교육적으로 볼 때, 중요한 내용을 명확히 정하는 것은 단원의 개념적 깊이를 확보하고 수업의 내용적 탄탄함과 일관성을 보장한다.

교사는 이를 통해 무엇을 가르칠지 명확히 파악하고, 나아가 학습 목표 설정, 수업 활동 설계, 평가 문항 개발 등 모든 후속 교육 설계를 효과적으로 준비할 수 있다. 특히 '빛과 파동' 예시처럼 개념과 연계된 핵심 사실이 뚜렷하면, 학생들은 개념 학습 중에 혼동 없이 정확한 이해에 도달할 수 있으며, 수업의 초점이 분명해져 오개념 예방에도 도움이 된다.

02 • 일반화, 안내 질문, 단원 스트랜드와의 연계 구조

중요한 내용은 일반화, 안내 질문, 단원 스트랜드와 긴밀히 연결된 구조로 설계한다. 각 요소가 어떻게 연계되는지 이해하면, 어떤 사실을 선정해야 할지 분명해진다.

1) 일반화

일반화는 단원의 큰 개념적 이해를 나타내는 문장("빛과 소리는 서로 다른 성질을 가진 파동이다")이다. 중요한 내용은 이런 일반화를 뒷받침하는 사실적 지식으로, 학생들이 일반화에 도달하기 위해 반드시 알아야 할 기초 정보들이다. 다시 말해, 일반화 ↔ 사실 지식은 개념과 구체적 내용이 연결된 한 쌍이다.

2) 안내 질문

안내 질문은 학생들의 탐구를 이끄는 질문으로, 이 중 사실적 질문은 학생들에게 지식 탐색의 경로를 제시한다. 중요한 내용은 이런 사실형 질문에 답하기 위해 필요한 지식과 연결된다. 즉, 안내 질문 ↔ 중요한 내용이 연결되어 학생의 사고 흐름 속에 놓일 정보를 미리 파악하게 된다.

3) 단원 스트랜드

단원 스트랜드는 해당 단원의 하위 주제나 개념 묶음이다. 예를 들어 '빛과 파동' 단원에서 "소리의 발생과 전달", "진폭·진동수·파장", "파동의 본질", "실생활 응용"과 같이 내용 영역별로 스트랜드를 정할 수 있다. 각 스트랜드는 하나의 개념군 또는 학습 흐름을 나타내며, 여기에 대응하는 중요한 내용은 그 스트랜드의 개념을 이해하는 데 필요한 핵심 사실과 사례들로 구성한다. 즉, 스트랜드 ↔ 핵심 사실의 짝을 이뤄 단원 내 내용의 논리적 구조를 형성한다.

요컨대, 일반화·안내 질문·스트랜드 이 세 관점을 모두 활용하면 단원의 중요한 내용을 선정하는 데 적정성, 깊이, 연계성을 고루 갖춘 균형 있는 설계가 가능하다. '빛과 파동' 단원에서는 일반화로 개념적 틀을 잡고, 스트랜드로 내용 범위를 구조화하며, 안내 질문으로 탐구의 흐름을 조직해 어떤 사실적 지식을 가르칠지 삼각 구조로 명확히 한다.

03 · 중요한 내용을 선정하는 세 가지 관점

중요한 내용을 선정하기 위해 세 가지 상호보완적 관점을 활용할 수 있다. 중학교 과학 '빛과 파동' 단원을 예시로 각각 살펴본다.

1) 일반화에서 사실 추론하기(일반화 문장에서 거꾸로 추론)

먼저 5단계에서 만든 일반화 문장을 출발점으로, 그 일반화를 이해하거나 입증하는 데 필요한 사실이 무엇인지 거꾸로 추론한다. 이는 "큰 아이디어를 성립시키는 근거"(사실)를 채워나가는 과정이라고 할 수 있다. 예시로 '빛과 파동' 단원의 일반화 중 하나가 "모든 소리는 파동을 통해 전달된다"라면, 이를 뒷받침하는 사실로 "소리는 물체의 진동으로 발생한다", "소리는 매질을 통해 종파 형태로 전달된다", "진공에서는 소리가 전달되지 않는다" 등을 도출할 수 있다. 이런 사실들은 해당 일반화가 성립하려면 학생들이 반드시 알아야 하는 지식들이다.

또 다른 일반화 예로 "빛과 소리는 서로 다른 성질을 가진 파동이다"를 생각해보면, 필요한 사실로 빛과 소리 파동의 차이를 들 수 있다. 예컨대 소리는 매질이 필요한 종파이고 빛은 매질 없이도 전달되는 횡파라는 점, 소리는 진동수에 따라 음의 높이가 정해지고 빛은 진동수(파장)에 따라 색이 결정된다는 점 등이 중요하다. 이처럼 일반화 → 사실적 지식의 흐름을 따라가면, 단원의 개념적 목표를 성취하는 데 필수적인 내용이 자연스럽게 도출된다. 일반화에 근거한 선정은 내용의 개념적 적합성을 보장하는 장점이 있다.

2) 단원 스트랜드 기반 정리하기

다음으로 단원 스트랜드를 기반으로 내용을 정리하는 방법이다. '빛과 파동' 단원을 예로 들면, 이 단원은 크게 소리와 빛 두 갈래의 개념을 포함할 수 있다. 여기서는 소리 부분을 다루는 스트랜드를 예시로 든다. 앞서 정한 스트랜드 예시가 "소리의 발생과 전달", "진폭·진동수·파장 이해", "파형과 소리의 특성", "파동의 본질 이해", "소리의 실생활 응용" 다섯 가지라면, 교사는 각 스트랜드마다 반드시 다룰 사실들을 정리한다.

① **스트랜드 1**

- 소리의 발생과 전달: (핵심 사실) 소리는 물체의 진동으로 발생, 소리는 매질을 통해 전달, 매질에 따라 소리 전달 속도가 다름

② **스트랜드 2**

- 진폭, 진동수, 파장의 이해: (핵심 사실) 진폭이 크면 소리의 크기(음량)가 커짐, 진동수가 높으면 소리의 높이(음높이)가 높아짐, 파장은 소리의 전달 속도와 관련됨

③ **스트랜드 3**

- 파형과 소리의 특성: (핵심 사실) 소리의 파형은 그 소리의 특성을 나타냄, 파형의 변화는 소리의 크기 · 높낮이 · 음색에 영향을 줌

④ **스트랜드 4**

- 파동의 본질 이해: (핵심 사실) 파동은 에너지를 전달, 소리는 종파로 전달됨

⑤ **스트랜드 5**

- 소리의 실생활 응용: (핵심 사실) 초음파는 높은 진동수의 소리로 의료 · 산업에 활용, 소리의 원리는 소음 제어 등 실생활 문제 해결에 응용됨

위와 같이 스트랜드별로 사실을 정리하면, 단원 전체 내용이 체계적으로 구조화된다. 각 스트랜드가 하나의 소주제 역할을 해 수업의 흐름을 형성하고, 교사는 내용 누락 없이 모든 중요한 지식을 다룰 수 있다. 스트랜드 중심 정리는 특히 논리적 계열성 확보와 학습 내용의 조직에 효과적이다. 교사는 이를 통해 "어떤 사실을 중심으로 설명하고 어떤 활동이나 실험을 배치할 것인지"에 대한 뚜렷한 기준을 얻을 수 있다.

3) 안내 질문 기반 추출하기

마지막으로, 안내 질문을 활용해 중요한 내용을 추출하는 방법이다. 6단계에서 개발된 여러 안내 질문 중에서 특히 사실적 질문에 주목한다. 이런 질문들은 학생들의 탐구 과정에서 직접 다루게 될 지식을 반영하기 때문에, 각 질문에 답하는 데 필요한 핵심 내용을 찾아내면 된다.

예를 들어 '빛과 파동' 단원의 안내 질문 중 소리 파동에 관한 다음과 같은 사실적 질문들을 생각해보자.

① "모든 진동이 소리를 발생시키나요? 왜 그런가요?"

→ (필요한 내용) 소리가 발생하는 조건: 진동의 크기와 빈도에 따라 소리가 나며, 인간이 들을 수 있는 20Hz~20kHz 범위여야 함

② "진공 상태에서는 왜 소리가 전달되지 않을까요?"

→ (필요한 내용) 소리에 매질이 필요한 이유: 소리는 매질이 있어야 전달되고, 진공에는 매질이 없어서 소리가 전파되지 않음

③ "소리가 물·공기·고체에서 전달되는 속도는 어떻게 다를까요?"

→ (필요한 내용) 매질에 따른 소리 속도 차이: 일반적으로 고체 〉 물 〉 공기 순으로 전달 속도가 빠르며, 매질 밀도가 높을수록 더 빨리 전달됨

④ "진폭이 큰 소리와 작은 소리의 파형은 어떻게 다를까요?"

→ (필요한 내용) 진폭에 따른 파형 차이: 소리 파형의 높이가 진폭이 큰 경우 더 높고, 작은 경우 낮음(파형의 높이가 곧 음의 크기)

이렇게 안내 질문 → 필요한 사실을 연결 지으면, 학생들이 질문에 답하며 탐구를 진행하는 과정에 어떤 지식 요소들이 필요한지 명확히 알 수 있다. 안내 질문 기반 접근의 장점은, 수업 중에 질문을 던지는 의도와 그에 따른 학습 내용을 교사가 명료하게 인식할 수 있다는 점이다. 즉, 질문 자체가 수업에서 다뤄야 할 내용을 알려주는 나침반 역할을 한다. 더 나아가 학생 입장에서도, 중요한 내용을 질문의 맥락 속에서 학습하면 의미 파악이 수월하고 학습 동기도 높아진다.

이상 세 가지 관점을 종합적으로 활용하면, 한쪽으로 치우치지 않고 풍부하면서도 핵심적인 내용 구성을 할 수 있다. 일반화 관점은 개념적 타당성을, 스트랜드 관점은 조직적 완결성을, 안내 질문 관점은 학습자 관점의 탐구 연계성을 각각 보완해주므로, 세 가지를 균형 있게 고려하는 것이 좋다.

04 ChatGPT를 활용한 '중요한 내용' 추출 전략 및 프롬프트 설계

이제 이런 선정 작업을 실제로 할 때, ChatGPT 같은 인공지능 도구를 활용하는 전략을 소개한다. ChatGPT는 방대한 지식과 언어 패턴을 바탕으로, 교사가 필요한 정보를 구조화하는 데 유용한 도우미가 될 수 있다. 특히 시간과 노력 면에서 효율적이며, 다양한 아이디어를 얻는 데 도움을 준다. 다만, AI의 응답을 무비판적으로 받아들이기보다, 교사가 전문가적 판단으로 검토하고 보완하는 것이 중요하다.

ChatGPT를 활용한 추출 전략은 앞서 설명한 세 가지 관점별로 프롬프트를 설계하는 것으로 요약된다.

1) 일반화 기반 추출 프롬프트

일반화 문장을 입력하고, 이를 뒷받침하는 사실을 나열하도록 요청한다. 예를 들어, 앞서 도출한 '빛과 파동' 단원의 일반화들을 ChatGPT에 제공하고 중요한 내용을 묻는 방식이다. 실제 프롬프트 예시는 다음과 같다.

▾ ChatGPT 입력 예시 :

중학교 과학 수업에 사용할 다음 일반화 문장을 뒷받침하는 사실적 지식을 추출해 주세요.

1. 소리는 파동을 통해 전달된다.
2. 진폭과 진동수는 소리의 세기와 높낮이에 영향을 준다.
3. 파동의 전달은 매질을 통해 에너지를 이동시킨다.
4. 다양한 소리는 각기 다른 파형으로 표현된다.
5. 소리의 물리적 특성은 진폭, 진동수, 파형에 의해 정의된다.
6. 파동은 에너지와 정보를 전달하는 도구로 활용된다.
7. 빛과 소리는 서로 다른 성질을 가진 파동이다.

▸ ChatGPT 답변 예시

중학교 과학 수업에서 위 일반화 문장을 뒷받침할 수 있는 사실적 지식(factual knowledge)을 항목별로 정리해 드리겠습니다. 각 문장이 개념적 일반화를 담고 있기 때문에, 학생들이 이를 잘 이해하려면 구체적이고 관찰 가능한 사실로 연결해 주는 것이 효과적입니다.

1. 소리는 파동을 통해 전달된다.
- 소리는 공기, 물, 금속 등과 같은 물질(매질)을 따라 진동이 전달되는 종파(longitudinal wave)이다.
- 진동이 연속적으로 전달되며 에너지가 이동한다.
- 진공 상태에서는 소리가 전달되지 않는다. 이는 소리 전달에 매질이 반드시 필요함을 보여준다.
- 실험 예: 진공 펌프 안의 알람시계 소리가 점점 작아지며 결국 들리지 않게 되는 실험.

2. 진폭과 진동수는 소리의 세기와 높낮이에 영향을 준다.
- 진폭이 클수록 소리는 크다.
  → 진폭은 매질 입자의 최대 변위량으로, 소리의 에너지 크기와 관련된다.
- 진동수가 높을수록 소리는 높다.
  → 진동수(Hz)는 1초 동안의 진동 횟수로, 주파수가 높을수록 고음이 된다.

(이하 생략)

위와 같은 요청에 대해 ChatGPT는 답변 예시와 같이 각 일반화 문장마다 필요한 사실을 나열해 줄 것이다. 이러한 결과를 통해 교사는 일반화마다 어떤 배경 지식이 필수적인지 빠르게 파악할 수 있다.

2) 스트랜드 기반 추출 프롬프트

단원 스트랜드와 해당 하위 개념을 열거하고, 각 스트랜드별로 중요한 사실을 추출해 달라고 요청한다. 예를 들어 '빛과 파동' 단원의 소리 파트에 대해 다음과 같이 프롬프트를 구성할 수 있다.

▾ ChatGPT 입력 예시 :
다음 단원 스트랜드로부터 사실적 지식을 추출해 주세요.

1. 소리의 발생과 전달
   - 소리는 물체의 진동으로 발생한다.
   - 소리는 매질을 통해 전달된다.
   - 매질의 종류에 따라 소리의 전달 속도가 달라진다.
2. 진폭, 진동수, 파장의 이해
   - 진폭은 소리의 크기(음량)를 결정한다.
   - 진동수는 소리의 높낮이(음의 높이)를 결정한다.
   - 파장은 소리의 전달 속도와 관련된다.

3. 파형과 소리의 특성
   - 소리의 파형은 소리의 특성을 나타낸다.
   - 파형의 변화는 소리의 크기, 높낮이, 음색에 영향을 미친다.
4. 파동의 본질 이해
   - 파동은 에너지를 전달한다.
   - 소리는 종파의 형태로 전달된다.
5. 소리의 실생활 응용
   - 소리의 과학적 원리는 초음파와 소음 제어 기술에 활용된다.
   - 소리의 원리를 실생활 문제 해결에 응용할 수 있다.

위와 같이 스트랜드와 몇 가지 예시 사실을 함께 제시하면 ChatGPT는 각 번호(스트랜드)에 대응하는 사실적 지식들을 체계적으로 정리해 준다. 특히 제공한 예시를 토대로 내용을 확장하거나 보완하여, 교사가 미처 생각하지 못한 관련 사실(예: "매질의 밀도가 높을수록 소리 전달 속도가 빠르다" 등)까지 언급해 줄 수 있다. ChatGPT가 생성한 이러한 스트랜드별 사실 목록은 교사가 곧바로 활용할 수 있을 정도로 구조화되어 있으며, 단원 내용을 빠짐없이 다루는지 검토하는 데에도 큰 도움이 된다.

3) 안내 질문 기반 추출 프롬프트

안내 질문(특히 사실적 질문)을 나열하고, 각 질문에 내포된 중요한 내용을 뽑아달라고 요청한다. '빛과 파동' 예시의 일부 사실형 안내 질문을 활용해 다음과 같이 물을 수 있다.

▾ **ChatGPT 입력 예시 :**
다음 사실적 질문에서 중요한 내용을 추출해 주세요.
- 모든 진동이 소리를 발생시키나요? 왜 그런가요?
- 진공 상태에서는 소리가 전달되지 않는 이유는 무엇인가요?
- 소리가 공기, 물, 고체에서 전달되는 속도는 각각 어떻게 다른가요?
- 진폭이 큰 소리와 작은 소리의 파형은 어떻게 다르나요?
- ... (이하 생략)

ChatGPT는 각 질문에 대해 제목 형태로 요약된 주제와 그에 따른 핵심 내용을 정리해 줄 것이다. 예를 들어 첫 질문에 대해 "모든 진동이 소리를 발생시키는 조건"이라는 소제목을 세우고, "진동의 크기와 빈도가 일정 수준 이상이어야 소리가 난다", "인간의 귀로 들을 수 있는 범위(20Hz~20kHz) 내의 진동이어야 한다"와 같은 사실들을 제시한다. 이렇게 하면 질문 → 지식의 맥락이 한눈에 드러나며, 질문별로 가르쳐야 할 내용이 분명하게 정리된다.

위와 같이 ChatGPT에 프롬프트를 설계할 때 주의할 점은 맥락을 명확히 제시하는 것이다. 예컨대, 동일한 용어라도 교과에 따라 의미가 다를 수 있으므로 "중학교 과학 '소리' 단원의 일반화 문장", "중학교 과학 단원에서 '소리' 단원의 스트랜드" 등 맥락 정보를 추가하면 더욱 정확한 응답을 얻을 수 있다. 또한, ChatGPT의 출력은 시작점일 뿐이므로, 교사가 교육과정과 수업 목표에 비추어 적절성을 확인하고, 잘못되거나 과도한 내용이 섞여 있다면 걸러내야 한다. 적절한 프롬프트 설계와 교사의 전문적 판단이 결합될 때, ChatGPT는 '중요한 내용' 추출 작업을 강력하게 지원해 줄 수 있다.

05 ChatGPT 응답 결과의 해석과 수업 설계에서의 활용 방안

ChatGPT가 제공한 중요한 내용 목록을 얻었다면, 이제 그 결과를 어떻게 해석하고 수업 설계에 활용할지가 다음 과제다. AI가 제시한 자료는 방대할 수 있으므로, 교사는 그것을 재구조화하고 우선순위를 판단해야 한다. 다음은 '빛과 파동' 단원 예시를 통해 살펴보는 활용 방안들이다.

1) 내용 검토 및 보완

먼저 ChatGPT 응답의 각 항목을 검토하여 교육과정 성취기준과 부합하는지, 단원의 일반화와 연결되는지 확인한다. 예를 들어 ChatGPT가 나열한 사실 중 단원 범위에서 벗어나거나 너무 세부적인 것은 없는지 살핀다. 이 과정에서 교사는 필요 시 내용을 추가하거나 수정하여 최종적인 중요한 내용 목록을 확정한다. 이는 결국 교사가 그 단원에서 다룰 지식 범위의 경계를 설정하는 작업이 된다.

2) 수업 흐름 구성

확정된 중요한 내용을 바탕으로 단원의 수업 흐름(차시별 전개)을 설계할 수 있다. 앞서 스트랜드별로 정리한 내용을 활용하면 자연스럽게 차시 구성이 나온다. 예를 들어 소리 단원의 경우: 1차시는 "소리는 어떻게 발생하고 전달되는가?"로 시작하여 스트랜드 1의 내용을 다루고, 2차시에는 "소리의 크기와 높이는 무엇에 의해 결정되는가?"를 다루며 스트랜드 2의 진폭과 진동수 내용을 연결한다. 이런 식으로 3차시 "소리의 특성과 파형", 4차시 "파동의 본질과 소리", 5차시 "소리의 실생활 응용" 등으로 이어지면, 처음에 정리된 중요한 내용들이 논리적인 이야기 흐름을 갖게 된다. ChatGPT의 결과물 덕분에 각 차시마다 어떤 핵심 내용을 강조할지 명확해지므로, 수업 간 내용의 중복이나 누락 없이 일관된 단원 지도를 할 수 있다.

3) 수업 활동 설계

중요한 내용이 명확해졌다면, 이제 이를 가르치기 위한 활동과 자료를 구상한다. 예를 들어 "진공에서는 소리가 전달되지 않는다"는 핵심 사실을 가르치기 위해 진공 펌프 실험이나 관련 영상을 활용할 수 있다. 또 "진폭과 소리의 크기" 내용을 다룰 때는 오실로스코프로 서로 다른 진폭의 파형을 보여주는 실험 활동을 설계할 수 있다. 이렇듯 핵심 사실마다 적절한 활동(실험, 시연, 토의, 조사 등)을 매칭시키면, 활동이 단순 흥미거리를 넘어 핵심 개념을 체득하는 수단이 된다. ChatGPT가 제공한 예시들을 통해 떠오른 아이디어를 활용하거나, 부족한 부분은 추가 검색을 통해 보완하여 활동 구성을 풍부하게 한다.

4) 평가 문항 개발

추출된 사실적 지식의 목록은 평가 문항을 만드는 기본 자료가 된다. 각 사실을 학생들이 제대로 이해했는지 묻는 문제를 만들 수 있기 때문이다. 예를 들어 "진공 상태에서 소리가 전달되지 않는 이유"라는 내용을 평가하기 위해 객관식 문항으로 "소리가 진공에서 전달되지 않는 까닭은?"을 출제할 수 있다. 마찬가지로 "진폭과 파형의 관계"는 서술형으로 "소리의 진폭 변화가 파형에 어떠한 영향을 미치는지 설명하시오"로, "초음파의 활용" 내용은 수행평가로 "초음파 기술이 활용되는 실생활 사례를 조사하여 발표하시오" 등의 형태로 평가에 연결된다. 이렇게 보면 중요한 내용 하나하나가 곧 학습 성취 요소이며, 이를 평가를 통해 확인할 수 있게 되는 것이다.

5) 개념 정리 자료 제작

단원 마무리나 복습 시간에 활용할 개념 정리 자료도 ChatGPT 결과를 토대로 쉽게 만들 수 있다. 예컨대, 스트랜드별 핵심 내용 요약본을 슬라이드나 학습지로 제작하여 학생들에게 배포할 수 있다. 또는 일반화-중요내용-안내질문을 삼각형으로 연결한 마인드맵 형태의 개념도를 그려서, 학생들이 전체 구조를 한눈에 볼 수 있게 해주는 것도 좋은 방법이다. 중요한 내용이 잘 정리된 수업자료는 학생들의 인지적 부담을 줄이고 핵심 이해를 도와주는 역할을 한다.

요약하면, ChatGPT의 응답 결과는 단순한 정보 목록이 아니라, 교사의 수업 설계도를 구체화하는 재료가 된다. 이를 통해 교수자는 수업의 각 요소(목표-활동-평가-정리)가 중요한 내용을 중심으로 정합성을 이루도록 조정할 수 있다.

06 · 자료 활용하기

ChatGPT를 통해 정리한 '중요한 내용'을 수업 현장에서 어떻게 활용할 수 있을까? 교사와 학생이 '중요한 내용'으로 활용할 수 있는 자료와 도구에 대한 아이디어를 몇 가지 제시해 보고자 한다.

1) 교사용 개념카드

교사가 단원 준비 단계에서 또는 수업 중 참고할 수 있도록, 개념-사실 정리 카드를 만들 수 있다. 한 장의 카드(또는 표)에 해당 단원의 일반화된 개념, 그를 뒷받침하는 중요한 사실들, 관련된 안내 질문을 한눈에 정리해 둔다. 예를 들어 '소리는 매질을 통해 전달된다'는 개념 아래에 "공기 등 물질이 없으면 소리가 전달되지 않는다.

(예: 진공 상태)" 같은 사실을 적어두는 식이다. 이러한 개념카드는 수업 진행 중 교사가 핵심 포인트를 잊지 않고 짚어나가는 가이드가 된다. 또한 필요한 경우 수업 시간에 학생들과 함께 보며 핵심 내용을 확인하는 자료로도 활용할 수 있다.

2) 질문-개념 매핑 활동지

학생들이 스스로 안내 질문에 대한 답을 개념과 연결지어 보도록 하는 활동지를 제공할 수 있다. 예를 들어 활동지에 "질문: 진공 상태에서는 소리가 왜 전달되지 않을까요?"를 제시하고, 아래에 "관련 개념: ______ , 관련 사실: ______" 와 같이 빈칸을 만들어 둔다. 학생들은 수업 내용을 바탕으로 빈칸을 채워보면서, 해당 질문에 답하려면 어떤 개념과 사실이 필요한지 스스로 정리하게 된다. 한 예로 학생이 "관련 개념: 소리는 매질을 통해 전달된다. / 관련 사실: 진공에는 매질이 없어서 소리가 전달되지 않는다."라고 작성했다면, 이는 그 질문에 대한 개념-지식 연결고리를 이해했다는 증거다. 이러한 활동은 단순히 Q&A로 끝나는 것이 아니라 학생들이 질문 이면의 개념까지 파고들게 함으로써, 훨씬 깊은 이해와 기억을 돕는다.

3) 학생용 개념 정리 카드(핵심 개념 요약)

학생들이 학습한 내용을 스스로 요약 정리할 수 있는 핵심 개념 카드나 노트를 활용한다. 이는 교사가 앞서 만든 개념카드와 유사하지만, 학생 수준에서 직접 작성하거나 참고할 수 있도록 구성된다. 예를 들어 학습 종료 후 학생들에게 각자 "오늘 배운 가장 중요한 사실 세 가지"를 카드에 써보게 할 수 있다. '빛과 파동' 단원 소리 부분을 배운 날이라면, 어떤 학생은 "1) 소리는 진동으로 발생, 2) 소리는 물질(매질)을 통해 전달, 3) 진공에서는 소리가 전달되지 않음"과 같이 적을 것이다. 이를 모아 학급 차원의 개념 요약 자료로 삼거나, 개인별로 파일철에 넣어 두고 복습 자료로 활용한다. ChatGPT가 정리해 준 사실 목록을 참고하여 학생용 요약본을 미리 만들어 주면, 학습자들은 체계화된 자료를 보며 개념을 복습할 수도 있다.

4) 정리 수업용 핵심 슬라이드

단원 마무리 시간에 교사는 스트랜드별 핵심 정보 요약 슬라이드를 보여주며 전체 내용을 점검할 수 있다. 예를 들어 "소리의 발생과 전달" 슬라이드에는 해당 스트랜드의 핵심 사실 2~3가지를 도식이나 그림과 함께 요약하고, "진폭·진동수와 소리" 슬라이드에는 그것들의 관계를 표로 정리하는 식이다. 이러한 슬라이드는 ChatGPT 추출 결과를 토대로 제작하면 시간도 절약되고 빠뜨리는 내용 없이 정리할 수 있어 좋다. 시각적 자료를 통해 개념과 사실의 연결을 다시 한번 강조하면, 학생들의 이해를 공고히 하고 기억을 강화하는 효과가 있다.

5) 오개념 진단 및 피드백 도구

학생용 활동지나 퀴즈에 일부러 오개념을 드러내는 질문을 넣어볼 수도 있다. 예를 들어 "소리가 전달될 때 공기 분자가 이동하여 전달된다(O/X)?" 같은 문항을 제시해서, 학생들이 잘못 판단하면 즉시 피드백으로 교정해 주는 것이다. ChatGPT가 제공한 사실 목록에는 올바른 지식이 체계적으로 담겨 있으므로, 이를 활용해 어떤 부분에서 학생들이 혼동할 수 있을지 예상하고 대비할 수 있다. 실제로 "파동은 물질을 이동시킨다"는 흔한 오개념을 막기 위해, 교사는 "파동은 에너지만 전달하고 매질의 입자는 제자리에서 진동한다"는 중요한 내용을 반복 강조하고 확인 질문을 던질 수 있다. 이렇듯 자료를 통한 피드백 전략은 학생들의 이해 상태를 진단하고 바로잡는 데에 유용하다.

요약하면, 중요한 내용을 명확히 선정하고 구조화해 두면 교사는 이를 바탕으로 다양한 교수·학습 자료를 제작할 수 있다. 그리고 이러한 자료들은 교사에게는 수업 설계의 나침반이, 학생들에게는 학습의 길잡이가 되어 줄 것이다.

07 • 질문 수준 조정 및 오개념 진단을 위한 피드백 전략

중요한 내용을 파악하는 과정에서는 어떤 수준의 질문을 던지고 답할 것인지를 함께 고려해야 한다. ChatGPT의 결과를 살펴보면, 안내 질문들 중 어떤 것은 아주

기초적인 사실만 묻고 있고 어떤 것은 상당히 복합적인 사고를 요구한다는 것을 알 수 있다. 이를 토대로 교사는 질문의 난이도와 범위를 수정하거나 재구성할 수 있다.

예를 들어 '빛과 파동' 단원에서 "소리는 어떻게 전달되나요?"라는 질문은 사실상 "소리는 매질을 통해 전달된다"는 단순 사실을 확인하는 사실 수준 질문이다. 이 질문을 한 단계 높여 개념 수준으로 바꾼다면 "소리가 매질을 통해 전달된다는 것은 어떤 의미인가요?"처럼 물을 수 있다. 이렇게 하면 학생들은 단순 암기에서 나아가, 매질의 개념과 에너지 전달이라는 관점까지 생각해야 한다. 더 나아가 토론 수준으로 발전시키면 "우주 공간(진공)에서 의사소통이 어려운 이유는 무엇이며, 이를 해결하기 위한 기술에는 어떤 것이 있을까요?"와 같은 질문이 된다. 이 질문은 소리 전달에 매질이 필요하다는 과학 개념을 바탕으로 현실 문제(우주공간 통신)와 기술적 응용까지 연결짓게 만드는 고차원적 질문이다.

이렇듯 하나의 개념을 둘러싸고도 질문의 수준을 조정함에 따라 학생들에게 요구되는 사고력의 단계가 달라진다. 교사는 중요한 내용 목록과 안내 질문을 대조해 보면서, "어떤 개념은 질문이 지나치게 피상적인가?", "어떤 부분은 질문이 너무 어려워 사전 지식이 부족한 학생에게 장벽이 되지는 않는가?"를 검토해야 한다. 필요한 경우 질문을 위와 같이 변형하여 다층적인 질문 세트를 준비하면, 다양한 수준의 학습자를 모두 포괄하면서도 깊이 있는 탐구가 가능하다.

또한 질문 수준 조정은 오개념 진단과도 연결된다. 예를 들어 "소리는 어떻게 전달되나요?"라는 질문에 대한 학생의 대답을 통해, 매질 개념에 대한 이해 부족이나 "소리가 물질 없이도 갈 수 있다"는 오개념을 가진 학생을 발견할 수 있다. 만약 학생이 잘못된 답을 하면, 교사는 즉각 추가 질문이나 실험으로 피드백하여 올바른 개념 이해를 끌어낼 수 있다. 반대로, 높은 수준의 질문에 대해서는 학생들이 여러 가지 추론을 내놓을 수 있는데, 이 과정에서 잘못된 개념이 드러나기도 한다. 그런 경우 교사는 그 오개념이 나온 맥락을 짚어 교정 설명을 해준다. 예컨대 우주 공간에서의 의사소통 질문에 어떤 학생이 "소리가 전달되려면 중력이 있어야 한다"고 했다면, 이는 매질과 중력을 혼동한 것이므로, 매질의 역할을 다시 설명해주는 식이다.

이러한 피드백 전략은 수업 중 상시적으로 이루어질 수도 있고, 별도의 진단 평가 시간에 실시될 수도 있다. 핵심은, 미리 선정된 중요한 내용을 기준으로 학생들의 이해 상태를 점검하는 질문들을 계획해 두는 것이다. ChatGPT로부터 얻은 사실 목록과 질문 매핑을 참고하면, 교사는 어떤 오개념이 출현할 가능성이 있는지 예측하고 대비할 수 있다. 예를 들어 소리 단원에서 흔히 나타나는 오개념인 "음파가 없으면 소리도 사라진다" 등을 염두에 두고, 관련 내용을 명확히 가르치고 나서 확인 질문을 넣는 식이다.

마지막으로, 중요한 내용 파악 단계에서 만들어 둔 자료들은 수업 후 반성적 고찰에도 유용하다. 수업이 끝난 뒤 학생들의 답변이나 성취도를 보고, "어느 중요한 내용이 제대로 전달되지 않았는가?", "질문 수준이 적절했는가?" 등을 점검하여 다음에 보완할 수 있다. 이러한 지속적인 피드백 루프를 통해 수업 설계 능력과 학생 이해도 진단 능력이 함께 향상된다.

중요한 내용을 체계적으로 선정하고 활용하는 7단계는 개념 중심 수업의 성패를 좌우하는 핵심 과정이다. 특히 ChatGPT와 같은 도구를 적절히 활용하면 이 과정을 훨씬 효율적으로 진행할 수 있으며, 그 결과물을 토대로 교사는 개념-질문-사실의 연결 구조가 탄탄한 수업을 구현할 수 있다. 이제 교과나 학년에 관계없이 어떤 단원에서든 이 절차를 적용하여, 학생들에게 깊이 있고 일관성 있는 학습 경험을 제공해 보기 바란다.

단원정리

중요한 내용 파악하기(7단계) 절차 요약

순서	단계	주요 내용 및 활동
1	**'중요한 내용'의 개념 및 의의 이해**	'중요한 내용'(Important Content)의 정의와 교육적 목적을 파악한다.
2	**일반화, 개념, 스트랜드와의 연계 검토**	기존에 정리된 **일반화, 핵심 개념, 스트랜드**와 어떻게 연결되는지 검토한다.
3	**선정 기준 숙지 및 적용**	'중요한 내용' 선정 기준(예: 교육과정 성취기준, 학생 성장, 단원 목표 등)을 확인하고 적용한다.
4	**ChatGPT 등 활용 내용 도출**	ChatGPT 등 AI 도구를 활용해 각 스트랜드별로 반드시 다루어야 할 주요 학습 내용을 도출한다.
5	**세 가지 관점에서 검토 및 조정**	(1) 학문적/교과적 중요성, (2) 학생 발달과 경험, (3) 사회적 의미/실생활 적용성 관점에서 재검토 및 보완한다.
6	**최종 중요한 내용 목록 선정**	최종적으로 **단원에서 반드시 학생이 알아야 할 내용** 목록을 확정한다.

◎ 설명 및 특징

- '중요한 내용'이란, 학생이 단원 학습 후 반드시 이해하고 있어야 할 지식, 개념, 원리, 정보, 사례 등을 의미한다.
- 단순히 교과서 분량이 많거나 시험에 자주 나오는 내용이 아니라, 단원 목표 달성, 개념적 이해, 실천적 적용에 꼭 필요한지를 중심으로 선별한다.
- ChatGPT 등 AI 도구를 활용하면, 성취기준/스트랜드별로 중요한 내용을 빠르고 체계적으로 도출할 수 있다.
- 세 가지 관점(학문적·학생 경험·사회적/실생활 적용)에서 균형 있게 점검하는 것이 중요하다.
- 이 단계에서 확정된 '중요한 내용'은 이후 활동 설계와 평가의 기준이 된다.

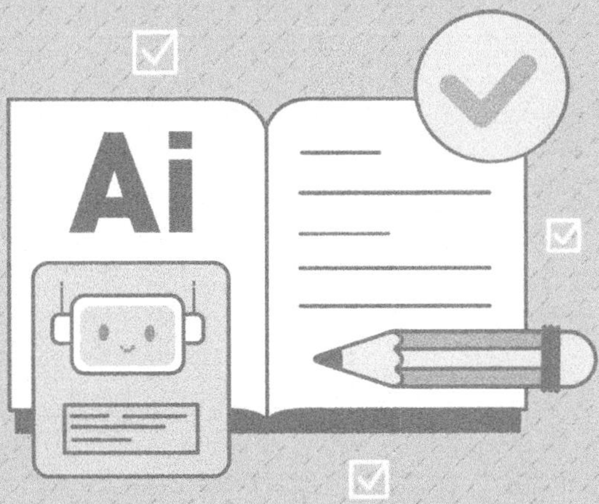
Ai

오디오 가이드(제11장)

11장

8단계 : 핵심 기능 파악하기

열정교사 수석선생님, 중요한 내용까지 정리했어요. 다음 단계는 뭐예요?

수석교사 이제 8단계인 '핵심 기능 파악하기'로 넘어갈 차례예요. 이건 학생들이 단원을 통해 실제로 할 수 있어야 하는 역량이나 활동을 정하는 단계죠.

열정교사 아, 그럼 지식하고는 어떻게 다른 건가요?

수석교사 쉽게 생각하면 지식은 '무엇을 아는가'고, 기능은 '무엇을 할 수 있는가'예요. 예를 들어 '소리의 특성을 안다'는 지식이라면, '소리의 특성을 실험으로 분석할 수 있다'는 기능이라고 볼 수 있죠.

열정교사 그렇군요. 그런 기능들은 어디서 찾을 수 있을까요?

수석교사 교육과정 문서를 보면 교과별로 과정이나 기능 요소가 나와 있어요. 과학에는 관찰, 실험, 자료 해석 같은 기능이 있고, 국어는 예측, 요약, 고쳐쓰기 같은 거, 사회는 탐구, 토론, 참여 기능 같은 게 있죠.

열정교사 그 모든 기능을 다 가르쳐야 하는 건 아니겠죠?

수석교사 그럼요. 단원에 정말 적합한 기능을 선별해야 해요. 핵심 기능에 집중해야 수업 초점도 분명해지고, 학습 깊이나 평가도 더 쉬워지거든요.

열정교사 교육과정에 기능이 너무 많아서 단원에 맞는 걸 고르기가 좀 어려웠어요.

수석교사 그래서 ChatGPT가 도움이 될 수 있어요. 단원 맥락과 기능 목록, 주요 개념을 입력하면 관련성 높은 핵심 기능을 골라줄 수 있거든요.
ChatGPT로 핵심 기능을 추출하는 과정은 단원 맥락을 정리하고, 기능 요소를 제공하고, 중요 내용을 입력한 다음, 명확하게 요청하면 돼요. 예를 들어 "초등 5학년 과학 '소리의 성질' 단원에서 이 내용들을 수행하는데 적합한 기능을 골라주세요"라고 요청할 수 있죠.

열정교사 핵심 기능을 찾고 나면 수업에서는 어떻게 활용하나요?

수석교사 학습 목표를 구체화할 때 지식 목표와 기능 목표를 함께 설정할 수 있고, 수업 활동도 그 기능을 실천할 수 있는 탐구나 프로젝트로 설계할 수 있어요. 평가 기준도 기능 기반으로 만들 수 있고, 기능 숙달 정도에 따라 추가 활동도 계획할 수 있고요.

열정교사 ChatGPT에 프롬프트 작성할 때 특별히 주의할 점이 있을까요?

수석교사 교과, 학년, 단원명 같은 맥락을 확실히 제공하고, "~을 골라주세요", "표로 정리해주세요" 같은 명확한 요청어를 쓰는 게 좋아요. 원하는 형식도 지정해주면 더 좋고요.

열정교사 아, 이제 핵심 기능이 수업의 중심 축이 된다는 게 잘 느껴져요!

수석교사 잘 이해하셨네요. 핵심 기능은 단원 목표부터 수업 활동, 그리고 평가까지 연결해주는 중요한 고리예요. ChatGPT와 함께 이 과정을 더 효율적으로 해보세요. 다음 단계인 '평가 기준 설정'도 재미있을 거예요!

개념기반 단원 설계에서 핵심 기능 파악 단계는 해당 단원을 통해 학생들이 반드시 할 수 있게 될 능력이나 기능을 명확히 정하는 과정이다. 이 장에서는 교사들이 ChatGPT를 활용하여 '핵심 기능'을 효과적으로 선별하고 활용하는 방법을 상세히 안내한다. 개념 설명부터 실제 프롬프트 작성 예시, 그리고 수업에의 적용 방법까지 차근차근 살펴본다.

01 '핵심 기능'이란 무엇인가?

핵심 기능이란 해당 단원 학습 후에 학생들이 반드시 수행할 수 있어야 하는 역량이나 활동을 의미한다. 다시 말해, 그 단원을 마쳤을 때 학생들이 실제로 "할 수 있게 되는 것"이 무엇인지 나타내는 주요 기능이다. 이는 지식(content)과 대비되는 개념으로, 과정(process)이나 기능(skill)에 초점을 둔다. 예를 들어, 과학 수업에서 "소리의 특성을 설명할 수 있다"라는 지식 목표가 있다면, 이에 대응하는 핵심 기능은 "과학적 탐구 과정을 통해 소리의 특성을 분석하는 실험을 설계할 수 있다"와 같은 실행 능력이 된다. 핵심 기능은 국가 교육과정에서 규정한 교과별 과정·기능 요소 중에서 선택되며, 흔히 교과 역량이나 기능 목표로 불리기도 한다. 중요한 점은, 이러한 기능은 단순한 활동 이상으로 학생들이 길러야 할 사고력과 태도를 포함하며, 궁극적으로 단원의 학습 성과를 나타내는 지표가 된다. 핵심 기능을 명확히 하면, "이 단원에서 학생들이 무엇을 할 줄 아는 것이 가장 중요한가?"라는 질문에 대한 답을 얻을 수 있다.

02 교육과정 문서의 '과정·기능' 요소와 단원 설계

국가 교육과정 문서를 살펴보면 각 교과마다 내용 체계표에 지식 영역뿐만 아니라 과정·기능 영역이 제시되어 있다. 여기에는 그 교과에서 학생들이 익혀야 할 탐구 과정, 사고 기능, 의사소통 기술 등이 포괄적으로 나열되어 있다. 예를 들어 과학, 국어, 사회 교육과정은 다음과 같다.

- 과학과 교육과정의 과정·기능 요소: 관찰하기, 가설 세우기, 실험 설계 및 수행, 자료 해석하기, 모형 만들기, 증거 기반으로 주장하기 등 과학적 탐구능력 전반.
- 국어과 교육과정의 과정·기능 요소: 읽기 과정(예측하기, 요약하기, 추론하기 등), 쓰기 과정(아이디어 생성, 조직하기, 고쳐쓰기 등), 의사소통 기능(경청과 말하기, 토의·토론하기) 등 언어 사용 능력.
- 사회과 교육과정의 과정·기능 요소: 자료 조사 및 분석, 탐구 질문 만들기, 비교 및 분류하기, 의사 결정하기, 토론하기, 사회 참여 및 실천하기 등의 사회 탐구 및 시민 참여 기능.

이러한 과정·기능 요소들은 해당 교과의 전 영역에 걸쳐 폭넓게 정의되어 있기 때문에, 단원 설계 시에는 이 중에서 해당 단원에 알맞은 것을 선택적으로 활용해야 한다. 단원 설계에서 교사는 우선 가르칠 중요 개념과 내용을 정한 뒤, 그것을 가르치는 과정에서 학생들이 익혀야 할 기능을 교육과정 문서에서 찾아 연결한다. 예를 들어, 과학 단원에서 '소리의 성질'을 가르친다면, 과학 교과의 과정 기능 중 "자료를 수집하여 분석하기", "모형을 활용하여 설명하기" 등이 해당 단원의 활동에 활용될 수 있다. 요약하면, 교육과정의 과정·기능 요소는 단원 설계의 재료가 된다. 교사는 이 재료들 중 필요한 것만 골라 단원의 목표, 활동, 평가에 녹여내는 것이다. 교육과정 문서에 충실하면서도 단원 목표에 맞는 기능을 선택하면, 수업은 지식과 기능이 조화된 3차원 학습이 이루어진다.

03 • 단원의 '핵심 기능' 선별이 중요한 이유

하나의 단원에는 여러 가지 지식 요소와 관련 기능들이 존재할 수 있지만, 모두를 한꺼번에 가르치려고 하면 오히려 학습의 초점이 흐려질 수 있다. 따라서 해당 단원에서 가장 중점적으로 길러줄 핵심 기능을 선별하는 것이 중요하다. 그 이유는 다음과 같다.

1) 수업의 초점 유지

핵심 기능을 정해두면, 수업 설계와 진행 동안 "이 기능을 제대로 가르칠 수 있는가?"를 계속 상기하게 되어 단원의 일관성이 높아진다. 학생들에게도 이번 단원에서 무엇을 할 수 있게 되는지가 명확해지므로 학습 목표를 분명히 인식하게 된다.

2) 깊이 있는 학습

여러 기능을 피상적으로 다루기보다는 핵심 기능 몇 가지를 깊이 있게 연습하는 편이 효과적이다. 예를 들어, 한 독서 단원에서 요약하기, 어휘 익히기, 주제 추론하기 등을 다 얕게 다루는 대신 "중심 생각을 요약하는 능력" 하나에 집중하여 글을 여러 편 읽히고 연습시키면 해당 기능의 숙달도가 높아진다.

3) 평가 용이성

핵심 기능이 명확하면 평가 기준도 투명해진다. 무엇을 평가해야 할지(예: 실험 설계 능력, 토론 참여 능력 등)이 분명하므로 루브릭이나 수행평가를 설계하기 쉽고, 학생 피드백도 구체적으로 줄 수 있다.

4) 역량 함양과 전이

잘 선정된 핵심 기능은 단원 지식을 활용하여 학생들의 핵심 역량(예: 비판적 사고, 의사소통, 문제해결 등)을 강화하는 발판이 된다. 학생들은 한 단원에서 길러진 기능을 다른 주제나 실생활 상황에도 적용해 볼 수 있어, 학습의 전이(transfer)가 일어난다.

5) 시간과 자원 집중

교사 입장에서도 수업 준비와 활동 구안을 효율화할 수 있다. 무엇을 가르치고 길러줄지 분명하면, 그에 맞는 활동 자료를 준비하고 피드백을 제공하는 데 집중할 수 있고, 불필요한 활동을 줄일 수 있다.

결국 핵심 기능 선별은 단원의 '방향키' 역할을 한다. 방향키가 분명해야 단원이 끝났을 때 학생들이 얻게 될 능력의 성취가 뚜렷해진다. 이러한 이유로, 단원을 설계할 때 반드시 교육과정의 여러 기능 요소 중 주요 기능 몇 가지를 가려내는 작업이 필요하다.

04 ChatGPT를 활용한 핵심 기능 추출 방법

방대한 교육과정의 기능 목록에서 어떻게 관련된 핵심 기능만 골라낼 수 있을까? ChatGPT를 활용하면 이 작업을 빠르고 정확하게 도울 수 있다. ChatGPT는 주어진 정보에서 패턴과 연관성을 찾아 맥락에 맞는 답을 제시하므로, 복잡한 기능 목록 중 단원 내용과 관련성이 높은 기능을 추려내는 데 유용하다. 전체 흐름은 다음과 같다.

1) 관련 자료 준비

먼저 해당 교과의 교육과정에 제시된 과정·기능 요소 목록을 준비한다. 이는 교육과정 문서나 교과서 앞부분에서 찾을 수 있다. 예를 들어 5학년 과학이라면, 3, 4학년군 또는 5, 6학년군 과학의 기능 목록을 수집한다. 동시에, 해당 단원의 핵심 개념이나 중요한 내용도 정리한다(예: 단원 개요, 개념, 일반화된 지식 등).

2) ChatGPT에게 맥락 제공

ChatGPT에게 어떤 교과의 어떤 단원인지 알려주면 좋다. 예를 들어 "초등학교 5학년 과학 '소리' 단원의 핵심 기능을 선정하려 합니다."처럼 간략히 맥락을 설명하면, AI가 교사의 요구사항을 좀 더 이해하는 데 도움이 된다.

3) 기능 목록 입력

준비한 과정·기능 요소 리스트를 ChatGPT에게 제공한다. 리스트는 사람이 읽는 것처럼 글머리 기호 목록 형태로 나열하거나 항목별로 구분하여 입력한다. 가능하면 목록임을 표시하기 위해 "- ~하기" 형태로 열거한다.

4) 단원 내용 입력

이어서 단원의 중요 내용이나 개념 요소를 입력한다. 이것도 목록 형태로 제시할 수 있다. 예를 들어, 단원에서 다루는 주요 지식 포인트들을 번호나 글머리 기호 목록 형태로 나열한다.

예 "1. 소리의 발생과 전달 – 소리는 물체의 진동으로 발생하고 매질을 통해 전달된다. 2. 진폭과 진동수 – 진폭이 크면 소리 크기가 커진다." 등

5) 요청 사항 작성

이제 ChatGPT에게 무엇을 해 달라고 할지 명확히 지시한다. 핵심 문장은 예를 들어: "다음 과정 및 기능 요소들 중에서 중요한 내용과 관련되는 핵심 기능을 추출하여 정리해 주세요."처럼 작성할 수 있다. 즉, 제공한 기능 목록에서 중요 내용과 연관된 것만 뽑아달라고 요청하는 것이다.

이때 "추출하여 정리해 주세요"와 같이, 결과를 요약/정리 형태로 달라는 표현을 쓰면 깔끔한 리스트 형태의 답변을 얻을 확률이 높다.

6) 출력 형식 지시(선택)

특별히 원하는 출력 형태(예: 표, 목록, 번호 매기기 등)가 있다면 이 또한 프롬프트에 포함한다. 처음부터 "표로 제시해 주세요."라고 하거나, 아니면 1차 응답을 받은 후 "이 결과를 표로 만들어 주세요."라고 추가 요청할 수 있다.

7) ChatGPT 응답 확인

ChatGPT는 주어진 목록과 내용에 근거하여 관련성이 높은 기능들을 선별해 줄 것이다. 보통 각 중요 내용 요소마다 필요한 기능을 짝지어 제시하거나, 전체적으로

핵심 기능 리스트를 출력해준다. 응답 내용에서 단원 내용과 어떻게 연결되는지 설명도 곁들여질 수 있다. 이를 통해 "왜 이 기능이 필요한가?"를 이해하기 쉽다.

8) 결과 검토 및 수정

ChatGPT의 추출 결과를 검토하면서, 교사가 보기에 빠뜨린 기능이 있거나 불필요한 기능이 포함되었다고 판단되면 추가 질문을 한다. 예를 들어 "혹시 ~ 기능도 관련이 있지 않을까요? 추가해 주세요." 또는 "~ 기능은 이 단원과 직접 관련이 없을 것 같은데 빼고 다시 정리해 주세요."처럼 후속 프롬프트로 수정 요구를 할 수 있다. ChatGPT는 대화를 기억하고 있으므로, 이런 요청에 따라 목록을 조정해 줄 것이다.

9) 결과 요약 및 구조화(선택)

최종 선정된 핵심 기능들을 한눈에 보기 좋게 정리하도록 ChatGPT에게 요청할 수 있다. 예를 들어 "위 핵심 기능을 중요한 내용과 함께 표로 정리해주세요."라고 하면, 내용 요소와 핵심 기능이 짝지어진 표를 만들어 줄 수 있다. 표나 목록으로 정리하면 이후 수업 설계 문서에 활용하기 편리하다.

위 과정을 거치면 복잡한 기능 목록 속에서도 우리 단원에 꼭 맞는 핵심 기능만 추출할 수 있다. 이는 마치 많은 재료 중 주재료를 골라내는 과정과 같으며, ChatGPT는 이를 신속히 정리된 형태로 제시해 주므로 교사의 업무를 덜어준다.

05 • ChatGPT 프롬프트 작성: 단계별 예시 가이드

위에서 설명한 절차를 실제로 따라할 수 있도록, ChatGPT에 입력할 프롬프트를 단계별로 상세히 구성해 보겠다. 처음 사용하는 교사도 쉽게 따라할 수 있도록 하나하나 풀어서 안내한다.

1) 단원 맥락 소개하기

먼저 ChatGPT에게 어떤 상황인지 알려주는 문장을 쓴다. 예를 들어 해당 교과, 학년, 단원명 등을 언급한다.

예시: "중학교 2학년 과학 수업을 위한 개념기반 단원 설계를 하고 있습니다. 해당 단원은 '소리의 성질'을 다룹니다."

이처럼 맥락을 밝히면 ChatGPT가 뒤에 나오는 정보들의 맥락을 이해하는 데 도움이 된다(필수는 아니지만 권장).

2) 명령 또는 질문 작성하기

ChatGPT에게 무엇을 해줄지 직접적으로 요청한다. 원하는 작업이 "핵심 기능 추출"이므로, 추출하고 정리해달라는 표현을 사용한다.

예시: "다음 목록에서 중요 내용과 관련된 핵심 기능을 추출하여 정리해주세요."

이 문장에서 "다음 목록", "관련된 핵심 기능", "추출하여 정리" 등의 키워드로 정확한 작업을 지정한다. 가급적 짧고 명확한 한 문장으로 지시하는 것이 좋다.

3) 자료 제공: 과정·기능 요소 목록 붙여넣기

이제 실제 교육과정의 기능 목록을 넣는다. 목록 앞에는 간단히 어떤 목록인지 표시해준다. 예를 들어 "# 과정 및 기능 요소:" 처럼 제목을 붙이고 줄바꿈을 한 후, 해당 교과의 기능 요소들을 글머리목록 형태로 나열한다. 각 항목은 줄을 바꿔 -(하이픈)이나 · 기호 등으로 시작하는 것이 좋다.

▾ **예시(과학 과목 기능 목록 일부) :**

 # 과정 및 기능 요소

- 자연 현상을 관찰하고 문제를 찾아 정의하기
- 탐구를 위한 가설을 설정하기
- 적절한 변인을 고려하여 실험 설계하기
- 자료를 수집하고 그래프로 변환하여 해석하기
- 관찰한 현상에서 규칙성을 추론하기
- 모형을 만들어 현상을 설명하거나 예측하기
- 과학적 증거를 기반으로 자신의 주장을 펼치기

(※ 실제로는 교육과정 문서에 나온 관련 학년군의 기능 요소 전체 목록을 붙여넣는다.)

이 때 유의할 점은 너무 광범위한 목록을 모두 넣기보다는 해당 단원과 관련 있을 법한 범위로 제한하는 것이다.

예 초등 전학년 것이 아닌 5~6학년군 목록만 사용

4) 자료 제공: 단원의 중요한 내용 목록 작성하기

다음으로 단원의 중요한 지식 내용 또는 개념 요소를 정리하여 입력한다. 마찬가지로 제목을 붙이고(예: "# 중요한 내용:"), 번호나 글머리 기호 목록으로 나열한다. 각 내용에는 핵심 개념과 그에 대한 간략한 설명을 포함하면 좋다.

▾ **예시(소리 단원의 중요 내용) :**
 # 중요한 내용
1. 소리의 발생과 전달 - 소리는 물체의 진동으로 발생하고 매질을 통해 전달된다.
2. 진폭과 진동수 - 진폭이 클수록 소리의 세기(음량)가 커지고, 진동수가 높을수록 음의 높이가 높아진다.
3. 소리의 파형 - 소리의 파형 모양에 따라 음색 등의 소리 특성이 달라진다.

(※ 단원의 개념 구조나 주요 지식들을 요약하여 나열한다.)

5) 추가 요구사항(선택)

필요에 따라 출력 형식이나 추가 조건을 붙일 수 있다. 처음 시도라면 너무 복잡하게 요구하기보다는 기본 정리를 받고, 이후 재요청하는 방식이 나을 수 있다. 하지만 미리 "핵심 기능을 번호로 나열해주세요." 정도는 포함해도 좋다.

6) 최종 프롬프트 구성하기

위의 요소들을 모두 합치면 ChatGPT에 보낼 프롬프트가 완성된다. 한꺼번에 모두 복사해서 대화창에 입력한다. 예시를 종합하면 다음과 같다.

▾ **프롬프트 예시 :**
다음 과정 및 기능 요소들 중에서 위 중요한 내용과 관련되는 핵심 기능을 추출하여 정리해 주세요.

과정 및 기능 요소
- 자연 현상을 관찰하고 문제를 찾아 정의하기
- 탐구를 위한 가설을 설정하기
- 적절한 변인을 고려하여 실험 설계하기
- 자료를 수집하고 그래프로 변환하여 해석하기
- 관찰한 현상에서 규칙성을 추론하기
- 모형을 만들어 현상을 설명하거나 예측하기
- 과학적 증거를 기반으로 자신의 주장을 펼치기

중요한 내용
- 소리의 발생과 전달 - 소리는 물체의 진동으로 발생하며, 소리는 매질을 통해 전달된다.
- 진폭과 진동수 - 진폭이 클수록 소리의 크기(음량)가 커지고, 진동수가 높을수록 음의 높이가 높아진다.
- 소리의 파형 - 다양한 소리의 파형은 음색 등 소리의 특성에 영향을 준다.

7) ChatGPT 응답 확인 및 후속 조치

ChatGPT가 답변한 결과를 확인한다. 원하는 내용이 대부분 포함됐다면 성공이다. 만약 결과가 불만족스러운 경우, 예를 들어 핵심 기능으로 선정되길 바란 항목이 누락되었다면 "...도 관련이 있을 것 같은데 추가해서 다시 알려주세요."라고 물을 수 있다. 반대로 너무 많은 기능이 나열됐다면 "가장 핵심적인 3가지만 골라주세요." 식으로 조건을 변경해 다시 요청한다. ChatGPT에게 추가 지시를 내리거나 결과 형식을 바꾸는 것은 대화 창에서 계속 이어서 질문하면 된다.

이러한 단계별 프롬프트 작성과 피드백 과정을 통해, 초심자라도 ChatGPT를 마치 조력자처럼 활용하여 단원의 핵심 기능을 찾아낼 수 있다. 다음 장에서는 실제 교과 사례별로 위 과정을 어떻게 적용하는지 살펴보겠다.

06 교과별 ChatGPT 활용 예시

이제 다양한 교과나 상황에서 ChatGPT를 활용해 핵심 기능을 추출하는 실제 예시를 알아보겠다. 각 예시마다 상황 설정, 프롬프트 구성, ChatGPT의 예상 응답을 간략히 소개한다. 이를 통해 어떤 교과에서든 유사한 접근을 적용할 수 있음을 보여주고자 한다.

1) 예시 1 과학과 단원: 소리의 성질

① 상황

중학교 2학년 과학 "소리의 성질" 단원. 학생들은 소리가 어떻게 발생하고 전달되는지, 그리고 소리의 특성(진폭, 진동수 등)에 대해 배우게 된다.

- 과정·기능 요소: (과학 중2에 해당하는 기능 목록 일부) 관찰 및 문제 발견, 가설 설정, 실험 설계, 자료 분석, 현상 모형화, 증거 기반 설명 등.
- 중요 내용: 소리의 발생과 전달 원리, 진폭/진동수와 소리 특성의 관계, 소리의 파형과 음색.

② 프롬프트 작성

과목/단원 맥락을 밝히고, 위 기능 목록과 내용 목록을 제공한 뒤 "다음 기능 중 중요한 내용과 관련된 핵심 기능을 추출해주세요."라고 요청한다.

③ ChatGPT 응답(요약)

ChatGPT는 각 주요 내용에 어떤 기능이 필요한지 연결하여 답할 것이다. 예를 들면 다음과 같다.

- 소리의 발생과 전달: 관련 기능 - "자연 현상을 관찰하고 문제를 정의하기"(소리 발생 현상을 관찰하고 원리를 탐구하기 위해), "모형을 만들어 현상을 설명하기"(소리의 전달 과정을 모형으로 보여주기 위해) 등이 핵심으로 선정된다.
- 진폭과 진동수의 이해: 관련 기능 - "실험 설계하기"(진폭·진동수와 소리 크기·높이의 관계를 밝히는 실험 설계), "자료 수집 및 그래프로 해석하기"(실험 결과를 그래프로 나타내어 관계 분석) 등이 제시된다.
- 소리의 파형과 특성: 관련 기능 - "현상을 관찰하여 규칙성 추론하기"(다양한 소리 파형을 관찰해 공통 패턴 찾기), "모형화하여 설명하기"(소리 파형을 시각적 모형으로 표현하여 음색을 설명) 등이 나올 수 있다.

이러한 식으로 ChatGPT의 답변은 "단원 지식 → 필요한 기능"의 대응을 명확히 보여주어, 교사가 "아, 이 단원에서는 학생들이 결국 이런 능력을 키워야겠구나" 하고 이해하기 쉽다. ChatGPT의 답변을 표로 정리하면 다음과 같은 모습이 될 것이다.

중요한 내용(소단원)	관련 핵심 기능(과정·기능)
소리의 발생과 전달	- 자연 현상 관찰 및 문제 정의하기 - 모형 제작을 통해 현상 설명하기
진폭, 진동수와 소리 특성	- 변인을 고려하여 실험 설계하기 - 자료를 수집하여 그래프로 분석하기
소리의 파형과 음색	- 다양한 현상 관찰하여 규칙성 추론하기 - 현상을 모형화하여 설명하기

※ 위 표는 예시 응답을 재구성한 것이다.

이 예에서 보듯, 과학 단원의 경우 ChatGPT가 탐구 기능들을 선별해 주므로, 이후 교사는 이를 토대로 실험이나 탐구 활동을 설계하면 된다.

2) 예시 2 국어과 단원: 독서(이해와 비판)

① 상황

고등학교 국어 "독서와 토론" 단원. 학생들은 다양한 글을 읽고 중심 내용과 주제를 파악하며, 비판적으로 이해하고 의견을 토론하는 수업을 진행한다.

- 과정·기능 요소: (국어 교과 독서 영역 기능) 읽기 전 예측하기, 내용 요약하기, 추론 및 비판하기, 텍스트 간 연결짓기, 토의·토론하기 등.
- 중요 내용: 글의 주제 파악, 주장과 근거 평가, 여러 자료를 종합하여 자신의 견해 형성.

② 프롬프트 작성

국어과 고등 독서 단원임을 밝히고, 관련 기능 목록(읽기 전략들과 토론 기능 등) 및 주요 학습 내용(예: "A글의 주장 파악", "다른 글과 비교", "의견 토론")을 제공한 뒤 "아래 기능 중 주요 내용에 해당하는 핵심 기능을 골라달라"고 요청한다.

ChatGPT는 예를 들어 다음과 같이 답할 수 있다.

▸ ChatGPT 응답 (예상 요약)

- **중심 내용 파악**
  - 관련 핵심 기능: "내용 요약하기(글의 핵심 내용을 간략히 추출하는 능력), "중심 내용 파악하기(주제문을 찾고 주제를 추론하는 능력) 등이 중요하다고 추출.
- **주장과 근거 평가**
  - 관련 기능: "비판적으로 읽기(저자의 주장 전개 방식을 논리적으로 검토), "추론하기"(명시되지 않은 전제를 추론하여 논지를 파악).
- **의견 형성과 토론**
  - 관련 기능: "텍스트 연결하기(여러 글의 내용을 비교·대조하여 통합된 견해 만들기), "토의·토론하기"(읽은 내용을 바탕으로 자신의 의견을 조직적으로 발표하고 타인과 토론하기).

ChatGPT는 이처럼 국어 단원에서도 독서 기능과 의사소통 기능 중 핵심을 뽑아 주어, 교사가 학생들이 길러야 할 능력을 분명히 인지하도록 돕는다. 예를 들어, ChatGPT의 결과를 보고 교사는 "이번 단원에선 요약 능력과 비판적 읽기, 그리고 토론 능력을 중점 연습해야겠구나."라고 결정할 수 있다.

3) 예시 3 사회과 단원: 민주주의와 시민 참여

① 상황

중학교 사회 "민주 정치와 시민 참여" 단원. 학생들은 민주주의의 원리, 의사 결정 과정, 시민의 권리와 의무 등을 학습하고 모의 선거 또는 토론 등의 활동을 한다.

- 과정·기능 요소: (사회과 기능 요소) 자료 조사하기, 사실과 의견 구분하기, 의사 결정하기, 토론 및 협상하기, 문제 해결 방안 제시하기, 참여 실행하기 등.
- 중요 내용: 민주주의 의사 결정 과정의 특징, 선거의 역할, 다양한 사회 문제에 대한 토론, 시민 참여 사례.

② 프롬프트 작성

사회과 중학교 민주주의 단원이라고 밝히고, 관련 기능 목록(사회 탐구 및 참여 기능들)과 중요 개념들(예: "다수결의 원칙과 소수 의견 존중", "선거 과정 이해", "모의 민주주의 활동")을 제공한 후 "이 중 단원 내용에 꼭 맞는 핵심 기능을 골라 정리해주세요."라고 요청한다.

ChatGPT는 다음과 같은 핵심 기능을 제시할 수 있다.

> ▸ ChatGPT 응답 (예상 요약)
>
> • **민주적 의사 결정 이해**
> - 관련 기능: "의사 결정하기(여러 대안 중 공익에 부합하는 결정을 내리는 과정 연습), "토론하기"(다른 의견을 경청하고 자기 주장을 펼치는 민주적 토론 기능).
>
> • **선거 과정 학습**
> - 관련 기능: "자료 조사하기"(선거 절차나 후보 정보 등을 조사하여 사실 기반 판단), "참여 실행하기"(모의 투표나 선거 캠페인 참여를 통해 민주주의를 실천).
>
> • **시민 참여 사례 분석**
> - 관련 기능: "문제 해결 방안 제시하기"(사회 문제를 식별하고 해결 방안을 협의하여 제안하는 능력), "협상 및 조정하기"(갈등 상황에서 모두가 win-win할 수 있는 방안 찾기).

이를 통해 교사는 이 단원에서 학생들이 토론과 의사결정 능력을 특히 키워야 함을 알게 되고, 수업을 토론 활동, 모의 선거 프로젝트 등으로 구성할 근거를 얻는다.

이상의 예시들에서 공통적으로 볼 수 있듯이, ChatGPT를 활용하면 각 교과의 다양한 기능 목록 중에서 단원의 중요 개념과 직결되는 핵심 기능을 뽑아내어 보여준다. 과학, 국어, 사회 등 교과는 다르지만, 프롬프트 작성 방식은 유사하게 적용할 수 있다. 핵심은 "단원 내용"과 "가능한 기능 목록"을 동시에 제공하고 그 연결 고리를 찾아달라고 요구하는 것이다. 교사는 ChatGPT의 응답을 토대로 단원 설계를 더욱 체계적으로 할 수 있다.

07 • 프롬프트 작성의 핵심 원칙 정리

여러 사례를 통해 살펴본 것처럼, ChatGPT에게 원하는 결과를 얻으려면 프롬프트 작성을 잘 해야 한다. 다음은 교사가 기억하면 좋을 프롬프트 작성의 핵심 원칙들이다.

1) 맥락 제공

ChatGPT는 맥락에 민감하다. 교과, 학년, 단원 주제 등을 미리 밝혀주면 더 정확하고 관련성 높은 답변을 얻는다.

예 "고등학교 역사 수업에서…"

2) 구체적 지시

원하는 작업을 명확히 명령형으로 적시한다. 모호하게 "알려줘", "어떻게 할까?" 보다는 "~을 추출해주세요.", "~을 작성해주세요."처럼 분명한 동사를 사용한다.

3) 관련 정보 충분히 제공

ChatGPT는 제공된 정보를 기반으로 답한다. 따라서 교육과정 기능 목록이나 학습 내용 등 필요한 정보를 꼼꼼히 제공해야 한다. 정보가 부족하면 엉뚱한 답을 하거나 일반론을 반복할 수 있다.

4) 형식 요구 활용

답변을 어떤 형식으로 받을지 지정하면 가독성이 높아진다. 목록, 표, 단계별, 예시 포함 등 형식을 요구해보자.

예 "중요 내용과 기능을 표로 정리해주세요."

5) 예시 및 조건 제시

필요한 경우 예시를 프롬프트에 포함하거나 추가 조건을 줄 수 있다. 이러한 조건은 ChatGPT의 답변을 원하는 범위로 좁혀준다.

예 "두 문장 이내로 간략히 정리해주세요.", "3가지만 골라주세요."

6) 대화 흐름 활용

한 번에 완벽한 답을 얻지 못하더라도, 대화를 이어가며 답을 개선할 수 있다. ChatGPT는 같은 세션 내 이전 대화 내용을 기억하므로, 후속 질문을 통해 수정,

추가, 형식 변경 등을 요청한다.

예 "더 쉬운 말로 다시 설명해주세요.", "이걸 요약해주세요."

7) 피드백과 확인

ChatGPT의 응답이 나온 후, 교사는 그것을 비판적으로 검토해야 한다. 필요한 부분에 대해 재질문하거나 세부 설명을 요구하는 것은 당연한 과정이다. 프롬프트를 조금 바꾸어 다시 시도해보는 것도 좋다. 몇 번의 피드백을 거치면 원하는 답에 수렴하게 된다.

8) 언어와 표현

프롬프트는 사람이 읽는 것이 아니므로 매우 공손하거나 격식 있게 쓸 필요는 없다. 이해하기 쉬운 평이한 언어로 쓰되, 중요한 키워드는 놓치지 않는 것이 요령이다. 또, 한국어로 물으면 한국어로, 영어로 물으면 영어로 답하므로 질문 언어도 적절히 선택한다. 국내 교육과정 내용은 한국어로 쓰는 것이 정확하다.

요컨대, 프롬프트 작성은 원하는 정보를 정확히, 충분히, 명료하게 전달하는 것이 핵심이다. 처음에 다소 긴 프롬프트가 될지라도 맥락과 자료를 충분히 넣는 편이 오히려 시간을 절약해 준다. 위 원칙들을 염두에 두고 몇 번 연습해보면 금세 감을 잡을 수 있을 것이다.

08 ChatGPT 결과의 수업 설계 활용: 다음 단계

ChatGPT를 통해 핵심 기능 목록을 얻었다면, 이제 이를 실제 수업 설계에 녹여내는 후속 작업이 필요하다. 핵심 기능을 단원 계획에 활용하는 방법을 간단히 정리하면 다음과 같다.

1) 수업 목표 구체화

도출된 핵심 기능들을 살펴보면서, 단원의 학습목표 또는 성취기준 문장을 다듬는다. 보통 "~을 이해한다"와 같은 지식 목표만 있었다면, "~을 할 수 있다" 형태로 기능이 포함된 목표를 추가한다.

- 예 "학생들은 다양한 소리의 파형을 관찰하여 음색의 차이를 설명할 수 있다."
  (기능: 관찰 및 설명하기)
- 예 "학생들은 읽은 글의 주요 주장을 요약하고 자신의 견해를 논리적으로 표현할 수 있다."
  (기능: 요약하기 + 의사소통)

2) 학습 활동 설계

핵심 기능을 길러주기 위한 적절한 학습 활동을 구안한다. ChatGPT가 보여준 기능과 내용의 연결고리를 참고하여, 학생들이 그 기능을 직접 실행해 볼 수 있는 활동을 설계한다.

과학이라면 실험 및 탐구 활동이 될 것이고, 국어라면 토의·토론, 글쓰기 활동, 사회라면 모의 상황 역할극, 프로젝트 등이 될 수 있다.

- 예 소리 단원의 "모형 만들기" 기능 → 컵과 실을 이용한 전화기 만들기 실험으로 소리 전달 모형을 만드는 활동; 민주주의 단원의 "토론하기" 기능 → 모의 의회 토론 활동 등.

3) 평가 기준 및 과제 개발

핵심 기능이 잘 함양되었는지 평가하려면, 평가 과제와 성취 기준(루브릭)에 그 기능을 반영해야 한다. 우선 단원 총괄평가 과제를 구상할 때, 해당 기능을 사용해야만 제대로 수행할 수 있는 과제를 만든다.

- 예 실험 설계 기능 → 새로운 상황에 대한 간단한 실험 계획 세우기 과제; 토론하기 기능 → 찬반토론 진행 및 결과 보고서 작성 과제

평가 기준도 기능 측면을 포함한다. "학생이 실험 절차를 논리적으로 설계했는가?", "토론에서 근거를 들어 자신의 주장을 펼쳤는가?" 등의 기준을 정한다. 필요하면 ChatGPT에게 "이러이러한 능력을 4단계 척도로 평가하는 루브릭을 만들어주세요."라고 요청하여 초안을 얻고, 이를 우리 반 실정에 맞게 수정할 수도 있다.

4) 피드백 및 보강

수업 진행 중에도 ChatGPT를 활용하여 추가 아이디어를 얻을 수 있다. 예를 들어 핵심 기능을 가르치는 데 어려움을 겪는다면 "~ 기능을 향상시키기 위한 다른 활동 아이디어를 주세요."라고 물어볼 수 있다. ChatGPT는 여러 대안을 제시해 줄 것이고, 그중 현실성 있는 것을 취사선택하면 된다. 이처럼 설계 단계뿐만 아니라 실행 단계에서도 AI를 보조도구로 활용할 수 있다.

마지막으로, ChatGPT의 결과는 어디까지나 조언과 초안이다. 최종적으로 단원을 이끌어갈 사람은 교사 자신이므로, 제안된 핵심 기능과 활동들을 교사의 전문성과 창의성으로 재구성하는 것이 중요하다. ChatGPT가 추출한 핵심 기능이 수업 맥락에 완벽히 맞아떨어질 때도 있지만, 아닐 때는 교사의 판단으로 조정해야 한다. 이러한 단계를 통해, 추출된 핵심 기능들은 단원의 목표 → 활동 → 평가로 자연스럽게 연결되며 일관성 있는 수업 설계를 완성하게 된다. 처음에는 다소 복잡해 보일 수 있으나, ChatGPT와의 상호작용을 거듭하다 보면 시간도 절약되고 창의적인 아이디어도 얻을 수 있어 단원 설계의 질이 향상될 것이다.

단원정리

핵심 기능 파악하기(8단계) 절차 요약

순서	단계	주요 내용 및 활동
1	**'핵심 기능'의 개념 이해**	'핵심 기능'(Key Skills, Core Competencies)의 정의와 교육적 의미를 파악한다.
2	**교육과정 문서의 과정·기능 요소 분석**	해당 단원의 **교육과정 성취기준**에서 강조하는 과정, 기능, 역량 요소를 검토한다.
3	**단원별 핵심 기능 후보 도출**	단원에서 학생이 반드시 **습득하고 수행해야 할 기능/역량**(2~4개)를 후보로 뽑는다.
4	**ChatGPT 등 AI 활용 기능 도출**	ChatGPT 등의 도구를 활용해 단원의 맥락에 맞는 핵심 기능(실행력, 의사소통, 탐구, 비판적 사고 등)을 도출한다.
5	**기능의 명확화 및 학생 수준 조정**	선정한 기능이 **구체적이고 학생 수준에 맞는지** 점검하고, 필요시 명확하게 재구성한다.
6	**최종 핵심 기능 확정**	최종적으로 단원에서 다루어야 할 **핵심 기능(역량)**을 선정하고, 이후 활동 및 평가 설계에 반영한다.

◎ 설명 및 특징

- 핵심 기능은 '무엇을 할 수 있게 할 것인가?'에 초점을 둔다. 즉, 학생이 단원에서 배우는 지식·개념을 실제로 적용하거나, 행동으로 옮길 수 있는 구체적 역량·기능을 뜻한다.

  예 분석하기, 토론하기, 자료 해석하기, 문제 해결하기, 발표하기 등.

- 성취기준에서 요구하는 기능, 교과 역량, 실제 수업 상황 등을 종합적으로 고려해 선정해야 하며, ChatGPT 등 AI를 활용해 다양한 관점에서 기능을 도출할 수 있다.
- 기능은 지나치게 포괄적이지 않으면서도, 실제 수업/평가에서 관찰·평가 가능한 수준으로 구체화해야 한다.
- 선정된 핵심 기능은 수업 활동 설계와 수행·총괄 평가 루브릭의 중심 축이 된다.

오디오 가이드(제12장)

12장

9단계 : 총괄 평가와 루브릭 작성하기

열정교사 수석선생님, 핵심 기능까지 정리했어요. 다음은 뭘 해야 할까요?

수석교사 이제 9단계인 '총괄평가와 루브릭 작성하기'로 넘어갈 차례예요. 학생들이 단원에서 배운 개념을 얼마나 이해하고 활용할 수 있는지 종합적으로 평가하는 단계죠.

열정교사 그럼 기존 평가랑은 어떤 점이 다른 거예요?

수석교사 가장 큰 차이는 '얼마나 외웠냐'가 아니라 '개념을 얼마나 이해하고 활용할 수 있냐'를 보는 거예요. 개념, 사실, 기능을 따로 보는 게 아니라 통합적으로 평가하고, 실생활과 연결된 과제로 평가하는 경우가 많죠. 예를 들면 소음 문제 해결 프로젝트 같은 것이죠.

열정교사 평가 과제를 만들려면 어떤 자료가 필요한가요?

수석교사 우리가 지금까지 정리해 둔 자료들을 활용하면 돼요. 단원의 개념 렌즈, 일반화 문장, 중요한 내용, 그리고 핵심 기능이요. 이걸 바탕으로 평가 과제를 구성하면 되죠.

열정교사 이런 걸 가지고 ChatGPT에 평가 과제를 요청할 수 있을까요?

수석교사 물론이죠. 예를 들어 "중2 과학 '소리' 단원인데, 개념 렌즈는 '전달', 일반화는 '소리는 물체의 진동으로 전달된다', 중요한 내용은 진동수와 파장, 핵심 기능은 실험 설계예요. 이걸 바탕으로 실생활 수행평가 과제를 만들어주세요"라고 요청하면 돼요.

열정교사 그렇게 하면 구체적인 과제가 나오나요?

수석교사 네, 예를 들면 "학교 소음 문제 해결하기" 같은 프로젝트를 제안해주고, 학생 역할이나 상황 설정까지 알려줘요. 응답이 마음에 안 들면 "더 도전적으로 바꿔줘" 같은 요청으로 다듬을 수도 있고요.

열정교사 GRASPS라는 틀도 있다던데, 그건 뭔가요?

수석교사 수행평가 과제를 구성할 때 쓰는 틀이에요. Goal(목표), Role(역할), Audience(대상), Situation(상황), Product(결과물), Standards(기준)의 약자죠. ChatGPT에 "이 내용을 GRASPS 틀로 정리해줘"라고 요청하면 각 항목별로 정리해줘요.

열정교사 평가 기준표, 즉 루브릭도 만들어야겠죠?

수석교사 맞아요. 루브릭은 평가 요소를 정하고, 성취 수준을 나누고, 각 수준별 평가 문장을 만드는 거예요. ChatGPT에 "이 요소들에 대해 4단계 루브릭을 표로 만들어줘"라고 하면 꽤 괜찮은 초안을 만들어줍니다.

열정교사 ChatGPT가 정말 많이 도와주네요. 교사는 어떤 부분에 집중해야 할까요?

수석교사	ChatGPT는 아이디어와 초안을 제공하는 도구일 뿐이에요. 교육과정에 맞는지, 학생 수준에 적절한지, 실제로 운영 가능한지 등은 교사가 최종 판단해야 해요.
열정교사	지금까지 배운 내용을 간단히 정리해주실래요?
수석교사	간단히 말하자면, 개념과 일반화, 내용, 기능을 정리하고 → ChatGPT로 평가 과제를 요청하고 → GRASPS 틀로 구조화하고 → 루브릭을 만들고 → 교사가 최종 검토하는 흐름이에요.
열정교사	이제 전체 평가 설계가 확 와닿네요. 감사합니다!
수석교사	잘 따라오셨어요. 구조만 알면 ChatGPT가 든든한 도우미가 될 수 있어요. 다음은 학습 활동 설계인데, 거기서 더 재미있는 내용이 기다리고 있어요!

01 개념기반 총괄평가란?

개념기반 총괄평가는 단원 학습이 끝났을 때 학생들이 핵심 개념과 일반화된 지식을 얼마나 깊이 있게 이해하고 적용할 수 있는지 종합적으로 확인하는 평가다. 일반적인 총괄평가(예: 객관식 시험, 단순 암기 확인)와 비교하여 다음과 같은 특징과 목적상의 차이가 있다.

1) 개념 이해와 적용 강조

개념기반 평가는 학생들이 해당 개념(Big Idea)을 실제로 이해했는지, 그리고 새로운 상황이나 실생활 문제에 그 개념을 적용할 수 있는지를 평가한다. 단순히 암기한 내용을 묻기보다, "배운 개념을 활용하여 무엇을 할 수 있는가?"를 보여주게 하는 것이다. 반면 일반 평가에서는 보통 개별 지식이나 기능 습득 여부를 분리하여 확인하는 경향이 있다.

2) 통합적인 능력 평가

개념기반 총괄평가는 "개념 이해 + 사실적 지식 + 기능(기술)"을 통합한 수행을 요구한다. 예를 들어 과학 수업에서 소리 단원을 배웠다면, 학생이 소리의 개념(예: 진동과 매질을 통한 전달)을 이해하고 있는지, 관련 사실 지식(예: 진동수와 음높이 관계)을 알고 있는지, 그리고 핵심 기능(예: 과학적 탐구 능력)을 활용하여 문제를 해결할 수 있는지를 한꺼번에 평가하는 과제다. 일반 평가는 주로 지식, 기능을 개별적으로 평가(시험 문제 풀이, 실험 결과만 채점 등)하는 경우가 많다.

3) 실생활 연계 & 문제 해결

개념기반 총괄평가 과제는 학생들이 배운 내용을 실제 생활 맥락에서 유의미하게 활용할 수 있는지에 초점을 둔다. 따라서 평가 과제 자체가 현실적인 문제 상황이나 프로젝트 형태로 제시되는 경우가 많다. 이는 학생들에게 학습한 개념이 교실 밖에서 어떻게 쓰이는지 '이해와 전이(transfer)'를 돕는다. 반면, 일반적인 평가는 실생활 맥락과 분리된 질문들로 구성되기 쉽고, 학습 내용의 현실 적용 여부까지는 다루지 못할 때가 있다.

4) 깊은 이해와 전이를 확인

개념기반 총괄평가는 "얼마나 많이 아는가"보다 "얼마나 깊이 이해하고 쓸 수 있는가"를 묻는다. 이는 학생들의 창의적 사고, 비판적 사고, 문제 해결력 등을 함께 보게 된다는 의미다. 즉, 단원의 목표에 대한 "이해도"(일반화된 원리를 이해했는가), "지식 숙달도"(핵심 사실들을 알고 있는가), "기능 숙련도"(관련 기능을 수행할 수 있는가)를 모두 종합적으로 살펴본다. 일반 평가에서는 보통 지식 숙달도에 무게가 실리는 반면, 개념기반 평가는 이러한 다차원적 역량을 균형 있게 확인하는 것이 목적이다.

요약하면, 개념기반 총괄평가는 학생들의 깊은 이해와 실제 적용 능력을 확인하기 위한 평가이며, 이는 일반적인 지필 평가나 단편적인 수행평가와 차별된다. 이제 이러한 평가를 설계하기 위해 교사가 준비해야 할 핵심 정보를 알아보자.

02 • 총괄평가 과제 설계를 위한 4가지 필수 정보 활용하기

개념기반 단원 설계에서는 총괄평가를 만들 때 다음의 네 가지 필수 요소를 활용한다. 이 정보들은 이미 단원 계획 단계에서 정리된 것이며, 모든 교과에 공통으로 적용된다. 앞에서 이미 설명했지만, 중요한 요소인 만큼 다시 한 번 간략하게 정리해 본다.

1) 개념 렌즈

해당 단원의 핵심 개념 또는 개념적 렌즈다. 단원을 관통하는 큰 아이디어나 관점으로, 학생들이 배워야 할 추상적 개념을 말한다. 예를 들어 과학의 경우 "전달(Transmission)", 사회과의 경우 "혁명(Revolution)", 국어의 경우 "관점(Point of View)" 등이 개념 렌즈가 될 수 있다. 개념 렌즈는 무엇을 중심으로 학습 내용을 조직했는지를 보여주며, 평가 과제도 이 개념을 활용하도록 고안해야 한다.

2) 일반화 문장

단원의 개념과 관련된 일반화된 지식 또는 큰 생각을 나타내는 문장들이다. 흔히 "일반화된 진술"이라고 하며, 학생들이 학습을 통해 얻기를 기대하는 보편적 이해를 표현한다. 예를 들어 "소리는 물질의 진동을 통해 전달된다", "혁명은 사회 변화를 가져오는 주요 동인이다"와 같이, 해당 개념을 관통하는 보편적이고 추상화된 진리를 서술한다. 일반화 문장은 나중에 학생들이 새로운 상황에서도 적용할 수 있는 이해의 토대가 되므로, 이를 평가에 반영하면 학생이 정말 일반화를 이해했는지 알 수 있다.

3) 중요한 내용(사실적 지식)

단원에서 다룬 핵심 사실, 개념, 정보들이다. 교과서나 성취기준에 제시된 구체적인 지식 요소를 말하며, 일반화 문장을 뒷받침하는 사실적 근거들이기도 하다. 예를 들어 "소리는 물체의 진동으로 발생한다", "진동수가 높을수록 음의 높이가 높아진다" 같은 구체적인 지식이 이에 해당한다. 이는 평가에서 학생들이 알아야 할 필수 내용 체크에 활용되며, 과제 수행 중 자연스럽게 드러나도록 설계한다.

4) 핵심 기능

단원을 통해 학생들이 반드시 습득해야 할 능력이나 기술이다. 교육과정에서 말하는 과정 및 기능 요소에 해당하며, 각 교과별로 중요한 탐구 기능, 사고 기능, 표현 기능 등이 있다. 예를 들어 과학에서는 "과학적 탐구설계 및 자료분석 능력", 국어에서는 "비판적 글읽기 및 의사소통 능력", 수학에서는 "문제 해결 및 추론 능력" 등이 핵심 기능이 될 수 있다. 총괄평가 과제를 설계할 때, 학생들이 이 핵심 기능을 직접 사용하여 과제를 수행하도록 한다. 그래야 학습의 지식-기능-개념이 모두 평가에 반영된다.

이상 네 가지 요소는 개념기반 평가 설계의 재료라고 할 수 있다. 교사는 이 정보를 토대로 "어떤 상황에서, 학생들이 무엇을 활용하여, 무엇을 하게 할 것인가"를 구상하게 된다.

03 ChatGPT를 활용한 개념기반 총괄평가 과제 생성 방법

이제 준비된 4가지 정보를 활용하여 총괄평가 과제를 설계해보자. ChatGPT와 같은 생성형 AI를 사용하면 교사가 혼자 고민할 때보다 다양하고 창의적인 평가 아이디어를 얻을 수 있다. 다음은 ChatGPT를 활용하는 단계적 방법이다.

1) 프롬프트 작성 준비 - 평가 설계 요소 정리하기

ChatGPT에 요청하기 전에, 앞서 정리한 개념 렌즈, 일반화 문장, 중요한 내용,

핵심 기능을 한눈에 볼 수 있게 정돈해둔다. 간단한 목록 형태로 준비하는 것이 좋다. 또한 어느 학년의 무슨 과목 단원인지 정보를 함께 적어두면 좋다. 중학교 2학년 과학을 예시로 들면 다음과 같다.

▼ **예시 :**

- 학년/과목: 중학교 2학년 과학
- 단원 주제: 소리의 전달
- 개념 렌즈: 전달
- 일반화: ① 소리는 물체의 진동으로 발생하고 매질을 통해 전달된다. ② 소리의 특성(크기와 높낮이)은 진동수와 진폭에 의해 결정된다. … (필요한 만큼)
- 중요한 내용: 소리 발생 원리, 진폭과 음량의 관계, 진동수와 음높이의 관계, 매질에 따른 전달속도, 소리의 실생활 응용(초음파, 방음) 등
- 핵심 기능: 과학적 탐구 설계 및 실험 수행, 자료 분석 및 결론 도출 능력

이처럼 필수 정보를 체계적으로 목록화하면, ChatGPT가 과제를 만들 때 고려해야 할 요소를 빠뜨리지 않고 반영하기 쉽다.

2) 프롬프트 작성 및 입력

이제 ChatGPT에게 총괄평가 과제를 만들어 달라고 요청한다. 프롬프트에 포함될 내용과 전략은 다음과 같다.

① 맥락과 목표 제시

"~단원의 개념기반 총괄평가를 설계하고 있다", "학생들이 실생활 맥락에서 개념을 활용할 수 있는 수행평가 과제를 원한다"와 같이 무엇을 하고 싶은지를 먼저 설명한다. 이렇게 하면 ChatGPT도 평가의 취지를 이해하고 답변의 방향을 잡기 좋다.

② 핵심 정보 제공

준비한 개념 렌즈, 일반화, 내용, 기능 정보를 프롬프트에 나열한다.

> ▾ **예시 :**
> ① 개념 렌즈: 전달
> ② 일반화: - 소리는 물체의 진동으로 발생한다. - 소리는 매질을 통해 전달된다.
> - … (여러 개 적을 수 있음)
> ③ 중요한 내용: 1. 소리의 발생과 전달, 2. 진폭과 진동수의 의미, 3. 소리의 실생활 응용 …
> ④ 핵심 기능: 과학적 탐구 및 문제 해결 능력

이처럼 번호를 붙여 나열하면 ChatGPT가 각 항목을 인식하기 쉽고, 과제 설계에 모든 요소를 활용하도록 유도할 수 있다.

③ 요청 내용

무엇을 만들어 달라고 할지 구체적으로 쓴다. 예를 들어 "위 정보를 바탕으로, 단원의 일반화, 중요 지식, 기능을 모두 평가할 수 있는 실생활 중심 수행 평가 과제를 설계해주세요", "학생들이 개념을 실제 문제 해결에 적용하도록 과제를 만들어주세요"처럼 원하는 과제의 형태와 조건을 밝혀준다.

만약 특정 형식을 원하면(예: 프로젝트형 과제, 실험 보고서 작성 과제 등) 이를 언급해도 된다. 혹은 평가 계획까지 포함해서 달라고 요청할 수도 있다(예: "과제의 목표와 수행 방법, 평가 기준을 포함하여 제시해주세요").

실제 예를 들면 다음과 같다.

> ▾ **예시 :**
> 중학교 2학년 과학 수업을 위한 개념기반 단원을 설계하고 있습니다.
> 다음의 개념 렌즈, 일반화, 중요 내용, 핵심 기능을 바탕으로 총괄평가 과제를 만들어주세요.
> 학생들이 실생활 맥락에서 배운 개념을 활용하고, 일반화된 지식과 핵심 기능을 모두 발휘할 수 있는 수행평가로 제시해주세요.
>
> (1) 개념 렌즈: 전달
> (2) 일반화:
> - 소리는 물체의 진동으로 발생한다.
> - 소리는 매질을 통해 전달된다.
> - 진폭은 소리의 크기(음량)를 결정한다.
> - 진동수는 소리의 높낮이(음의 높이)를 결정한다.
> - 소리의 과학적 원리는 소음 문제 해결에 활용될 수 있다.
> (3) 중요한 내용: 소리의 발생과 전달 원리, 진폭/진동수/파장의 의미와 영향, 소리의 특성(파형 등), 소리 관련 기술(초음파, 방음)
> (4) 핵심 기능: 과학적 탐구 설계 및 실험 수행, 자료 분석 및 문제 해결 능력

위와 같이 입력하면, ChatGPT는 해당 정보를 활용하여 평가 과제 아이디어를 제공합니다.

▸ ChatGPT 답변 예시

"소음 문제 해결 프로젝트" - 학생들은 학교 주변의 소음 문제를 해결하기 위한 프로젝트에 참여합니다.

[상황] 학교 옆 공사장에서 나는 큰 소음으로 수업에 지장이 있다는 가상의 상황을 설정합니다.
[과제] 학생들은 배운 소리의 전파 원리와 진동수/진폭 개념을 활용하여 소음을 줄일 수 있는 창의적인 해결 방안을 고안합니다. 작은 모형이나 방음장치를 설계하거나, 효과적인 소음 저감 아이디어를 제시하도록 합니다.
[세부 지침] 학생들은 (a) 소음 문제의 원인을 과학적으로 분석하고, (b) 소리를 줄이기 위한 실험을 설계 및 실행하며, (c) 데이터를 수집하여 소리의 규칙성을 파악하고, (d) 그 결과를 토대로 현실적인 해결책을 제안하고 발표합니다.

위 과제는 예시지만, 보다시피 하나의 프로젝트형 수행평가로 학생들이 개념(소리의 전달 원리)과 사실 지식(진폭/진동수 개념 등), 기능(탐구 및 문제해결)을 모두 활용하도록 고안됐다. 모든 교과에서도 이와 유사하게 할 수 있다. (예: 국어라면 "뉴스 기사 작성을 통해 관점(point of view) 개념을 적용하기" 같은 프로젝트, 수학이라면 "함수 개념을 활용한 생활 속 문제 해결 과제" 등을 생성 가능)

3) ChatGPT 응답 다듬기 - 과제 아이디어 검토 및 수정

ChatGPT가 제시한 과제가 마음에 들면 그대로 활용하고, 부족한 점이 있으면 추가 요청을 하여 다듬는다. 예를 들어 ChatGPT가 과제 설명만 주고 평가 기준이나 세부 절차가 부족하다면, "이 과제의 세부 진행 절차와 평가 요소도 제시해줘", "조별 수행으로 할 경우 유의점을 추가해줘" 같이 후속 프롬프트를 보낼 수 있다. ChatGPT와의 대화를 통해 원하는 형태로 과제를 구체화시키자.

① 다양한 아이디어 얻기

한 번 생성한 과제가 마음에 들지 않으면, 프롬프트를 조금 바꾸어 여러 번 시도해볼 수도 있다. 예를 들어 "다른 실생활 상황을 사용해서 하나 더 제안해주세요"라고 하면 새로운 상황의 과제를 얻을 수도 있다. 이렇게 하면 교사는 여러 가지 대안 중에서 가장 좋은 것을 선택하거나, 서로 조합하여 최종 과제를 만들 수 있다.

② 과제 난이도 조절

ChatGPT가 준 아이디어가 너무 쉽거나 어렵게 느껴지면, "초등 5학년 수준에 맞게 쉽게 변형해주세요", "더 도전적이지만 수행 가능하도록 수정해주세요" 등으로 난이도나 범위를 재조정하도록 부탁할 수 있다. 이는 학년별 수준 차이를 조정하는 데 유용하다.

ChatGPT를 활용하면 이처럼 총괄평가 과제의 방향성을 명확히 잡으면서도, 교사가 미처 생각하지 못한 창의적이고 실제적인 과제 아이디어를 얻을 수 있다. 특히 처음 개념기반 평가를 설계하는 교사라면, AI의 도움으로 다양한 예시를 접하면서 감을 잡는 데 큰 도움이 된다.

04 GRASPS 틀로 수행평가 구상하기(ChatGPT 프롬프트 활용)

GRASPS는 수행평가 과제를 구조화할 때 널리 활용되는 틀로, 개념기반 단원 설계에서도 매우 유용하다. GRASPS는 학생의 수행과제를 설계할 때 고려해야 할 6가지 요소의 약자로, 이를 활용하면 학생들이 배운 개념과 기능을 현실 맥락의 문제 해결에 적용하도록 과제를 체계적으로 만들 수 있다. 각 글자는 다음을 의미한다.

- G – Goal(목표): 학생들이 과제를 통해 달성해야 할 학습 목표나 해결해야 할 문제를 명확히 설정한다.

  예 "소리가 전달되는 원리를 활용하여 학교 소음을 줄일 수 있는 방안을 설계해보자."
- R – Role(역할): 학생들이 과제 수행 시 맡게 될 역할을 정한다. 현실 세계에서 그 문제를 해결하는 사람의 입장이 되도록 하면 몰입이 잘 된다.

  예 "여러분은 **음향 전문가(방음 엔지니어)가 되어 소음 문제를 분석하고 해결책을 제시합니다."
- A – Audience(대상): 학생들의 결과물을 공유하거나 발표할 가상의 청중이나 실제 대상을 설정한다. 이렇게 대상이 정해지면 학생들은 누구를 위해 문제를 푸는지 알게 되어 과제가 더욱 실제처럼 느껴진다.

  예 "이번 프로젝트의 제안서는 학교 운영위원회와 주변 주민들에게 제공될 것입니다."
- S – Situation(상황): 과제가 이루어질 현실적 상황이나 맥락을 제시한다. 학생들이 해결해야 할 구체적인 문제 상황이 여기에 해당한다. 실제로 있을 법한

상황을 주면 학생들은 학습한 개념을 왜 배웠는지를 자연스럽게 느끼게 된다.

예 "학교 옆 공사장에서 나는 소음 때문에 수업에 집중하기 어려운 상황"

- P - Product/Performance(결과물/수행): 학생들이 과제를 통해 만들어내거나 수행해야 할 구체적인 산출물을 명시한다. 결과물이 분명해야 학생들이 무엇을 해야 할지 명확히 인지할 수 있다.(Performance는 수행 행동 자체를 말하기도 한다.)

예 "소음을 줄이기 위한 방음 장치 모형을 제작하고, 그 효과를 실험으로 입증한 보고서를 작성한다."

- S - Standards for Success(성공 기준): 과제의 성공 여부를 평가할 기준을 알려준다. 곧 루브릭의 주요 요소들인데, 학생들에게는 이 기준이 곧 학습 목표로 인식된다. 이러한 기준을 사전에 제시하면 학생들은 어떤 점에 집중해야 할지를 알게 되고, 과제 수행 방향이 명확해진다.

예 "제시한 해결 방안이 과학적으로 타당한가? 창의적인가? 실현 가능성이 있는가?"

위 여섯 요소를 갖추면 수행평가 과제가 학생 중심으로 짜여지고, 학습한 교과 개념과 실제 상황이 긴밀히 연결된다. GRASPS를 통해 학생들은 정해진 목표와 역할 내에서 탐구, 문제해결, 창의적 사고, 협업 등을 총동원하며, 수업 내용을 의미 있는 맥락에서 활용하게 된다. 결과적으로 평가가 단순한 지식 확인이 아니라 실생활의 진짜 문제 해결 경험이 되도록 설계할 수 있다.

이제 ChatGPT를 활용하여 GRASPS 요소를 갖춘 과제 아이디어를 얻어보자.

앞서 3단계에서 만든 총괄평가 과제를 GRASPS 틀로 더 구조화하고 싶다면, ChatGPT에 이렇게 요청할 수 있다:

> ▾ **예시 :**
> 앞서 정리한 개념 렌즈, 일반화, 중요 내용, 핵심 기능을 최대한 활용하여, GRASPS 틀에 따라 수행평가 과제를 구상해주세요. Goal, Role, Audience, Situation, Product, Standards의 6가지 요소로 나누어 제시해주면 좋겠습니다.

또는 미리 GRASPS 요소 제목을 프롬프트에 넣고 채워달라고 할 수도 있다.

▼ **예시 :**
중학교 2학년 과학 '소리' 단원의 개념기반 수행평가를 GRASPS 모형으로 만들어주세요.

(1) 개념 렌즈: 전달
(2) 일반화:
- 소리는 물체의 진동으로 발생하며 매질을 통해 전달된다.
- 소리의 원리를 활용하면 실생활의 소음 문제를 해결할 수 있다.

(3) 중요 내용: 소리의 발생과 전달, 진폭과 진동수의 개념, 소리의 실생활 응용(방음, 초음파)
(4) 핵심 기능: 과학적 탐구 및 문제해결 능력

위 내용을 바탕으로 GRASPS 요소(목표, 역할, 대상, 상황, 결과물, 성공 기준)를 모두 포함한 수행평가 계획을 작성해주세요.

ChatGPT의 예상 응답: ChatGPT는 이에 대해 다음과 같이 GRASPS 요소를 채운 수행평가 예시를 제시할 수 있다:

- G(Goal 목표): 학교 주변 소음 문제를 과학적으로 해결할 수 있는 방안을 설계한다. 학생들은 소리의 전달 원리와 특성을 적용하여 소음을 줄이는 방법을 찾는 것이 목표이다.
- R(Role 역할): 학생들은 "소리 전문가(음향 공학자)"의 역할을 맡는다. 전문가는 의뢰를 받아 학교의 소음 문제를 분석하고 해결책을 제안해야 한다.
- A(Audience 대상): 제안된 소음 해결방안은 학교 운영위원회와 이웃 주민을 대상으로 보고된다. 이들이 이해할 수 있도록 쉽게 설명해야 한다.
- S(Situation 상황): 학교 옆 공사장에서 나는 지속적인 소음으로 학생들과 교직원이 어려움을 겪고 있다. 학교는 이 문제를 해결하기 위해 방안을 찾고 있는 실제 상황이다.
- P(Product 결과물): 학생들은 소음 저감 솔루션을 설계하여 제안해야 한다. 결과물은 (a) 방음 설비 모형 또는 시스템 디자인, (b) 제안된 해결방안의 효과를 검증한 실험 결과 보고서, (c) 핵심 아이디어를 설명하는 프레젠테이션으로 구성된다.
- S(Standards 성공 기준): 해결방안의 과학적 타당성, 창의성, 실행 가능성이 평가된다. 또한 제안 내용의 명료성과 근거의 충실도, 모형이나 발표를 통한 의사소통 능력, 팀 프로젝트인 경우 팀원간 협업도 등이 평가 기준이 된다.

참고로 위 예시는 ChatGPT가 만들어낸 GRASPS 기반 과제 구상의 한 형태다. 교과에 따라 다양한 GRASPS 시나리오가 가능하며, 예를 들어 국어 과목에서는 Goal을 "사회 문제에 대한 기명 시사 칼럼 작성", 역할을 "칼럼니스트", Audience를 "신문 독자" 등으로 설정하는 방식으로 응용할 수 있다. 핵심은 학습한 개념을 활용하여 실생활과 연결된 과제를 만드는 것이다.

만약 한 번에 모든 GRASPS 요소를 얻기 어렵다면, ChatGPT에게 단계적으로 질문할 수도 있다. 예를 들어 먼저 "이런 상황의 수행평가에서 적절한 Goal(목표)을 무엇으로 잡으면 좋을지 알려주세요."라고 해서 목표를 정하고, 이어서 "좋아요. 그럼 Role, Audience, Situation도 순서대로 제안해주세요." 식으로 한 요소씩 대화를 이어가며 채워나가는 방식이다. 이러면 교사가 각 요소를 충분히 검토하면서 진행할 수 있어 더욱 자신에게 맞는 과제 설계가 가능하다.

GRASPS 틀을 활용하면 수행평가 과제가 논리적 구조를 가지게 되고, 이를 ChatGPT와 함께 구상하면 시간도 절약되고 창의적인 아이디어도 얻게 된다. 이제 이렇게 만든 평가과제를 어떻게 평가할지, 즉 루브릭 작성 단계로 넘어가보자.

05 ChatGPT로 개념기반 루브릭 작성하기(4단계 성취수준 예시 포함)

평가 과제(총괄평가 또는 수행평가)가 결정됐다면, 다음으로 해야 할 일은 채점 기준표, 즉 루브릭(Rubric)을 만드는 것이다. 루브릭은 학생들이 제출한 결과물을 공정하고 일관되게 평가하기 위한 명확한 기준표다. 특히 개념기반 평가에서는 단원의 일반화와 핵심 기능을 제대로 수행했는지를 평가해야 하므로, 루브릭을 잘 설계하는 것이 매우 중요하다. 루브릭 작성 절차는 다음과 같다.

1) 평가 요소 도출: 무엇을 평가할지 항목을 정하기

먼저 평가 요소(Criteria)를 정한다. 평가 요소는 과제의 성공 기준(Standards)과 연결되며, 흔히 학생들이 과제에서 보여줘야 할 중요한 측면들이다. 이전 단계에서

GRASPS의 Standards로 기준을 설정했다면 그것을 활용하면 되고, 그렇지 않더라도 과제 설명에서 자연스럽게 드러난 요소들을 뽑으면 된다. 예를 들어 앞의 소음 문제 해결 과제의 경우 다음과 같은 평가 요소들을 정할 수 있다(교과와 과제 성격에 따라 달라질 수 있다).

- 과학적 정확성: 제안한 해결책이나 실험 결과가 과학적으로 타당하고 정확한가?(학생의 개념 이해 정도를 평가)
- 탐구 및 자료 분석: 실험이나 조사를 체계적으로 수행하고, 얻은 자료를 정확히 분석하여 결론을 도출했는가?
- 문제 해결 및 응용: 제시된 해결 방안이 창의적이고 현실 문제에 적용 가능한가? 배운 개념을 응용하는 능력을 평가
- 의사소통 및 발표: 결과물(보고서/발표)이 명료하고 설득력 있게 작성/제시되었는가?
- 협업 능력: (팀 활동일 경우) 팀원 간에 효과적으로 협력하였는가?

위와 같이 5가지 내외의 핵심 평가 요소를 선정한다. 각 요소들은 과제의 중요한 측면을 대표해야 하며, 모두 합치면 해당 과제를 종합적으로 평가할 수 있어야 한다. 교과에 따라 내용 지식, 과정/방법, 태도 등이 고루 반영되도록 하는 것을 권장한다.

팁 한 가지를 추가하면 다음과 같다. 평가 요소 선정 시 단원의 목표와 직결되는지 자문해보자. 예컨대 과학 수업에서 개념과 탐구 기능을 길렀다면, 이를 각각 평가하는 요소(개념 이해의 정확성, 탐구 수행능력 등)가 반드시 포함되어야 한다. 반면 과제와 무관한 요소는 빼야 한다. 국어라면 내용 이해도, 글의 구조, 표현력 등이 요소가 될 수 있고, 수학이라면 개념 적용 정확성, 문제 해결 과정의 논리성, 의사소통(풀이 설명) 능력 등이 될 수 있다.

2) 성취 수준 결정: 몇 단계로 평가할지 정하기

한국의 학교 현장에서는 루브릭 성취수준을 4단계로 설정하는 경우가 많다(예: 매우 우수, 우수, 보통, 노력 필요). 3단계나 5단계로 하는 경우도 있지만, 4단계가 너무 세분화되지 않으면서도 학생 수준을 구분하기에 적당한 편이다. 각 단계의 명칭은 학교나 교

사별로 다를 수 있는데, 학생들에게 친숙한 용어를 쓰면 좋다(초등의 경우 상, 중, 하, 매우 미흡 대신 아주 잘함, 잘함, 보통, 노력 요함 등 쉽게 쓰기도 한다). 성취 수준 단계가 결정되면, 각 단계에 대한 대략적인 의미를 생각해 두는 것이 좋다.

- 4단계: 기대 이상의 뛰어난 수준(모든 목표를 충족하고 부가적인 통찰이나 능력 발휘)
- 3단계: 기대한 수준을 충분히 충족(대부분 목표 달성)
- 2단계: 부분적으로 충족(일부 목표는 달성했으나 몇 가지 부족)
- 1단계: 기대 수준에 크게 미달(중요 요소 대부분 미흡)

이러한 수준 구분 기준을 머릿속에 두고, 다음 단계에서 각 평가 요소별로 구체 문장을 만들게 된다.

3) 평가 요소별 루브릭 문장 작성: ChatGPT로 초안 만들기

이제 본격적으로 각 평가 요소마다 4단계로 성취 수준을 서술한 문장을 만들어야 한다. 이는 상당한 문장 작성 노하우가 필요한 작업이지만, ChatGPT의 도움을 받으면 수월하다.

앞 단계에서 정한 평가 요소 리스트를 ChatGPT에게 주고, "각 요소에 대해 4단계 성취수준의 루브릭을 작성해주세요."라고 요청한다. 예를 들면 다음과 같다.

> ▾ **예시 :**
> 다음 평가 요소들에 대한 루브릭을 작성해주세요.
> 각 평가 요소마다 '매우 우수, 우수, 보통, 노력 필요'의 4단계로 성취 수준을 구분하고, 각 수준에서 학생의 수행 특성을 한 문장씩 서술해주세요.
>
> **평가 요소:**
> 1. 과학적 정확성: 제시한 내용이나 해결방안의 과학적 타당성 및 정확도
> 2. 탐구 및 자료 분석: 실험/조사 수행의 철저함과 자료 분석의 정확성
> 3. 문제 해결 및 응용: 해결책의 창의성과 실제 적용 가능성
> 4. 의사소통 및 발표: 결과물(보고서/발표)의 명료성, 논리성, 설득력

위와 같이 입력하면 ChatGPT는 각 요소별로 4단계에 해당하는 평가 기준 문장을 생성해준다.

▸ ChatGPT 답변 예시(과학적 정확성 요소에 대한 루브릭 문장)

- **매우 우수(4):** 제시한 해결 방안이 과학적으로 정확할 뿐만 아니라, 관련 개념을 완벽히 이해하고 창의적으로 응용했음을 보여준다.
- **우수(3):** 제시한 해결 방안이 과학적으로 대체로 타당하며, 핵심 개념을 제대로 이해하고 적용하였다. 다만 세부적인 부분에서 약간의 오류나 부족한 점이 있다.
- **보통(2):** 제안된 해결 방안이 일부 과학적 타당성을 갖추었지만, 개념 이해에 있어 몇 가지 오류가 있거나 적용이 피상적이다.
- **노력 필요(1):** 제시한 해결 방안이 과학적 근거가 부족하고 개념 이해에 중대한 오해나 오류를 보인다.

위 예시는 하나의 평가 요소(과학적 정확성)에 대해 ChatGPT가 만들어준 4단계 서술 예시다. 같은 방식으로 다른 요소(탐구 및 자료 분석, 문제 해결 및 응용, 의사소통 등)에 대해서도 각각 4단계로 문장을 얻을 수 있다. ChatGPT는 요청에 따라 위와 같은 형식으로 각 평가 요소별 상세한 채점 기준을 제안해줄 것이다.

ChatGPT에게 결과를 표로 정리해 달라고 추가 요청하면, 보기 좋은 표 형태의 루브릭이 완성된다. 예를 들어 "위 루브릭을 표로 만들어주세요."라고 하면, 성취 수준을 가로축으로, 평가 요소를 세로축으로 한 표를 생성할 수도 있다. 그러면 나중에 문서에 옮기거나 인쇄하여 활용하기 편리하다.

▸ 루브릭 예시(일부분)

평가요소	매우 우수(4)	우수(3)	보통(2)	노력 필요(1)
과학적 정확성	과학적 원리의 이해가 뛰어나고, 이를 활용한 해결 방안이 매우 타당하며 정확하다. 추가적인 통찰도 보여준다.	과학적 원리를 제대로 이해하고 타당한 해결 방안을 제시하였다. 약간의 세부 오류가 있으나 전반적으로 정확하다.	일부 과학적 원리를 적용하였으나 이해나 적용에 몇 가지 오류가 있다.	과학적 원리에 대한 이해가 부족하여 해결 방안이 비과학적이거나 부정확하다.

이처럼 ChatGPT를 활용하면 교사가 구상한 평가 요소에 맞춰 빠르게 루브릭 초안을 만들 수 있다. 생성된 루브릭은 평가의 신뢰도와 투명성을 높여줄 뿐만 아니라, 사전에 학생들에게 제시하면 과제 수행의 목표와 방향을 명확히 알려주는 역할도 한다.

4) 루브릭 다듬기: 최종 검토 및 수정 보완하기

ChatGPT가 제공한 루브릭 초안을 바로 활용해도 좋지만, 최종적으로는 교사가 검토하여 다듬는 과정이 필요하다. 다음 사항을 특히 유의해서 살펴보자.

① 용어 통일 및 적절성

ChatGPT가 쓴 문장에서 어색한 표현이나 학생 수준에 맞지 않는 어려운 용어가 있다면 쉽게 고쳐준다. 예를 들어 "과학적 타당성"이라는 표현이 어려우면 "과학적으로 말이 되는지" 등 학생들이 이해하기 쉬운 말로 바꿀 수 있다. 또한 학교에서 통용되는 용어나 평가 등급 명칭(예: 탁월/우수/보통/미흡 등)으로 통일한다.

② 구체성 및 측정 가능성

각 수준의 서술이 너무 추상적이거나 모호하지 않은지 확인한다. 가능한 한 관찰 가능한 행동이나 결과를 언급하는 것이 좋다. 예를 들어 "깊이 이해했다"보다는 "핵심 개념을 정확히 설명하고 응용하였다"처럼 구체적으로 기술되어야 평가자가 판단하기 쉽다. ChatGPT가 제시한 문장을 읽어보며, 실제 평가 상황에서 명확히 구분될 수 있는지 점검하고 필요하면 예시를 추가한다.

③ 단계 간 일관성

4단계 문장이 서로 논리적으로 연결되고 단계 차이가 분명한지 본다. 종종 AI가 생성한 루브릭은 3단계와 4단계가 비슷해 보이거나, 2단계와 3단계의 차이가 불명확할 수 있다. 이러한 부분은 교사가 문장을 조정하여 상대적 수준 차이를 뚜렷하게 만든다.

예 4단계에는 "모든 측면에서 뛰어남", 3단계는 "대부분 만족", 2단계 "일부 만족, 일부 부족", 1단계 "대부분 부족" 등으로 구분점을 명시

④ 배점 및 가중치 부여

필요에 따라 각 평가 요소에 배점(가중치)을 다르게 줄 수도 있다. 중요한 요소는 점수를 높게, 부차적인 요소는 낮게 배정하면 최종 점수 산출에 반영할 수 있다. ChatGPT에게 배점을 포함한 표를 요청할 수도 있고, 교사가 직접 표에 점수를 기

입해도 된다.

예 과학적 정확성 25점, 탐구 및 분석 25점, 문제 해결 20점, 의사소통 20점, 협업 10점 식으로 합 100점

⑤ 학생 피드백 활용

완성된 루브릭은 가급적 과제 시작 전에 학생들과 공유하는 것이 좋다. 학생들이 이해하지 못하거나 질문하는 부분이 있다면 루브릭 문구를 다듬는 것도 고려한다. 루브릭은 학생들에게도 학습 목표를 재확인시켜주는 자료이므로, 명료성을 학생 관점에서 한 번 더 체크하면 좋다.

이상의 과정을 거치면, 개념기반 총괄평가를 위한 과제와 루브릭이 완성된다. 이제 마지막으로 ChatGPT 프롬프트 작성 시 주의할 점과, 교사가 반드시 해야 할 역할을 정리하면서 마무리하겠다.

06 ChatGPT 프롬프트 작성 유의사항과 교사의 최종 역할

ChatGPT를 활용하여 평가 과제와 루브릭을 만드는 것은 매우 편리하지만, 몇 가지 유의할 점을 기억해야 한다. 또한 AI 도구가 해줄 수 없는 부분은 결국 교사의 전문성이 필요하다는 점도 짚고 넘어가겠다.

1) 프롬프트 작성 시 유의사항

① 명확하고 구체적으로 쓰기

원하는 바를 최대한 구체적으로 적는다. 프롬프트가 모호하면 AI도 엉뚱하거나 일반적인 답변을 내놓는다. 예를 들어 "과학 소리 단원의 평가 만들어주세요"보다는, "소리 단원의 개념(전달)과 일반화를 적용한 실생활 과제 만들어주세요"처럼 맥락과 요구사항을 분명히 한다. 특히 학년, 교과, 단원명, 평가 목표 등을 넣으면 더 알맞은 수준의 답변을 얻는다.

② 목록과 순서 활용

ChatGPT는 구조화된 입력에 강하다. 중요한 요소들은 번호나 글머리 기호로 나열하면 누락 없이 반영해줄 가능성이 높다. 또한 한 번에 한 가지 요청에 집중하는 것이 좋다.

예 한 프롬프트에 과제 생성과 루브릭 작성을 동시에 요구하기보다는, 과제 → 확인 → 루브릭 순으로 나누는 것이 효과적이다.

③ 요청 형태 지정

필요한 경우 출력 형태를 요구한다. 예를 들어 "표로 만들어주세요", "단계별로 나눠서 설명해주세요", "프롬프트를 만들 때처럼 예시를 들어주세요" 등으로 말하면, 원하는 형식으로 정보를 얻을 수 있다. 또한 GRASPS나 루브릭처럼 전문 용어도 그대로 사용하면 AI가 그 틀에 맞춰 답변하려 노력한다.

④ 과도한 정보 입력 지양

학생 개인 정보나 너무 방대한 자료를 한꺼번에 입력하지 않는다. 필요한 정보만 선별하여 주는 것이 좋다. 프롬프트는 핵심적인 정보를 중심으로 간결하게 구성하는 것이 좋으며, 불필요한 내용이 길어지면 핵심이 흐려질 수 있다. 또한 한국어로 질문하면 한국어로 답변이 나오므로, 굳이 영어로 입력할 필요는 없다(개념 용어는 영어로 병기해도 무방).

⑤ 반복과 재시도

원하는 답이 바로 나오지 않을 수 있다. 그럴 때는 프롬프트를 약간 바꾸거나 추가 지시를 해보자. 예를 들어 아이디어가 평범하면 "더 창의적인 아이디어를 2가지 제시해주세요", 너무 복잡하면 "좀 더 단순한 과제로 제시해주세요" 같이 피드백을 주면, AI는 답변을 개선한다. 필요한 내용을 얻을 때까지 몇 차례 시도하는 것을 두려워하지 말자.

2) 교사가 반드시 해야 할 역할:

ChatGPT가 훌륭한 조력자이긴 하지만, 최종적으로 교사의 전문적 판단과 보완이 필수적이다. 다음 사항들은 교사가 직접 수행해야 한다.

① 교육과정 적합성 검토

AI가 제안한 과제가 우리 교육과정 성취기준과 부합하는지, 학습 목표를 제대로 평가하는지 확인해야 한다. 만약 벗어나거나 부족한 부분이 있으면 교사가 수정해야 한다.

예 제시된 과제가 흥미롭지만 성취기준의 일부 내용을 놓치고 있다면 그 부분을 추가로 평가하거나 과제 내용을 보완

② 학생 수준 및 현실성 검토

생성된 과제가 우리 반 학생들의 수준에 맞는 난이도인지, 주어진 수업 시간과 환경에서 실행 가능한지 따져봐야 한다. AI는 간혹 이상적인 상황을 가정할 수 있으므로, 교사가 현실적인 조건에 맞게 조정한다. 필요하면 규모 축소나 자료 제공 등의 지원책도 고려한다.

③ 안전 및 윤리 고려

실생활 과제의 경우 안전 문제나 윤리적 이슈가 없는지 살핀다. 예컨대 과학 실험 과제라면 안전상 주의점이 있는지, 사회과 프로젝트라면 민감한 주제가 걸리지 않는지 등은 교사가 미리 점검해야 한다. ChatGPT는 이러한 부분을 간과할 수 있다.

④ 최종 루브릭 조정

앞서 언급한 대로, 루브릭의 최종 손질은 교사의 몫이다. 문구를 다듬고, 학교 평가 방침에 맞게 형식을 맞추고, 동료 교사와 공유하여 타당성을 확인받는 것도 좋다. 특히 점수 산정이나 성취율 환산 등이 필요하면 그 부분도 고려해 두어야 한다.

⑤ 사전 안내와 피드백

평가 실시 전에 학생들에게 과제와 루브릭을 충분히 설명하고 질의응답을 받는다. 또한 평가 후에는 루브릭을 기반으로 피드백을 제공하여 학생들이 자기 성장을 도모할 수 있도록 한다. 이 과정에서 혹시 발견된 루브릭의 문제점(예: 어떤 기준이 애매했다든지)을 다음에 개선할 수 있도록 기록해 둔다.

⑥ AI 활용 균형 감각

마지막으로, ChatGPT의 도움을 받았지만 교사의 창의성과 전문성을 잃지 않는

것이 중요하다. AI가 준 아이디어를 그대로 쓰기보다, 우리 반 학생들에게 더 적합한 맥락으로 각색하고, 교사의 경험을 담는 것이 바람직하다. ChatGPT는 아이디어 생성과 초안 작업을 도와주는 도구로 활용하고, 최종 조율과 판단은 교사가 한다고 생각하면 된다.

이상으로 개념기반 총괄 평가와 루브릭 작성에 대한 가이드를 마친다. 처음에는 다소 복잡해 보일 수 있지만, ① 개념·일반화·내용·기능 정리 → ② ChatGPT로 평가과제 구상 → ③ GRASPS로 구조화 → ④ ChatGPT로 루브릭 초안 → ⑤ 교사 최종 수정의 순서를 따르면 어떤 교과이든 체계적이고 의미 있는 평가를 설계할 수 있다. 이 가이드를 통해 선생님들께서 ChatGPT를 유용한 조력자로 삼아, 더욱 풍부한 평가 과제를 개발하고 학생들의 깊은 학습을 촉진할 수 있기를 바란다. 필요한 부분은 언제든 다시 참고하면서, 현장에 바로 적용해 보자!

단원정리

총괄 평가와 루브릭 작성하기(9단계) 절차 요약

순서	단계	주요 내용 및 활동
1	**총괄 평가(수행평가)의 개념 이해**	총괄 평가(수행평가)의 목적, 개념, 필요성(단원의 목표 성취 및 이해, 실제 적용 능력 평가 등)을 이해한다.
2	**평가 설계의 필수 정보 확인**	평가 설계를 위해 반드시 고려해야 할 요소(성취기준, 핵심 개념, 일반화, 스트랜드, 핵심 기능 등)를 정리한다.
3	**평가 과제 구상 및 설계**	단원의 성격과 목표에 적합한 **총괄 평가 과제**(실생활 적용, 문제해결, 창의적 산출 등)를 구상·설계한다.
4	**ChatGPT 등 AI 활용 과제 생성**	ChatGPT 등 도구를 활용해 단원 핵심 개념·기능이 반영된 **다양한 유형의 평가 과제**를 생성·검토한다.
5	**GRASPS 틀 등 평가 설계 도구 활용**	GRASPS(Goal, Role, Audience, Situation, Product, Standards) 등 평가 과제 설계 틀을 참고해 과제를 구체화한다.
6	**루브릭 초안 작성**	평가 기준(루브릭)의 초안을 작성한다. **성취수준별(4단계 등)로 세분화**하여 구체적 행동 지표를 제시한다.
7	**루브릭과 평가의 일치성 점검 및 수정**	루브릭이 단원 목표, 성취기준, 핵심 개념·기능과 논리적으로 연결되는지 점검·수정한다.
8	**최종 평가 과제 및 루브릭 확정**	최종 평가 과제와 루브릭을 확정하여, 학생에게 안내하고 수업 평가에 적용한다.

◎ 설명 및 특징

- 총괄 평가(수행평가)는 단원 학습이 끝난 후 학생의 이해, 적용, 창의력, 핵심 기능 수행력을 실제 상황 중심의 과제나 산출물을 통해 평가하는 과정이다.
- 루브릭은 평가 기준 및 성취수준(보통 4단계)의 구체적 행동, 산출물 예시 등을 제시하여 평가의 공정성과 투명성을 높인다.
- GRASPS 틀을 활용하면 평가 과제를 실제적·창의적으로 설계할 수 있고, ChatGPT 등 AI를 통해 다양한 평가 방안과 루브릭 초안을 도출할 수 있다.
- 루브릭은 학생 피드백 및 자기평가, 동료평가에도 활용 가능하다.

오디오 가이드(제13장)

13장

10단계 : 학습 활동 설계하기

열정교사 안녕하세요, 수석 선생님! 다음 학기 수업을 개념기반으로 설계해보려고 하는데, 특히 학습 활동 설계가 고민이에요. 어디서부터 시작하면 좋을까요?

수석교사 반가워요! 학습 활동 설계는 정말 수업의 심장이라고 할 수 있죠. 단순히 진도만 나가는 게 아니라, 아이들이 진짜 이해하고 활용할 수 있게 만드는 과정이니까요.

열정교사 네, 제가 이해하기로는 '무엇을 어떤 활동으로 가르칠지' 정하는 거죠?

수석교사 그렇죠. 거기에 더해서 단원 목표를 이루기 위한 내용과 방법을 구체화하고, 수업 활동과 목표, 평가가 서로 잘 연결되도록 하는 게 중요해요.

열정교사 저는 그동안 교과서 진도 위주로만 하다 보니, 활동과 평가가 따로 노는 느낌이었거든요.

수석교사 많은 선생님들이 그런 고민 하세요. 개념기반 수업에서는 활동이 단순히 시간 채우기가 아니라, 개념을 이해하고 전이하는 데 도움을 주는 역할을 해요. 예를 들어, 3·1운동을 가르친다면 사건 순서만 외우는 게 아니라 "이 운동이 어떤 사회 변화를 가져왔을까?" 같은 질문으로 생각을 확장시키는 거죠.

열정교사 아, 그러면 학생들이 단순 암기를 넘어서 스스로 생각하게 되겠네요.

수석교사 바로 그거예요! 이런 활동을 설계할 때 몇 가지 원칙이 있는데, 간단히 말씀드릴게요.

열정교사 듣고 싶어요. 어떤 원칙들인가요?

수석교사 첫째는 개념 중심이에요. 활동이 개념 이해에 어떻게 도움이 될지 생각해야 해요. '혁명'이라는 개념을 다룬다면, 여러 혁명 사례를 단순히 나열하기보다 "혁명에는 어떤 공통점이 있을까?"처럼 개념을 중심에 두는 거죠.
둘째는 기능 중심이에요. 과학에서는 실험 설계, 국어에서는 비판적 읽기 같은 교과 기능을 학생들이 직접 연습할 기회를 주는 게 중요해요.

열정교사 그러고 보니 제가 실험을 다 설명해주곤 했는데, 앞으로는 아이들이 직접 설계해보게 해야겠어요.

수석교사 그게 좋겠네요. 셋째는 전이와 역량 중심이에요. 배운 걸 실생활에 적용해보는 경험이 필요하죠. 상태 변화를 배웠다면 "아이스크림이 어떻게 만들어질까?" 같은 질문으로 연결해볼 수 있어요.
넷째는 백워드 설계예요. 최종 목표를 먼저 정하고 거기서부터 거꾸로 활동을 계획하는 거죠. 다섯째는 학생 참여 중심, 여섯째는 점진적 발달 원칙인데, 처음엔 교사 주도로 시작해서 점차 학생들이 주도하는 활동으로 나아가는 거예요.

열정교사 그럼 이런 원칙들을 단원 전체에 어떻게 적용할 수 있을까요?

수석교사 몇 가지 전략이 있어요. 개념 흐름에 따라 주제를 분배하거나, 단원을 하나의 수업처럼 도입-전개-정리로 구성하는 방법이 있죠. 또 다양한 활동 형태를 골고루 섞고, 현실적인 시간 배분을 고려하는 것도 중요해요.

열정교사 이론은 이해됐는데, 실제 사례가 있으면 더 와닿을 것 같아요.

수석교사 제가 했던 '소리' 단원 예를 들어볼게요. 1주차엔 소리의 발생과 전달을 다루며 주변 소리 찾기와 진동 관찰 실험을 했고, 2주차엔 소리의 높낮이와 세기를 다루며 고무줄이나 컵으로 데이터를 모았어요. 3주차엔 매질에 따른 전달 실험을, 4주차엔 생활 속 소리 활용으로 소음 문제 토론과 악기 만들기를 했죠.

열정교사 체계적이네요. 그런데 이런 활동을 일일이 다 만들기엔 시간이...

수석교사 그럴 땐 ChatGPT가 정말 도움이 돼요. 예를 들어 "중학교 2학년 과학 '지구의 구조' 단원에서 모형 만들기 활동을 45분 수업으로 구성해주세요. 단계별 활동과 준비물을 알려주세요"라고 요청하면 바로 아이디어를 얻을 수 있어요.

열정교사 활동과 평가가 잘 연결되어야 한다는 얘기도 들었는데, 어떻게 하면 좋을까요?

수석교사 활동이 평가의 어떤 부분을 준비시키는지 생각해보세요. 평가에서 필요한 기능은 수업 중에 미리 연습하게 하고, 채점 기준도 활동 전에 공유하는 게 좋아요. 수업과 평가에서 용어도 일관되게 쓰고, 활동 결과물을 평가 자료로 활용하는 것도 방법이죠.

열정교사 정말 도움이 많이 됐어요. 이제 학습 활동 설계에 대한 감이 좀 잡히는 것 같아요!

수석교사 무엇보다 중요한 건, 수업은 항상 아이들과 함께 만들어가는 과정이라는 거예요. ChatGPT가 좋은 도구이긴 하지만, 결국 우리 반 아이들에게 맞게 조정하는 건 교사의 몫이죠. 수업의 주인공은 언제나 선생님과 학생들이니까요.

열정교사 명심할게요. 오늘도 정말 감사합니다!

수석교사 언제든지요! 다음엔 평가나 피드백 전략도 함께 이야기해봐요.

학습 활동 설계 단계는 단원의 수업을 실제로 어떻게 운영할지를 구체화하는 과정이다. 이 단계에서는 앞서 정리한 중요 개념(빅 아이디어), 핵심 기능, 평가 과제를 바탕으로 수업 시간에 이루어질 학습 활동을 구조화한다.

이 단계의 핵심 목적은 다음과 같다.

- 단원의 목표를 달성하기 위해 무엇을 가르칠지,
- 어떻게 가르칠지를 명확히 계획하는 것
- 수업 활동, 학습 목표, 평가 과제가 일관성 있게 연결되도록 설계하는 것

왜 체계적인 학습 활동 설계가 중요한가? 학습 활동을 명확한 계획 없이 진행하면, 교과서 진도를 나가는 데만 급급해진다. 또한 핵심 개념과 동떨어진 활동이 끼어들 수 있으며, "이 활동을 왜 하는가?"에 대한 목적이 불분명해질 수 있다. 반면, 체계적으로 설계된 활동은 수업의 모든 시간과 자원을 의미 있게 사용하게 만든다. 학생들이 배운 개념과 기능을 단원 마지막 평가에서 직접 적용할 수 있도록 준비시키는 장이 되어야 한다. 즉, "학습 활동 → 성취해야 할 이해와 능력 → 최종 평가", 이 세 요소가 하나의 흐름으로 자연스럽게 연결되도록 설계하는 것이 핵심이다.

그렇다면 개념기반 수업에서 학습 활동은 무엇이 다른가? 개념기반 수업에서의 학습 활동은 단순한 정보 전달이 아니라, 학생들이 개념의 중요성을 깨닫고, 그 개념을 활용해 사고하고 적용하도록 돕는 장치다. 예를 들어, 역사 수업에서 "3·1운동의 전개과정"을 암기하는 수업은 학생의 이해를 '사실의 나열' 수준에 머무르게 한다. 하지만 '변화'라는 개념을 중심으로 3·1운동을 탐구하도록 활동을 설계하면, 학생은 그 사건이 사회에 미친 변화, 시민 참여의 의미, 이후 민주주의 흐름과의 연결 등을 생각하게 된다. 이렇게 되면 학생은 다른 과목이나 일상에서도 '변화'라는 개념을 인식하고 적용할 수 있다. 이런 방식의 활동 설계가 바로 개념적 사고력을 키우는 길이며, 미래 사회가 요구하는 전이 가능한 역량을 길러주는 교육이 된다.

정리하면 10단계 학습 활동 설계하기는 학생이 단원에서 무엇을 이해하고 어떤 기능을 익혀야 하는지 명확히 제시하고, 그 목표에 도달할 수 있도록 활동을 구체적이고 목적 있게 설계하는 것이다. 또한 단원 전체의 학습 흐름이 이해 → 연습 → 적용 → 평가로 자연스럽게 이어지도록 구성하는 것이다.

여기서 학습 활동 설계는 단순히 "무엇을 가르칠지"만 정하는 것이 아니다. "왜 가르치는가?", "어떻게 가르칠 것인가?"까지 함께 담아야 한다. 이 단계는 학생의 깊은 이해를 이끌고, 지식과 기능을 실제로 활용할 수 있는 능력으로 전환시켜주는 수업의 중심축이 된다.

01 활동 설계의 핵심 원칙

수업 활동을 계획할 때 현장에서 바로 적용할 수 있는 몇 가지 핵심 원칙을 살펴보자. 이 원칙들은 어떤 교과든 적용 가능하며, 개념 중심 수업을 만드는 데 도움이 된다.

1) 개념 중심 원칙

"이 활동이 아이들의 개념 이해에 어떻게 도움이 될까?"라는 질문을 항상 던져 보자. 단순히 지식을 나열하기보다는, 그 지식이 큰 개념을 이해하는 데 어떻게 쓰이는지 연결해주는 것이 중요하다. 예를 들어 사회 시간에 '혁명'을 배운다면, 프랑스 혁명, 러시아 혁명 등 사례만 외우게 하기보다, 여러 혁명을 비교하며 공통점을 찾게 하는 활동이 더 효과적이다. 이렇게 하면 아이들은 개별 사실을 넘어 보편적인 원리를 발견하고, 다른 상황에도 적용할 수 있는 안목을 키우게 된다.

2) 기능 중심 원칙

아이들이 각 교과에서 꼭 배워야 할 '방법과 기술'에 초점을 맞춰 보자. 과학에서는 관찰하고 실험 설계하기, 국어에서는 글 비판적으로 읽고 쓰기, 수학에서는 문제 해결하고 추론하기 같은 기능들이다. 우리가 수업에서 아이들에게 '설명만' 하기보다 이런 기능을 '직접 해볼 수 있는' 기회를 많이 주는 것이 핵심이다.

과학 선생님이라면, "자, 이번 시간에는 내가 실험 과정을 설명해 줄 테니 잘 들어

보세요"보다는 "여러분이 직접 이 현상을 설명할 수 있는 실험을 설계해 봅시다"라고 접근하는 것이다. 이런 기능 중심 활동은 아이들이 단순히 '아는 것'을 넘어 '할 줄 아는 것'으로 성장하게 한다.

3) 전이 및 역량 중심 원칙

아이들이 "이거 왜 배워요?"라고 묻지 않게 하려면, 배운 내용을 실제 상황에 적용해보는 경험이 필요하다. 수학 시간에 함수를 가르친다면, 단순히 공식을 외우고 문제 푸는 것보다 '우리 학교 매점의 하루 판매량 예측하기'와 같은 실생활 과제로 함수를 활용해 보는 것이다.

이렇게 수업을 구성하면 아이들은 배운 내용이 자신의 삶과 어떻게 연결되는지 느끼고, 문제 해결력이나 창의력 같은 핵심 역량도 자연스럽게 키울 수 있다. 교과서만 좇아가는 수업에서 벗어나, 아이들의 일상과 연결된 활동을 고민해 보자.

4) 백워드 설계(역방향 설계) 원칙

"결과물부터 정하고 거꾸로 계획하기"이다. 학기말에 아이들이 무엇을 할 수 있어야 하는지, 어떤 평가를 할 것인지 먼저 생각한 다음, 거기에 필요한 활동을 차례로 배치하는 것이다.

만약 영어 시간에 마지막에 자기소개 발표를 할 예정이라면, 그전에 자기소개 문장 쓰기, 발음 연습하기, 관련 표현 익히기 등의 활동이 순서대로 들어가야 한다. 이렇게 하면 "오늘의 활동이 어디로 가는지" 명확해지고, 쓸데없는 활동 없이 꼭 필요한 경험만 제공할 수 있다.

5) 학습자 중심 및 적극적 참여 원칙

"선생님이 말하면 잊어버리고, 보여주면 기억하고, 직접 해보면 이해한다"는 말이 있다. 아이들은 수동적으로 듣기만 할 때보다 몸을 움직이고 머리를 쓰며 참여할 때 훨씬 더 잘 배운다. 토의, 실험, 프로젝트, 역할극 등 학생이 주인공이 되는 활동을 많이 넣어보자.

교사 설명 20분보다 아이들이 5분씩 모둠 토의하고 발표하는 20분이 더 효과적일 수 있다. 수업 시작할 때 호기심을 자극하는 질문이나 상황으로 시작하고(낚시), 중간중간 생각을 정리할 시간(숨 고르기)을 주고, 자신만의 방식으로 배운 것을 표현해 보게 하는 것(내 것 만들기)도 좋은 전략이다.

6) 점진적 발달 및 조직 원칙

수업은 아이들이 처음엔 기초부터 시작해서 점점 더 깊은 수준으로 나아가도록 디자인해야 한다. 처음에는 선생님이 안내하는 간단한 활동으로 시작하고, 차츰 아이들이 주도하는 복잡한 활동으로 발전시켜 나가는 것이다.

과학 시간에 첫 차시에는 간단한 관찰 실험으로 개념을 직관적으로 느끼게 하고, 점차 심화하여 마지막 차시에는 배운 개념을 활용해 스스로 문제를 해결하는 프로젝트를 할 수 있다. 또한 우리 반에는 다양한 수준의 아이들이 있으니, 활동의 난이도나 참여 방법을 다양하게 제공하는 것도 필요하다. 모든 아이가 각자의 속도로 성장할 수 있도록 말이다.

요약하자면, "개념과 기능을 중심에 두고, 평가를 먼저 고려하여, 아이들이 적극적으로 참여하며, 차근차근 성장할 수 있는 수업"을 만드는 것이 핵심이다. 이런 원칙을 따르면 수업이 단순한 지식 전달이 아니라 의미 있는 배움의 여정이 되어, 아이들의 진짜 실력과 성장을 이끌어낼 수 있다.

02 • 단원 구조화 전략

수업을 설계할 때는 차시별로 따로 생각하기보다 단원 전체를 큰 그림으로 봐야 효과적이다. 아래는 현장에서 바로 쓸 수 있는 단원 구조화 전략을 소개한다.

1) 개념 흐름에 따른 주제 분배

단원 내용을 몇 개의 핵심 주제로 쪼개서 주차별로 배분해 보자. 예를 들어 '에너지' 단원을 가르친다면 다음과 같이 배분한다:

- 1주차: 에너지가 어떤 형태로 나타나는지(빛, 열, 전기 등)
- 2주차: 에너지가 어떻게 한 형태에서 다른 형태로 바뀌는지
- 3주차: 우리 생활에서 에너지를 어떻게 활용하는지

이렇게 개념이 자연스럽게 이어지도록 하면 아이들이 지식을 쌓아가며 이해하기 쉽다. 각 주차마다 "오늘은 이 질문에 답을 찾아볼 거예요"라는 핵심 질문을 두면 수업의 방향이 더 분명해진다.

2) 도입-전개-정리의 거시적 적용

보통 한 차시 수업을 '도입-전개-정리'로 구성하듯이, 단원 전체도 그렇게 구성해 보자:

- 첫 주차(도입): 학생들의 호기심을 자극하고 "이걸 왜 배우는지" 동기부여를 한다. 재미있는 시연이나 일상생활 사례, 간단한 체험활동으로 시작하자.
- 중간 주차(전개): 본격적으로 개념과 원리를 탐구한다. 실험, 자료 분석, 토론, 문제 해결 같은 핵심 활동들이 여기에 배치된다.
- 마지막 주차(정리): 배운 개념을 실생활에 적용하거나 종합 프로젝트를 수행한다. 평가도 이 단계에서 자연스럽게 이루어진다.

이렇게 하면 학생들이 배움의 과정과 흐름을 이해하며 따라올 수 있다.

3) 학습 활동의 다양성 분포

한 단원 안에 여러 유형의 활동을 골고루 넣어 단조로움을 피하자:

- 첫 차시: 호기심 자극 활동(예: 짧은 실험, 퀴즈, 재미있는 영상)
- 중간 차시들: 개념 탐구 활동(실험, 자료 조사, 모둠 활동 등)

- 마무리 차시: 적용 및 표현 활동(발표, 토론, 프로젝트 결과물 공유)

이렇게 다양한 활동을 넣으면 여러 유형의 학습자들이 참여할 기회를 얻고, 같은 개념을 여러 각도에서 이해할 수 있다. 다만, 아무리 다양한 활동을 해도 모두 핵심 개념을 향해 있어야 한다는 점을 잊지 말자.

4) 시간과 분량 고려 주차 계획

우리 학교 시간표와 교육과정 운영 계획을 고려해 현실적인 차시 계획을 세우자. 예를 들어 주 2시간 수업이라면:

- 1-2차시(1주차): 단원 도입, 호기심 유발 활동
- 3-4차시(2주차): 핵심 개념 탐구 1
- 5-6차시(3주차): 핵심 개념 탐구 2
- 7-8차시(4주차): 적용 활동 및 평가

중요한 내용은 과감히 2차시에 걸쳐 다루고, 간단한 내용은 한 차시에 두 가지를 함께 다루는 식으로 유연하게 조정하자. 또한 각 차시가 독립적으로 놀지 않고 서로 연결되도록 설계하는 것이 중요하다. 예를 들어 "지난 시간에 배운 내용을 활용해서 오늘은 이런 문제를 해결해볼 거예요"처럼 연결고리를 만들어주자.

5) WHERETO 전략 참고

교육학자 위긴스와 맥타이의 WHERETO 전략은 단원 설계에 도움이 된다:

- 목적 안내(W): "이번 단원에서는 이걸 배울 거고, 이렇게 평가할 거예요"
- 흥미 요소(H): 각 차시 시작에 호기심을 자극하는 요소 넣기
- 체험 기회(E): 개념을 직접 경험하고 실습할 충분한 기회 주기
- 성찰 시간(R): "오늘 배운 것 중 가장 중요한 점은 무엇인가요?"
- 표현 및 평가 기회(E): 배운 것을 발표나 결과물로 선보이고, 자신의 학습 과정을 스스로 평가할 기회를 주기

- 학생 맞춤(T): 다양한 수준과 특성의 학생들을 고려한 활동 포함
- 체계적 조직(O): 활동들이 단편적이지 않고 큰 개념으로 연결되게 하기

이런 요소들을 골고루 넣으면 단원이 풍성해지고 의미 있는 학습 경험이 된다.

요약하자면, 단원 설계는 큰 그림을 먼저 그리고 세부를 채워나가는 작업이다. 마치 소설을 쓰듯 단원의 스토리를 만들고, 그 안에 각 차시가 자연스럽게 흐르도록 구성하자. 이렇게 하면 교사도 수업의 방향을 잃지 않고, 아이들도 "왜 이걸 배우는지" 이해하며 학습할 수 있다.

03 ChatGPT를 활용한 활동 아이디어 생성

교사들은 강력한 조력자인 ChatGPT와 같은 인공지능 도구를 활용하여 학습 활동 아이디어를 풍부하게 생성해 볼 수 있다. 잘만 활용하면 ChatGPT는 교사의 두뇌를 확장하여 새로운 발상, 다양한 사례, 창의적인 수업 기법을 제안해주는 훌륭한 파트너가 될 수 있다.

이 장에서는 ChatGPT를 활용해 효과적으로 활동 아이디어를 얻는 방법과 구체적인 프롬프트 작성 예시를 소개한다.

1) ChatGPT에게 맥락과 조건 제공하기

ChatGPT를 사용할 때에는 우선 수업의 맥락을 충분히 알려주는 것이 중요하다. 예를 들어 교과, 학년, 단원 개념, 핵심 기능(역량), 학생 수준, 그리고 특별히 원하는 활동 유형(토론, 실험, 프로젝트 등)이 있다면 그것까지 명시하자. 맥락을 자세히 줄수록 AI는 그 상황에 맞는 구체적인 아이디어를 제공할 가능성이 높아진다. 예를 들어 "중학교 2학년 과학 수업에서 '지구의 구조' 개념을 가르치고 있습니다. 학생들이 협력하여 모형을 만들고 과학적 탐구능력을 기를 수 있는 활동을 제안해주세요."처럼 맥락과 필요한 점을 분명히 전달한다.

2) 원하는 출력 형태와 조건 명시하기

ChatGPT가 단순 아이디어 한 줄만 주는 것이 아니라, 실전에 활용할 수 있는 풍부한 내용을 답하도록 프롬프트에 요구사항을 구체화한다. 예를 들어 활동의 시간(예: 45분 수업 한 차시), 세부 단계(도입-전개-정리 단계별 아이디어), 준비물이나 자료 언급, 혹은 학생 그룹 구성까지 원하는 요소가 있다면 프롬프트에 포함한다. 이렇게 하면 ChatGPT가 보다 완성도 있는 수업 활동 계획안을 제시해줄 수 있다.

3) 생성된 아이디어 검토 및 추가 질문

ChatGPT가 제안한 아이디어를 바로 현장에 적용하기 전에, 교사의 전문적 판단으로 검토해야 한다. AI가 제시한 활동이 해당 학년 수준에 적절한지, 안전이나 현실적 여건은 문제가 없는지, 그리고 당초 의도한 개념과 기능 습득에 효과적인지 살펴본다. 필요한 경우 ChatGPT에게 추가 질문이나 수정 요청을 할 수 있다. 예컨대 "이 활동을 대규모 학급에 맞게 조정해줘" 혹은 "여기서 심화 질문 몇 가지도 제시해주세요."처럼 후속 프롬프트를 통해 아이디어를 발전시킨다. ChatGPT는 한 번의 질문으로 끝내기보다는, 이렇게 반복적으로 대화를 이어갈 때 더욱 유용한 제안을 할 수 있다. 또한 교육과정 성취기준에 부합하도록 프롬프트를 다듬어가는 과정도 중요하다. 처음에 얻은 아이디어가 기대와 조금 다르다면, 프롬프트에 더 구체적인 조건이나 방향을 제시하면서 여러 번 시도해보자.

4) ChatGPT 프롬프트 작성 예시

아래에는 교사가 ChatGPT에 수업 활동 아이디어를 요청할 때 활용할 수 있는 예시 프롬프트 몇 가지를 교과별로 제시한다. 필요에 따라 그대로 따라 입력하거나 자신의 수업 맥락에 맞게 변형할 수 있다.

① **예시 1**(국어 문학 수업)

"고등학교 국어 문학 수업에서 '비판적 읽기' 개념을 가르치고 있습니다. 학생들이 문학 작품을 비판적으로 읽고 분석하는 능력을 기를 수 있도록, 소그룹 토론 중심의 50분 수업 활동 아이디어를 단계별로 제안해주세요."

② **예시 2**(수학 수업)

"중학교 2학년 수학 시간에 '피타고라스의 정리'를 다루려고 합니다. 학생들이 탐구를 통해 정리의 원리를 스스로 발견하고 문제 해결 역량을 키울 수 있도록, 실험 및 문제 풀이 활동을 45분 수업 분량으로 구체적으로 만들어주세요."

③ **예시 3**(사회과 수업)

"초등학교 5학년 사회 수업에서 '지역 사회 문제 해결' 개념을 배우고 있습니다. 학생들의 협력 및 의사소통 역량을 키울 수 있도록, 지역 사회의 환경 문제를 주제로 한 프로젝트 기반 학습 활동을 한 가지 제안해주세요.(주요 단계와 활동 방법 포함)"

수업 활동을 준비할 때 ChatGPT 같은 인공지능 도구는 든든한 동반자가 될 수 있다. 적절히 활용하면 새로운 교수법이나 창의적인 활동 아이디어를 손쉽게 얻을 수 있고, 이는 수업 준비 시간을 단축하면서도 수업의 질은 높이는 데 도움이 된다.

5) ChatGPT 활용 시 유의사항

ChatGPT가 준 아이디어라고 해서 무조건 따라하기보다는, 교사의 전문성으로 재구성하는 과정을 거치자. AI의 제안은 출발점일 뿐이며, 세부적인 실제 적용은 교실 상황에 맞게 조정해야 한다. 또한 AI가 때때로 부정확한 정보나 비현실적인 제안을 할 수 있으므로, 항상 비판적으로 검토하고 필요하면 수정하자. 예를 들어 준비물이 너무 구하기 어렵게 제시되었다면 대체품을 찾고, 활동 난이도가 높다면 사전 지식을 더 가르친 후 진행하는 식으로 보완한다. 이러한 과정을 통해 ChatGPT의 아이디어를 나만의 수업 계획으로 발전시키면, 시간도 절약하고 창의적인 활동들도 얻는 일석이조의 효과를 누릴 수 있다.

04 • '소리' 단원의 주차별 활동 구성 예시

앞서 설명한 원칙과 전략을 적용한 구체적인 단원 설계 사례를 살펴보자. 모든 교과에 두루 적용할 수 있는 보편적 원칙을 제시하는 것이 목표이지만, 실제 예시를 통해 더욱 생생한 이해를 돕고자 한다.

여기서는 초등학교 과학의 '소리' 단원을 예로 들어, 약 4주간에 걸친 학습 활동 구성을 주차별로 보여주겠다. 이 단원의 중요 개념은 "소리는 진동을 통해 발생하고 전달되며, 높낮이와 세기로 특성이 구분된다"이고, 핵심 기능은 "과학적 탐구(관찰, 실험, 자료해석) 및 의사소통"으로 설정했다. 최종 평가 과제로는 "소리의 원리를 적용한 간이 악기 제작 및 설명 발표"가 주어져 있다고 가정한다. 이러한 설정 아래, 단원을 다음과 같이 설계하였다.

	핵심 개념&질문	학습 활동 구성	핵심 기능/역량
1주차	**소리의 발생과 전달** *소리는 어떻게 만들어지고 전달될까?*	- **탐색 활동:** 교실 및 학교 주변의 다양한 **소리 찾기 →** 소리의 발생 원인에 대해 토의하기 - **현상 관찰:** 소리굽쇠(音叉)나 스마트폰 진동 등을 관찰하여 **소리가 물체의 진동으로부터 생김**을 알아보기 - **질문 생성:** "진동이 없다면 소리가 날까?"와 같은 질문을 학생들이 스스로 만들고 추측해보기	관찰하기, 질문하기 등 **과학적 탐구 기본 기능** 호기심, 탐구심 함양
2주차	**소리의 특성: 높이(음의 높낮이)와 세기(크기)** *어떤 소리는 높게 들리고 어떤 소리는 크게 들릴까?*	- **실험 활동:** 여러 가지 물체(예: 다른 길이의 고무줄, 물이 다른 컵 등)를 이용해 **높은 소리와 낮은 소리**, **큰 소리와 작은 소리**를 만들어보기 - **데이터 측정:** 스마트폰 앱이나 소음계로 각각의 소리 **데시벨**(dB) 측정 및 진동 빈도 관찰하여 표 기록하기 - **자료 해석 및 개념 도출:** 실험 결과 표를 함께 분석하여, **진동 빈도가 높으면 높은 소리, 진폭이 크면 큰 소리**라는 개념을 이끌어내기	측정하기, 자료 기록·해석하기 등 **탐구 기능** 분석력, 문제 해결력
3주차	**소리의 전달 매체와 속도** *소리는 무엇을 통해 어떻게 전달될까?*	- **모형 제작:** 일상 재료로 실전화기(실과 종이컵)를 만들어보기 → 실전화기를 통해 말하면 왜 더 잘 들리는지 토의 - **개념 탐구:** 공기, 고체, 물 등 **다른 매질에서 소리가 전달되는 정도**를 실험 (예: 책상에 귀 대고 긁는 소리 듣기 등)하여 비교 - **시뮬레이션:** 과학 시뮬레이션 소프트웨어나 영상으로 **소리 파동**이 각 매질에서 전달되는 **속도 차이** 확인하기 (빛과 비교 논의) - **정리:** 소리는 **물질을 통해 전달**되고 매질에 따라 속도가 다름을 정리	실험 설계 및 수행 능력 도구 활용 능력 통합적 사고 (비교분석)
4주차	**소리의 응용과 생활 속 사례** *소리의 원리를 어디에 활용할 수 있을까?*	- **문제 해결 토론:** 생활 속 **소음 문제**를 소개하고, 조별로 **소음 공해 줄이는 방안** 브레인스토밍 및 발표 (예: 지하철 소음 줄이기 아이디어) - **창의 제작 프로젝트:** 그동안 배운 원리를 활용하여 **나만의 악기 만들기** 개인별 과제 수행 (예: 물컵 실로폰, 고무줄 기타 등 제작) - **공유 및 평가:** 만든 악기의 원리를 **직접 시연**하며 설명 발표하기; 서로의 결과물에 대해 피드백 주고 교사는 종합 평가 실시 - **메타인지 활동:** "소리에 대해 내가 이해한 개념은 무엇이며, 어떤 부분을 응용했는가?"를 짧은 글로 작성하여 제출	창의적 만들기 능력 의사소통 및 협업 역량 실생활 적용력 (전이 능력)

위 표는 '소리' 단원의 주차별 활동 구성을 요약한 것이다. 이제 각 주차의 설계 의도를 간략히 설명한다.

1) 1주차 도입

학생들의 기존 경험을 끌어내어 소리에 대한 호기심을 자극하는 단계다. 주변에서 들리는 소리를 찾아보고, 소리 발생의 원인을 자연스럽게 추측하도록 유도했다. 이로써 앞으로 탐구할 문제를 스스로 느끼게 되고, "소리는 진동과 관련이 있다"는 핵심 개념의 단서도 얻는다. 탐색과 질문 생성 활동을 통해 학습 분위기를 활발하게 만들고, 학생들의 선지식과 오개념도 파악할 수 있다.

2) 2주차 전개-심화1

소리의 두 가지 중요한 특성인 높낮이(pitch)와 세기(volume)를 다루는 주다. 학생들이 직접 여러 소리를 내보고 측정 및 비교하면서, 추상적 개념을 몸소 체험하도록 설계했다. 특히 측정 데이터를 시각화해보는 활동을 넣음으로써 과학 수업에서의 자료 해석 기능을 길렀다. 교사는 이 과정에서 적절한 질문(예: "어느 소리가 파형의 폭이 더 넓나요?" 등)을 통해 개념 도출을 도와준다. 이 주차를 마치면 학생들은 진동 수와 소리 높이의 관계, 진폭과 소리 크기의 관계라는 핵심 개념을 이해하게 된다. 이는 이후 활동과 평가 과제(악기 만들기)에 필수적인 지식이 된다.

3) 3주차 전개-심화2

소리의 전달을 다루며, 탐구 실험과 모형 제작, 시뮬레이션까지 다양한 방법을 활용한 주다. 실전화기 만들기 활동은 학생들에게 매우 흥미로우면서도 소리 전달에 대한 개념(매질을 통한 전달)을 직관적으로 파악하게 한다. 이후 다양한 매질에서 소리가 어떻게 전달되는지 직접 실험해보게 함으로써, 추상적인 파동 개념을 구체적으로 이해시킨다. 기술을 활용한 시뮬레이션은 실제로 눈에 보이지 않는 소리 파동을 시각적으로 보여주거나, 빠른 속도의 비교 등 현실 실험으로 한계가 있는 부분을 보완한다. 이 주차에서는 실험 수행 능력과 도구 활용 능력이 강조되며, 학생들은 소리 개념을 좀 더 시스템적으로 이해하게 된다.

4) 4주차 정리 및 적용

단원의 마지막 단계로, 배운 것을 실생활 문제 해결과 창의적 산출물 제작에 적용해보는 주차다. 먼저 소음 공해 문제에 대한 토론을 통해 학생들은 배운 개념(소리의 전달과 차단 등)을 현실에 연결짓고, 협력적으로 문제 해결 아이디어를 생각해본다. 마지막으로 나만의 악기 만들기 프로젝트는 이 단원의 핵심 개념들을 모두 활용하여 창의적으로 표현해보는 종합 과제다. 악기를 만들고 원리를 설명하는 과정에서 학생들은 자신의 이해를 표현하고 응용하게 되며, 이는 곧 총괄 평가의 역할도 한다. 서로의 작품에 피드백을 주고받는 활동을 통해 의사소통 역량과 메타인지도 촉진한다. 교사는 이 발표를 통해 학생들의 성취도를 평가하면서도, 필요하면 추가 학습이 필요한 부분을 짚어줄 수 있다.

이처럼 '소리' 단원은 탐구 → 개념화 → 심화 탐구 → 응용의 흐름으로 구성되었다. 각 주차의 활동들은 모두 진동, 전달, 특성, 응용이라는 핵심 개념 틀 안에서 이루어지고 있으며, 동시에 관통하는 핵심 기능(과학적 탐구, 문제 해결, 의사소통)을 지속적으로 연습하도록 디자인되었다. 이 예시는 특정 교과 사례지만, 모든 교과에서도 이와 유사하게 개념의 흐름을 설정하고, 학습자 중심의 다양한 활동을 배열하며, 평가 과제와 연계시킴으로써 단원을 설계할 수 있다.

05 학습 활동과 평가의 정합성 강조

수업을 설계할 때 가장 중요한 것 중 하나는 "가르치는 것과 평가하는 것이 일치해야 한다"는 점이다. 아무리 재미있고 훌륭한 활동을 해도 결국 평가와 연결되지 않으면 아이들은 "왜 이걸 배우나요?"라는 의문을 품게 된다. 평가와 학습 활동의 일관성을 높이기 위한 실질적인 방법을 알아보자.

1) 평가 목표를 항상 곁에 두기

활동을 계획할 때마다 "이 활동이 최종 평가의 어떤 부분을 준비시켜 주는가?"를 자문해 보자. 예를 들어 과학 시간에 실험 보고서로 평가할 예정이라면, 수업 중에도 간단한 실험 결과를 글로 정리해보는 연습을 시키는 것이 좋다. 이렇게 '활동-평가 연결표'를 만들어두면 모든 수업 활동이 의미 있게 구성된다. 만약 어떤 활동이 평가 목표와 연결되지 않는다면, 그 활동을 꼭 해야 하는지 다시 생각해볼 필요가 있다.

2) 단계적으로 기능 연습하기

아이들이 갑자기 어려운 것을 잘할 수는 없다. 예를 들어 영어 수업에서 마지막에 발표 평가를 한다면, 처음에는 짧은 문장 말하기, 그다음에는 소그룹 앞에서 발표하기, 마지막에는 전체 앞에서 발표하기처럼 단계적으로 연습시키는 것이 효과적이다. 이런 방식으로 디딤돌을 놓아주면 아이들은 "아, 이렇게 연습해 왔으니 평가도 잘할 수 있겠다"는 자신감을 갖게 된다. 또한 중간중간 퀴즈나 발표 등으로 배움 상태를 확인하고, 필요하면 보충 설명을 해주자.

3) 채점 기준 미리 공유하기

"어떻게 평가할 것인지"를 미리 알려주면 아이들은 목표를 향해 더 효과적으로 나아갈 수 있다. 예를 들어 토론 수업을 할 때 "근거를 들어 주장하는 능력"이 평가 기준이라면, 이를 사전에 알려주고 토론 후에는 서로 이 기준에 맞게 피드백을 주고받게 하자. 프로젝트 중간에도 평가 기준표(루브릭)를 보며 자신의 진행 상황을 점검하게 하면 좋다. 다만 평가 기준에만 너무 얽매여 학습의 즐거움이 사라지지 않도록 균형을 맞추는 것도 중요하다.

4) 일관성 있는 학습-평가 언어 사용

수업 시간에 사용하는 방식과 평가 방식이 너무 다르면 아이들은 혼란스러워한다. 만약 서술형 평가를 계획하고 있다면, 평소 수업에서도 서술형으로 답하는 연습을 자주 시키는 것이 좋다. 또한 개념을 설명할 때 쓰는 용어와 평가지에 나오는 용어가 같아야 아이들이 헷갈리지 않는다. 중요한 건 아이들이 "수업 시간에 배운 그대로 평가에서 보여주면 된다"고 느끼게 하는 것이다.

5) 학생 참여 평가로 학습 연결

수업 활동 자체를 평가의 일부로 만드는 것도 좋은 방법이다. 예를 들어 단원 학습 기간 동안 포트폴리오를 만들게 하고 이것을 평가에 반영하거나, 모둠 활동 결과물을 평가의 일부로 삼을 수 있다. 이렇게 하면 매 수업이 곧 평가를 위한 준비가 되므로 아이들의 참여도가 높아진다. 물론 이런 활동 평가를 얼마나 점수에 반영할지는 학교 상황에 맞게 조정해야 한다.

결국 핵심은 "가르친 대로 평가하고, 평가할 내용은 반드시 가르친다"는 원칙이다. 수업 중에 재미있어 보인다고 평가와 관계없는 활동을 많이 하면, 정작 평가 준비는 아이들 개인의 몫으로 남겨지게 된다. 반면 모든 수업 활동이 평가와 연결되어 있다면, 수업에 충실한 아이들은 자연스럽게 좋은 결과를 얻을 수 있다. ChatGPT에게 수업 아이디어를 얻을 때도 "이 활동이 우리 반 평가와 잘 맞는가?"를 항상 체크하며 선별하는 지혜가 필요하다.

06 • ChatGPT를 활용한 지속적인 수업 개선

수업 설계는 한 번에 완성되지 않는다. 실제 교실에서 아이들과 만나며 계속 조금씩 개선해 나가는 과정이다. 이런 면에서 ChatGPT는 언제든 아이디어를 얻을 수 있는 든든한 동료가 될 수 있다.

예를 들어, 오늘 수업에서 아이들이 어떤 개념을 어려워했다면 "학생들이 '밀도' 개념을 어려워하는데, 더 쉽게 이해시키는 활동 아이디어 있을까요?"라고 물어볼 수 있다. 또는 "수업 시간이 예상보다 10분 부족한데, 핵심 내용만 효과적으로 전달하는 방법은?"처럼 현장의 문제에 맞는 해결책을 구할 수도 있다.

단원을 마무리할 때 "지금까지 배운 개념을 재미있게 복습할 수 있는 게임 활동 없을까요?"라고 물어보거나, "이 내용을 다른 교과와 연계할 방법이 있을까요?"처럼 확장 아이디어를 얻는 데도 유용하다.

다만 기억해야 할 점은, ChatGPT는 우리 반 아이들을 직접 알지 못한다는 것이다. 아무리 좋은 아이디어라도 최종적으로는 교사인 우리가 판단하고 우리 반 특성에 맞게 조정해야 한다. ChatGPT는 좋은 조수이지만, 수업의 주인은 언제나 교사와 아이들이다.

이 장에서 소개한 원칙과 전략들을 바탕으로, 여러분만의 창의적인 수업을 만들어 보시길 바란다. ChatGPT의 도움을 받되, 교사로서의 전문성과 경험을 더해 학생들에게 의미 있는 배움의 경험을 선물하는 것이 가장 중요하다.

단원정리

학습 활동 설계하기(10단계) 절차 요약

순서	단계	주요 내용 및 활동
1	**활동 설계의 핵심 원칙 이해**	효과적인 학습 활동 설계의 원칙(개념 중심, 탐구·참여 강조, 평가와 정합성 등)을 이해한다.
2	**단원 구조와 목표 재점검**	기존에 도출한 **일반화, 핵심 개념, 스트랜드, 중요한 내용, 핵심 기능, 평가 과제**와의 정합성을 점검한다.
3	**ChatGPT 등 AI 활용 활동 아이디어 도출**	ChatGPT 등 AI 도구를 활용해 각 스트랜드, 개념, 기능에 맞는 다양한 학습 활동 아이디어를 도출한다.
4	**활동의 주차별·단계별 구조화**	단원의 흐름에 따라 **주차별, 차시별**로 활동을 조직(예: 도입-탐구-적용-정리)한다.
5	**활동과 평가의 연계성 검토**	설계된 학습 활동이 **평가 과제 및 루브릭**과 논리적으로 연결되는지 점검한다.
6	**지속적 개선 및 적용**	실제 수업 적용 후, **학생 반응·성과**를 바탕으로 활동을 지속적으로 개선한다.

◎ 설명 및 특징

- 학습 활동 설계는 학생이 핵심 개념·기능·일반화에 도달하도록 촉진하는 '구체적 수업 경험' 전체를 계획하는 과정이다.
- 활동은 개념 중심, 학생 참여, 협력·탐구, 실생활 적용 등이 균형 있게 반영되어야 하며, 수업 - 평가 - 목표의 정합성이 매우 중요하다.
- ChatGPT 등 AI 활용시 "이 단원의 개념·기능에 맞는 탐구 활동/협력 학습/실생활 적용 활동을 제안해줘" 등의 프롬프트로 다양한 활동을 받을 수 있다.
- 활동 설계는 단순 아이디어 나열이 아니라, 단원 전체 흐름과 평가까지 일관되게 조직하는 것이 핵심이다.
- 적용 이후 학생 피드백, 결과에 따라 지속적으로 개선해야 진정한 '성장 중심' 수업이 완성된다.

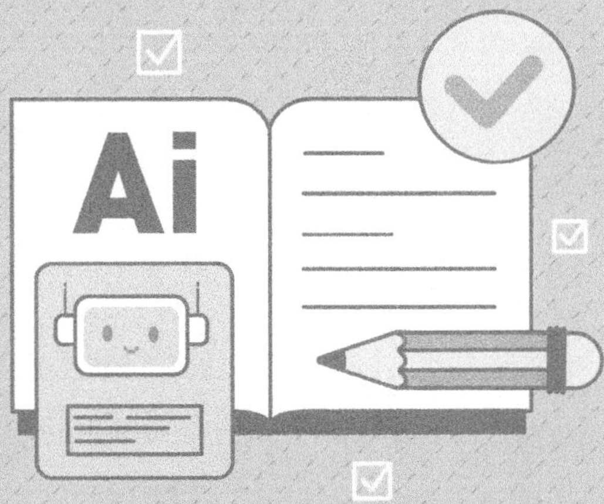
Ai

오디오 가이드(제14장)

14장

11단계 : 단원 개요 작성하기

열정교사 수석 선생님, 안녕하세요! 단원 개요 작성하는 게 고민인데, 어떻게 시작하면 좋을지 조언 좀 부탁드려요.

수석교사 안녕하세요! 단원 개요는 쉽게 말해서 '앞으로 배울 내용의 지도' 같은 거예요. 아이들이 새 단원 시작할 때 큰 그림을 보여주는 거죠.

열정교사 아, 여행 가기 전에 지도 펼쳐놓고 어디 갈지 미리 계획하는 것처럼요?

수석교사 정확해요! 아이들이 새로운 내용 배울 때 "이게 뭐지?", "왜 배워야 하지?" 하는 생각이 들잖아요. 단원 개요가 이런 궁금증을 미리 풀어주는 역할을 해요.

열정교사 그럼 단원 개요에는 어떤 내용이 꼭 들어가야 하나요?

수석교사 크게 네 가지 요소가 필요해요. 첫째는 '뭘 배우는지', 둘째는 '왜 배우는지', 셋째는 '어떻게 배우는지', 넷째는 '배우고 나면 뭘 할 수 있게 되는지'를 알려주는 거예요.

열정교사 아, 그렇군요. 사실 수업 중에 아이들이 "왜 이걸 배워야 해요?"라고 자주 물어보거든요.

수석교사 그래서 미리 알려주면 좋은 거죠. 단원 시작할 때 배움의 이유와 과정을 설명해주면 아이들도 목적의식을 갖고 참여하게 돼요.

열정교사 이 네 가지만 들어가면 되는군요. 그런데 막상 쓰려니 쉽지 않을 것 같은데, 좋은 방법이 있을까요?

수석교사 많은 선생님들이 그런 어려움 느끼세요. 요즘엔 ChatGPT를 활용하면 훨씬 수월해요.

열정교사 ChatGPT로 단원 개요를 작성할 수 있다고요? 어떻게 하는 건가요?

수석교사 네, 크게 세 단계로 할 수 있어요. 먼저 단원의 핵심 요소들(주제, 학년, 목표, 활동 등)을 정리해요. 그다음 이걸 바탕으로 ChatGPT에 요청하는 거죠. "중학교 2학년 수준에 맞게 이런 내용으로 단원 개요 작성해줘"라고 구체적으로 부탁하면 돼요.

열정교사 그렇게 구체적으로 요청하면 좋은 결과가 나오겠네요.

수석교사 맞아요. 그렇게 받은 초안을 검토하고 필요하면 수정 요청하고, 최종 완성본을 수업 첫 시간에 아이들과 공유하면 되는 거죠.

열정교사 실제 예시를 한번 볼 수 있을까요?

수석교사 물론이죠! 제가 '소리' 단원으로 해봤어요. ChatGPT에 요청했더니 이런 개요가 나왔어요:
『소리의 신비를 찾아서!』

여러분, 평소에 소리에 대해 생각해본 적 있나요? 매일 다양한 소리를 듣지만, 어떻게 만들어지고 전달되는지는 잘 모르죠? 이 단원에서는 소리 속에 숨은 과학적 비밀을 함께 탐구할 거예요!
소리의 발생과 전달 원리를 실험으로 알아보고, 소리와 진동의 관계도 직접 확인할 거예요. 여러 매체에서 소리가 어떻게 다르게 전달되는지 실험하고, 나만의 악기도 만들어보면서 소음 문제 해결 방법도 고민해볼 거예요.
단원을 마치면 소리의 특성을 정확히 설명할 수 있고, 일상 속 소리 관련 문제도 해결할 수 있게 될 거예요. 함께 소리의 신비로운 세계로 떠나볼까요?

열정교사 와, 정말 아이들 눈높이에 딱 맞게 잘 썼네요! 제가 직접 쓰려면 시간이 많이 걸렸을 텐데, 이렇게 쉽게 만들 수 있다니 놀라워요.

수석교사 이 초안을 그대로 써도 좋고, 선생님 스타일이나 반 특성에 맞게 조금 수정해서 쓰셔도 돼요.

열정교사 이걸 수업 첫 시간에 아이들에게 들려주면 되는 거죠?

수석교사 네, 프린트로 나눠주거나, 직접 읽어주거나, 교실에 붙여놓아도 좋아요. 중요한 건 아이들이 앞으로 뭘 배울지 큰 그림을 미리 볼 수 있게 하는 거예요.

열정교사 아이들이 미리 전체 여정을 볼 수 있으니 수업 참여도도 높아지겠어요.

수석교사 맞아요. 잘 만든 개요는 학습의 나침반 역할을 해요. 아이들이 "아, 그래서 이걸 배우는 거구나"라고 이해하면서 더 적극적으로 참여하게 되죠.

열정교사 ChatGPT를 활용하니 정말 편리하네요. 그래도 AI가 모든 걸 다 해주는 건 아닌 것 같아요.

수석교사 정확한 지적이에요. ChatGPT는 좋은 도구지만, 최종 책임은 교사에게 있어요. 수업의 방향과 아이들 마음을 움직이는 진짜 힘은 교사의 전문성과 진심에서 나오니까요.

열정교사 네, 공감해요. AI는 도구일 뿐이고, 교사의 전문성과 아이들을 향한 마음이 가장 중요하죠. 오늘 정말 많이 배웠어요. 감사합니다!

수석교사 천만에요. 단원 개요는 수업의 문을 여는 첫 인사이자, 교사의 철학이 담긴 출발점이에요. AI의 도움을 받되, 그 안에 담길 내용은 결국 선생님의 전문성과 아이들을 향한 애정이라는 걸 잊지 마세요. 좋은 수업 많이 만드시길 바랄게요!

단원 개요는 쉽게 말해 '앞으로 배울 내용의 지도'라고 할 수 있다. 새 단원을 시작할 때 "자, 이번 단원에서는 이런 걸 배우게 될 거예요"라고 큰 그림을 보여주는 것이다. 마치 여행을 떠나기 전에 지도를 펼쳐 놓고 "우리는 여기서 출발해서, 이런 곳을 들르고, 최종적으로 여기에 도착할 거야"라고 설명하는 것과 비슷하다.

아이들은 새로운 내용을 배울 때 "이게 뭐지?", "왜 배워야 하지?", "어렵진 않을까?" 하는 생각을 갖게 마련인데, 단원 개요는 이런 궁금증을 미리 해소해준다. 배움의 여정에 대한 이정표를 제시함으로써 아이들이 불안감 없이 학습에 참여할 수 있게 도와주는 것이다.

01 • 단원 개요의 필수 요소

단원 개요는 한 단원의 전체 내용을 간략하면서도 핵심적으로 정리한 소개다. 보통 단원의 "이야기"를 요약해 학생들에게 들려주듯 작성하며, 새로운 학습 주제에 대한 호기심을 불러일으키고 관심을 모으는 역할을 한다. 예를 들어 교사가 새 단원을 시작할 때 단원 개요를 읽어주면, 학생들은 앞으로 무엇을 배우게 될지 큰 그림을 그릴 수 있다. 이런 명확한 예고와 안내는 학생들에게 학습 방향을 제시하여 수업에 적극적으로 참여하도록 도와준다. 즉, 단원 개요는 교사의 지도서일 뿐 아니라 학생들의 안내서로서, 학습자에게 학습 목표와 의미를 전달하여 동기를 부여하고 수업 집중도를 높이는 교육적 가치를 지닌다.

1) 무엇을 배우는가?

먼저, 이 단원에서 무엇을 배우는지 명확하게 전달해야 한다. 예를 들어 "이번 단원에서는 분수의 개념과 활용에 대해 배운다"처럼, 주제와 개념, 관련 지식과 기술을 간단명료하게 소개하면 좋다. 이렇게 학습 범위와 초점을 분명히 알려주면, 아이들은 앞으로 배울 내용을 미리 파악하고 학습 준비에 도움이 된다.

2) 왜 배우는가?

다음으로는 왜 이걸 배우는지 설명해주어야 한다. 아이들은 수업 중 "이걸 왜 배워야 해요?"라는 질문을 자주 던진다. 이 단원 개요에서 그 물음에 미리 답해주면 좋다. 예를 들어 "분수는 피자 나누기나 용돈 계산처럼 실생활에 꼭 필요한 수학이다"라는 식으로, 배움이 현실과 어떻게 연결되는지를 알려주면 아이들도 배움의 필요성을 느낀다. 다른 교과나 미래 학습과의 연관성을 함께 설명해도 좋다. 이런 연결을 이해하면 아이들은 목적의식을 갖고 수업에 더 집중하게 된다.

3) 어떻게 배우는가?

배움의 방식도 미리 알려주면 좋다. 아이들에게 어떤 활동을 하게 될지, 수업이 어떻게 진행될지 예고해주는 것이다. 예를 들어 "모형 피자를 직접 만들어 분수를 나눠보는 활동을 한다"거나 "조별로 토론도 해보고 간단한 프로젝트도 해본다"는 식으로, 구체적인 수업 방식을 안내한다. 이렇게 하면 아이들은 자신이 어떻게 참여하게 될지 미리 알고 기대감을 갖게 된다. 학습 과정에 대한 예고는 수업 분위기를 긍정적으로 만드는 데 큰 도움이 된다.

4) 무엇을 할 수 있게 되는가?

마지막으로, 이 단원을 끝냈을 때 아이들이 어떤 걸 할 수 있게 될지 말해주는 것이 중요하다. 학습의 결과로 아이들이 얻게 될 능력이나 성취를 학생 눈높이에 맞춰 설명해야 한다. 예를 들어 "단원 수업이 끝나면, 너희는 분수를 자유롭게 계산하고, 일상 속 문제를 스스로 해결할 수 있게 될 거예요."라고 이야기해보자. 가능하다면, 아이들이 직접 해볼 수 있는 활동 과제나 산출물도 함께 제시하면 좋다. "내가 이걸 할 수 있게 됐구나"라는 실감이 들면, 학습에 대한 자신감도 높아진다.

이 네 가지 요소를 빠짐없이 담아 단원 개요를 구성하면, 아이들은 앞으로 어떤 내용을 어떤 방식으로 배우게 되는지를 한눈에 파악할 수 있다. 그 결과, 수업의 전체 윤곽과 목표를 미리 이해하고, 학습에 더욱 몰입할 수 있게 된다. 무엇보다 중요한 건, 이 단원 개요가 아이들에게 학습의 '의미'와 '방향'을 잡아주는 역할을 한다는 점이다. 선생님이 수업의 출발점에서 아이들에게 학습의 큰 그림을 보여줄 수 있다면, 그 자체로 이미 수업의 절반은 성공한 셈이다.

02 ChatGPT를 활용한 단원 개요 작성 방법

단원 개요를 쓸 때 많은 교사들이 겪는 어려움이 있다. 학생 수준에 맞는 쉽고 자연스러운 문장을 찾기 어렵고, 분명한 학습 목표가 있어도 학생의 흥미를 끄는 방식으로 표현하기가 쉽지 않다. 그 결과, 단원 개요 작성은 종종 막막하고 부담스러운 과제가 되곤 한다.

이럴 때 ChatGPT와 같은 AI 도구를 활용하면 도움이 된다. 학생 눈높이에 맞는 문장, 자연스러운 표현, 흥미를 끄는 어투 등을 빠르게 생성할 수 있어 단원 개요 작성에 드는 시간과 부담을 줄이고, 완성도는 높일 수 있다.

ChatGPT를 활용해 단원 개요를 작성하는 절차는 다음과 같다.

1) 자료 준비 : 핵심 내용 정리

먼저 단원의 핵심 요소를 간단히 정리해둔다.

- 단원 주제
- 학년
- 학습 목표
- 주요 활동
- 핵심 개념
- 관련 생활 사례

이 정보를 바탕으로 ChatGPT에게 단원 개요 작성을 요청하게 된다. 예를 들어 5학년 과학 단원이라면 다음처럼 정리할 수 있다.

- 주제: 날씨와 우리 생활
- 목표: 날씨 변화의 원인 이해 및 생활 속 활용
- 활동: 일기 예보 기록하기, 온도 변화 측정 실험 등

특히 앞 단계에서 작성한 10단계 학습 활동 목록을 그대로 활용하면 좋다. 차시별 학습 활동을 입력하면, ChatGPT는 이를 바탕으로 학생 친화적인 개요문을 만들어 줄 수 있다.

2) 프롬프트 구성 : 구체적 요청

ChatGPT에게 무엇을 어떻게 써달라고 요청할지 프롬프트(prompt)를 작성한다. 이 프롬프트에 들어가야 할 핵심 요소는 다음과 같다.

① 학년과 어조 지정

학생들의 나이 또는 학년을 밝혀 언어 수준을 조절한다(예: "초등학교 5학년 학생들이 이해할 수 있도록…"). ChatGPT는 이를 기반으로 학생 눈높이에 맞는 어휘와 문장을 사용해 준다.

② 포함할 요소 나열

앞서 언급한 "무엇/왜/어떻게/무엇을 할 수 있게 되는가"를 모두 포함하도록 요구한다. 예를 들어 "무엇을 배우는지, 왜 중요한지, 어떻게 배울지, 배우고 나면 무엇을 할 수 있을지 모두 포함해서"라는 식으로 쓴다.

③ 스타일 지정

단원 개요의 문체와 분위기를 지정한다. 학생들에게 친근하게 다가가고 싶다면 "따뜻하고 흥미로운 어조로", 활기차게 격려하고 싶다면 "열정적이고 긍정적인 톤으로" 등으로 요청한다. 필요하다면 예시 문장이나 원하는 스타일을 덧붙여 설명해도 좋다. 이렇게 원하는 톤/문체를 명확히 하면 결과물이 더욱 만족스럽다.

④ 형식 제시

개요를 한 단락으로 쓸지, 몇 개의 문장으로 구성할지도 알려줄 수 있다. 일반적으

로는 5문장 내외의 단락이 적당하므로 "5문장 정도로 간략히 요약해주세요."처럼 덧붙이면 불필요하게 길어지지 않는다.

이러한 내용을 모두 합쳐 프롬프트를 작성한다. 예를 들어 준비한 내용을 토대로 초등 과학 단원 개요를 부탁하는 프롬프트는 다음과 같다.

▾ **예시 :**
다음 정보를 참고하여 초등학교 5학년 수준에 맞는 단원 개요를 작성해주세요.

- "10단계에서 만든 학습 활동"은 다음과 같습니다.
  (여기에 차시별 학습활동을 입력합니다.)
- **요청 사항:** 학생들의 흥미를 끌 수 있는 친근한 말투로 쓰고, 무엇을 배우는지, 왜 중요한지, 어떻게 배울지, 배운 후 무엇을 할 수 있게 되는지를 모두 포함해 단원 개요를 작성해주세요.

위와 같이 프롬프트를 상세히 적어주면, ChatGPT는 제공된 내용을 바탕으로 학년 수준에 맞춘 완성도 높은 단원 개요를 만들어 준다. 프롬프트가 구체적일수록 결과물의 만족도가 높아진다는 것을 기억하자.

3) 결과 확인 및 다듬기

ChatGPT가 작성한 초안은 대부분 잘 구성되어 있지만, 문장이 매끄럽지 않거나 학생 수준에 비해 너무 어렵거나 교사의 의도와 조금 다를 수 있다. 이럴 때는 다시 ChatGPT에게 다음과 같이 요청하면 된다.

- "조금 더 쉬운 표현으로 바꿔 주세요."
- "문장이 자연스럽게 이어지도록 다듬어 주세요."
- "초등학생이 재미있게 읽을 수 있게 써 주세요."

이 과정을 여러 번 반복하면서 교사가 직접 수정하거나 추가 요청을 하면, 최종적으로 매끄럽고 학생 친화적인 단원 개요를 완성할 수 있다.

중요한 것은 최종 판단은 교사가 해야 한다는 점이다. AI가 만든 문장을 그대로 사용할 수는 있지만, 단원의 의도, 학급의 상황, 학생의 수준에 맞게 교사가 직접 조정하는 것이 필수다.

4) 완성본 활용하기

완성된 단원 개요는 수업 첫 시간에 학생들과 공유한다. 인쇄해서 나눠주거나 학급 게시판에 붙이거나 교사가 구두로 설명해 줄 수 있다. ChatGPT가 도와준 문장이라 하더라도, 교사가 스스로 소화해서 전달하는 것이 중요하다. 학생들의 반응을 살펴보며 표현을 조금씩 바꾸거나 추가해도 좋다. 이 과정을 반복하다 보면, 교사 스스로 단원 개요 작성에 익숙해지고 감각도 점점 발전하게 된다.

03 단원 개요 작성 예시

ChatGPT에 다음과 같이 프롬프트를 입력한다.

▾ **예시 :**
다음 정보를 참고하여 중학교 2학년 수준에 맞는 단원 개요를 작성해주세요.

• "10단계에서 만든 학습 활동"은 다음과 같습니다.

	핵심 개념&질문	학습 활동 구성	핵심 기능/역량
1주차	**소리의 발생과 전달** *소리는 어떻게 만들어지고 전달될까?*	- **탐색 활동:** 교실 및 학교 주변의 다양한 **소리 찾기** → 소리의 발생 원인에 대해 토의하기 - **현상 관찰:** 소리굽쇠(음叉)나 스마트폰 진동 등을 관찰하여 **소리가 물체의 진동으로부터 생김**을 알아보기 - **질문 생성:** "진동이 없다면 소리가 날까?"와 같은 질문을 학생들이 스스로 만들고 추측해보기	관찰하기, 질문하기 등 **과학적 탐구 기본 기능** 호기심, 탐구심 함양
2주차	**소리의 특성: 높이(음의 높낮이)와 세기(크기)** *어떤 소리는 높게 들리고 어떤 소리는 크게 들릴까?*	- **실험 활동:** 여러 가지 물체(예: 다른 길이의 고무줄, 물이 다른 컵 등)를 이용해 **높은 소리와 낮은 소리, 큰 소리와 작은 소리**를 만들어보기 - **데이터 측정:** 스마트폰 앱이나 소음계로 각각의 소리 **데시벨**(dB) 측정 및 진동 빈도 관찰하여 표 기록하기 - **자료 해석 및 개념 도출:** 실험 결과 표를 함께 분석하여, **진동 빈도가 높으면 높은 소리, 진폭이 크면 큰 소리**라는 개념을 이끌어내기	측정하기, 자료 기록·해석하기 등 **탐구 기능** 분석력, 문제 해결력

3주차	**소리의 전달 매체와 속도** *소리는 무엇을 통해 어떻게 전달될까?*	- **모형 제작:** 일상 재료로 실전화기(실과 종이컵)를 만들어보기 → 실전화기를 통해 말하면 왜 더 잘 들리는지 토의 - **개념 탐구:** 공기, 고체, 물 등 **다른 매질에서 소리가 전달되는 정도**를 실험 (예: 책상에 귀 대고 긁는 소리 듣기 등)하여 비교 - **시뮬레이션:** 과학 시뮬레이션 소프트웨어나 영상으로 **소리 파동**이 각 매질에서 전달되는 **속도 차이** 확인하기 (빛과 비교 논의) - **정리:** 소리는 **물질을 통해 전달**되고 매질에 따라 속도가 다름을 정리	실험 설계 및 수행 능력 도구 활용 능력 통합적 사고 (비교분석)
4주차	**소리의 응용과 생활 속 사례** *소리의 원리를 어디에 활용할 수 있을까?*	- **문제 해결 토론:** 생활 속 **소음 문제**를 소개하고, 조별로 **소음 공해 줄이는 방안** 브레인스토밍 및 발표 (예: 지하철 소음 줄이기 아이디어) - **창의 제작 프로젝트:** 그동안 배운 원리를 활용하여 **나만의 악기 만들기** 개인별 과제 수행 (예: 물컵 실로폰, 고무줄 기타 등 제작) - **공유 및 평가:** 만든 악기의 원리를 **직접 시연**하며 설명 발표하기; 서로의 결과물에 대해 피드백 주고 교사는 종합 평가 실시 - **메타인지 활동:** "소리에 대해 내가 이해한 개념은 무엇이며, 어떤 부분을 응용했는가?"를 짧은 글로 작성하여 제출	창의적 만들기 능력 의사소통 및 협업 역량 실생활 적용력 (전이 능력)

- **요청 사항:** 학생들의 흥미를 끌 수 있는 친근한 말투로 쓰고, 무엇을 배우는지, 왜 중요한지, 어떻게 배울지, 배운 후 무엇을 할 수 있게 되는지를 모두 포함해 단원 개요를 작성해주세요.

▸ ChatGPT 답변 결과

단원 개요 : 『소리의 신비를 찾아서!』

여러분은 평소에 좋아하는 노래를 듣거나, 친구들과 대화를 나누면서 소리에 대해 생각해 본 적 있나요? 우리는 매일 다양한 소리와 함께 생활하지만, 정작 소리가 어떻게 만들어지고 우리 귀까지 어떻게 전달되는지 깊이 생각해 본 적은 별로 없었을 거예요. 이 단원에서는 평범해 보이는 '소리' 속에 숨겨진 놀라운 과학적 비밀을 탐구할 거랍니다!

먼저, 소리가 어떻게 만들어지고 전달되는지를 직접 관찰하고 탐구하며 그 원리를 하나씩 밝혀볼 거예요. 소리굽쇠나 스마트폰 같은 일상 물건을 이용해 실험해 보면서, 소리가 물체의 진동과 관련 있다는 사실을 발견하게 될 거예요. 또, 소리에는 어떤 특성들이 있어서 어떤 소리는 높게 들리고 어떤 소리는 크게 들리는지, 직접 실험하면서 그 비밀을 풀어볼 겁니다.

또한 소리가 물과 공기, 그리고 고체 속에서 어떻게 다르게 전달되는지 재미있는 실험과 모형 만들기를 통해 탐구하고, 소리 전달 속도의 차이도 살펴볼 거예요. 그리고 마지막으로 여러분은 일상 속 소리의 원리를 활용하여 나만의 악기를 만들고, 생활 속 소음 문제를 해결하는 아이디어도 제안해 볼 거랍니다.

이 단원을 배우고 나면 여러분은 소리의 특성을 정확히 설명할 수 있게 되고, 다양한 매체에서 소리가 어떻게 다르게 전달되는지 이해하게 될 거예요. 뿐만 아니라, 창의적인 아이디어를 통해 소리와 관련된 생활 속 문제를 해결할 수 있는 능력까지 키우게 될 거랍니다. 그럼 이제부터 소리의 신비로운 세상으로 함께 떠나 볼까요?

ChatGPT를 활용하여 위와 같이 단원 개요에 대한 초안을 쉽고, 빠르게 준비했다. 이제 이 초안에 교사의 수업 목표와 의도를 담아 수정하여 정교화하는 작업을 한다. 가령 구체적인 학습 내용 목록을 추가하거나, 평가 방법에 대한 안내 등을 추가할 수 있다.

04 • 마무리

단원 개요 작성은 단순한 형식적 절차가 아니다. 잘 구성된 개요문은 수업의 방향을 제시하고, 학생들의 학습 여정을 이끄는 나침반 역할을 한다. 학생들은 개요문을 통해 무엇을 배우는지, 왜 배우는지, 어떻게 배울지를 알게 되고, 자신의 학습 여정이 어디로 향하는지를 분명히 인식하게 된다.

이해의 바탕 위에서 학생들은 "아, 그래서 이걸 배우는 거구나."라고 생각하게 되고, 스스로 학습의 의미를 찾으며 주도적으로 참여하는 태도를 보이게 된다. 수업이 진행되는 동안에도 단원 개요는 학습의 나침반이 되어 준다. 학생들은 개요에 제시된 흐름을 따라가며, 자신이 어느 정도까지 이해했는지 확인하고, 앞으로 어떤 활동이 기다리고 있는지 예측하며 능동적인 태도로 수업에 임하게 된다.

이러한 단원 개요를 더 쉽고 빠르게 작성할 수 있도록 돕는 도구가 바로 ChatGPT다. ChatGPT를 활용하면 교사는 준비 시간을 줄이고, 학생 눈높이에 맞는 문장과 표현을 손쉽게 만들어낼 수 있다. 또한 AI가 제안하는 구조나 표현을 참고하며 새로운 아이디어나 구성 방식에 대한 영감을 얻을 수도 있다. 하지만 단원 개요의 최종 책임자는 언제나 교사 자신이다.

ChatGPT는 조력자이자 도구일 뿐, 수업의 방향과 학생의 마음을 이끄는 진짜 힘은 교사의 통찰과 진심에서 나온다. 마지막에 이 개요문을 따뜻한 목소리로 학생들에게 전달하는 사람도, 그 속에 담긴 의미와 가치에 생명을 불어넣는 사람도 교사 자신이다. 단원 개요는 수업을 여는 글이자, 교사의 교육 철학이 녹아든 출발점이다. AI의 도움을 받아 단원 개요 작성을 더욱 수월하게 하되, 그 안에 담길 중심은 교사의 전문성, 진심, 그리고 학생을 향한 애정임을 잊지 말아야 한다.

단원정리

단원 개요 작성하기(11단계) 절차 요약

순서	단계	주요 내용 및 활동
1	**단원 개요의 필수 요소 확인**	단원 개요에 반드시 포함해야 할 요소(중심 개념, 일반화, 스트랜드, 핵심 기능, 평가, 학습 활동 등)를 점검한다.
2	**앞 단계 자료·결과물 통합**	이전 단계에서 도출한 **개념, 일반화, 스트랜드, 그물망, 핵심 내용 및 기능, 평가, 활동**자료를 통합 정리한다.
3	**ChatGPT 등 AI 활용 요약 작성**	ChatGPT 등 AI 도구를 활용해 단원 개요 초안(요약, 도식, 표 등)을 작성한다.
4	**단원 흐름·구조 시각화**	단원 전체의 개념적 흐름과 활동 구조를 표, 도식, 마인드맵 등으로 시각화한다.
5	**일관성·정합성 점검 및 수정**	단원 목표, 성취기준, 평가, 활동 등 주요 요소 간의 논리적 연결성과 정합성을 최종 점검·수정한다.
6	**최종 단원 개요 확정 및 공유**	완성된 단원 개요를 확정하고, 동료 교사·학급 등과 공유하여 실제 수업·평가에 활용한다.

◎ 설명 및 특징

- 단원 개요(Unit Overview)는 해당 단원의 전체 구조와 핵심 내용을 한눈에 볼 수 있게 요약·정리한 문서이다.
- 중심 개념, 일반화, 스트랜드, 핵심 기능, 평가, 학습 활동 등 모든 주요 설계 요소가 일목요연하게 통합되어야 하며, 표, 도식, 마인드맵, 요약문 등 다양한 형식으로 작성할 수 있다.
- ChatGPT 등 AI를 활용해 이전 단계 결과를 바탕으로 구조화된 요약·도식화를 빠르게 완성할 수 있다.
- 단원 개요는 수업 설계의 최종 점검표 역할을 하며, 동료 교사 협의, 학부모 안내, 학생용 안내 자료 등 다양한 활용이 가능하다.

오디오 가이드(제15장)

15장

개념기반 단원 설계 요약 및 예시

열정교사 수석 선생님, 안녕하세요! 학습 활동이랑 단원 개요 작성법은 배웠는데, 개념기반 단원 설계를 전체적으로 어떻게 완성하면 좋을지 실제 예시로 알려주실래요?

수석교사 안녕하세요! 그동안 배운 11단계를 전체적으로 정리해 볼게요. 각 단계가 벽돌처럼 모여서 하나의 완성된 단원 설계를 만든다고 생각하면 돼요.

열정교사 네, 각 단계는 알겠는데 전체 그림이 안 그려져서요. 실제 단원 예시가 있으면 좋겠어요.

수석교사 초등 6학년 사회「지구촌 갈등 사례」단원으로 설명해볼게요. 먼저 교육과정 성취기준이랑 내용 체계표에서 핵심 요소들을 찾고, 그걸 바탕으로 설계를 시작해요.

열정교사 그 다음은요?

수석교사 ChatGPT 도움받아 단원명은 '공존으로 만들어가는 평화로운 세상'으로, 개념적 렌즈는 '공존'으로 정했어요.

열정교사 ChatGPT가 다 해주는 건가요?

수석교사 아니요, ChatGPT는 도구일 뿐이에요. 교육과정 의도와 학생 특성을 이해하는 건 교사인 우리 몫이죠. 최종 판단도 우리가 해야 해요.

열정교사 이 단원의 중요 내용은 어떻게 구성했어요?

수석교사 크게 다섯 영역으로 나눴어요. 지구촌 갈등과 공존 가치, 문제 원인과 현황, 협력의 중요성, 지속가능한 실천방안, 세계시민의 역할이에요.

열정교사 핵심 기능은요?

수석교사 문제 탐구 분석, 협력적 문제 해결, 실천 계획 수립 이렇게 세 가지예요.

열정교사 평가는 어떻게 계획했어요?

수석교사 지식 이해 평가, 과정 기능 평가(팀 프로젝트), 가치 태도 평가(개인 과제)로 구성했어요.

열정교사 단원 개요는요?

수석교사 아이들 눈높이에 맞게 친근하게 썼어요. "공존으로 만드는 지속가능한 미래"란 주제로, 아이들이 지구촌 문제 해결 전문가가 되어 탐구하고 해결책 찾는 여정을 소개했죠.

열정교사 정말 좋네요! 근데 이걸 어디서부터 시작해야 할지 모르겠어요.

수석교사 자전거 타기랑 비슷해요. 설명만 들어서는 안 되고 직접 타면서 배워야 하죠. 처음엔 어려워도 익숙해지면 자연스러워질 거예요.

열정교사 직접 해봐야 한다는 말씀이군요?

수석교사	맞아요. 처음엔 한 단계씩 따라하면서 시행착오를 겪겠지만, 나중엔 수월해질 거예요.
열정교사	ChatGPT는 어떻게 도움이 되나요?
수석교사	문맥 이해와 글쓰기에 강해서 우리가 원하는 결과물 만드는 데 도움을 줘요. 일종의 보조교사 역할이죠.
열정교사	이제 이해가 됐어요. 저도 해볼게요! 어디서 시작하면 좋을까요?
수석교사	가르치는 교과에서 한 단원 골라서 핵심 개념부터 정의해보세요. 처음엔 한 단계씩 차근차근 해보는 게 좋아요.
열정교사	이번에 가르칠 단원으로 시도해볼게요! 감사합니다!
수석교사	좋아요! 직접 경험하면서 배우는 게 최고예요. 처음엔 어렵겠지만 선생님만의 노하우가 생길 거예요. 응원합니다!

지금까지 ChatGPT를 활용하여 개념기반 단원을 설계하는 과정을 하나하나 살펴보았다. 이러한 단원 설계는 마치 벽돌을 하나씩 정성껏 만들어 쌓아 올려 집을 짓는 과정과 같다. 그러나 벽돌 하나하나를 만드는 데만 집중하면, 우리가 짓고자 하는 집의 전체 모습이나 용도를 잊어버릴 수도 있다.

이러한 문제를 방지하기 위해, 지금까지 소개한 11단계의 단원 설계 절차를 한눈에 볼 수 있도록 요약 정리했다. 이 표는 단원 설계의 전 과정을 한 번에 파악할 수 있는 논리 지도(Logic Map) 역할을 하며, 각 단계가 이전 단계와 어떻게 연결되고 발전해 가는지를 명확히 보여준다.

단계	단계 명칭	주요 입력 요소	ChatGPT 활용 방법 및 생성 결과	출력 및 활동 결과
1	**단원명 정하기**	(교) 성취기준, 성취기준 해설	성취기준과 해설을 입력하여 단원명으로 요약 생성	단원에서 다룰 핵심 개념을 담은 명확한 단원명
2	**개념적 렌즈 파악하기**	(교) 핵심 아이디어, 1단계 산출물	핵심 아이디어를 기반으로 개념적 렌즈 추출 및 정제	수업 전체를 아우르는 개념적 시야(개념적 렌즈)
3	**단원 스트랜드 파악하기**	(교) 성취기준, 성취기준 해설	성취기준에서 중심이 되는 학습 주제와 개념 도출	단원의 주제를 구성하는 중심 개념과 내용요소 목록
4	**단원 소재와 개념 엮기**	단원 스트랜드 (3단계 산출물)	스트랜드의 개념을 중심으로 마인드맵 형태의 시각화	주요 개념들 간의 관계 구조 시각화 또는 설명
5	**일반화 작성하기**	개념적 렌즈(2단계) + 단원 스트랜드(3단계)	개념적 렌즈와 개념들 간 관계를 기반으로 일반화 진술 생성	단원 전체를 포괄하는 일반화 진술문 1~2개

6	**안내 질문 만들기**	일반화(5단계)	일반화를 탐구할 수 있는 안내 질문(탐구형) 제시	수업을 이끄는 탐구 중심의 안내 질문 1~3개
7	**중요한 내용 파악하기**	일반화, 안내 질문, 단원 스트랜드	안내 질문에 대한 탐구를 통해 핵심 개념 및 주제 정리	단원의 핵심 개념 및 알아야 할 중요한 지식 내용
8	**핵심 기능 파악하기**	(교) 내용 체계, 중요한 내용(7단계)	중요한 내용을 분석하여 적용 가능한 핵심 기능 정리	중요한 개념을 다루기 위한 사고 기능 목록
9	**최종 평가와 채점 기준 작성하기**	개념적 렌즈, 일반화, 중요한 내용, 핵심 기능	총괄평가 과제 생성, 평가 루브릭 초안 설계	수행 과제와 루브릭 형태의 평가 기준
10	**학습 활동 설계하기**	개념적 렌즈, 일반화, 안내 질문, 중요한 내용, 핵심 기능, 평가 계획	주요 개념, 일반화, 안내 질문을 반영한 활동 흐름 설계	안내 질문 기반의 구체적 학습 활동 흐름
11	**단원 개요 작성하기**	학습 활동(10단계)	전체 흐름을 요약하고 학습자 안내용 단원 개요 작성	학생과 교사를 위한 단원 전체 요약 정리본

01 예시: 초등학교 6학년 사회「지구촌 갈등 사례」

지금까지 설명한 11단계의 단원 설계 과정을 실제로 초등학교 6학년 사회과 단원인 「지구촌 갈등 사례」에 적용하여 구체적인 예시를 제시한다.

1) 단원 설계를 위한 기초 자료 수집

① 단원을 설계하기 전에, 먼저 교육과정 원문에서 성취기준, 성취기준 해설, 고려사항을 확인한다.

(12) 지구촌 사람들

[6사12-01] 세계의 인구 분포를 파악하고 여러 국가의 인구 특징을 탐구한다.
[6사12-02] 지구촌을 위협하는 다양한 문제들을 파악하고, 지속가능한 미래를 위한 해결 방안을 탐색한다.

(가) 성취기준 해설

- [6사12-01]은 세계의 인구 분포를 파악하고, 인구수 및 인구 밀도의 특징이 두드러진 국가를 탐구하도록 설정한 것이다. 여기서는 지구촌 시대의 세계 여러 지역에 대한 기본적인 지리 정보를 습득하는 데 초점을 맞춘다.
- [6사12-02]는 지구촌의 평화와 발전을 위협하는 문제를 파악하고 이를 해결하려는 방안을 탐색하며, 지속가능한 지구촌을 건설하는 데 관심을 가지도록 설정한 것이다. 세계에 대한 올바른 이해를 바탕으로 세계시민으로서 지녀야 할 관점과 태도를 함양하는 데 주안점을 둔다.

38

(나) 성취기준 적용 시 고려 사항

- 세계의 인구 분포 특징을 알아보고, 인구 분포와 자연 및 인문환경 간의 관계를 탐구한다. 인구 성장, 인구수, 인구 밀도, 인구 구조 등과 같은 주제를 선정하여 세계의 인구 특징을 파악하는 활동을 수행할 수 있다.
- 세계 여러 나라 중에서 인구수와 인구 밀도를 고려하여 인구수가 많은 나라와 적은 나라 및 인구 밀도가 높은 나라와 낮은 나라를 사례로 인구 특징을 탐색할 수 있으며, 이 과정에서 특정 국가에 대한 편견을 가지지 않도록 유의한다.
- 지구촌 차원에서 공동으로 대응하여 해결해야 할 문제(자원 및 에너지 문제, 기후변화 문제, 생태계 파괴 문제, 난민 문제 등)의 원인과 현황을 조사함으로써 비판적 사고력을 기르고 지구촌 갈등 사례를 해결하려고 노력하는 개인, 국가, 국제기구, 비정부 기구 등 다양한 행위 주체들의 활동 실천 사례를 조사함으로써 지구촌의 평화와 발전에 기여할 수 있는 태도를 함양하도록 한다.
- 세계 여러 지역의 인구 분포와 특징을 도출하는 데 다양한 지도 및 통계 자료를 활용할 수

② 다음으로 교육과정 내용 체계표에서 이 단원의 핵심 아이디어와 내용 요소를 찾는다.

(4) 지속가능한 세계

핵심 아이디어		·인간이 거주하기에 유리한 조건은 공간적으로 불균등하게 분포하고, 이에 따라 지역 간 갈등이나 분쟁이 발생한다. ·조화를 이루며 살아가려는 인간의 신념 및 활동은 지구환경의 지속가능성을 가능하게 한다. ·인류는 공동의 번영과 공존을 위해 지역적 수준에서 지구적 수준까지 다양한 공간적 스케일에서 상호 협력 및 연대가 필요하다.		
범주		내용 요소		
		초등학교		중학교
		3~4학년	5~6학년	1~3학년
지식·이해	갈등과 불균등의 세계	–	·지구촌 갈등 사례	·지역의 통합과 분리 ·지역 불균형 ·분단과 접경지역
지식·이해	지속 가능한 환경	·우리가 사는 곳의 환경 ·살기 좋은 환경과 삶의 질	·지구촌을 위협하는 문제	·지역 개발과 환경 문제 ·지역문제 해결 ·지속가능한 도시 ·글로컬 환경 이슈 및 지속가능한 발전
지식·이해	공존의 세계	–	·균형적인 국토 발전 ·분단과 평화의 장소	·한반도 평화와 통일 국토의 미래상
과정·기능		·학생의 관점에서 살기 좋은 환경의 조건 나열하기 ·균형적인 국토 발전을 위한 방안 탐색하기 ·지구촌을 위협하는 문제 해결을 위한 노력 조사하기		·다양한 이해관계 및 가치를 둘러싼 문제에 대해 자신 및 상대방의 의견을 비판적으로 검토하고 합리적으로 의사소통하기 ·지리적 문제 해결 방안과 실천 방안 모색하기
가치·태도		·우리가 사는 곳의 환경에 대한 감수성 ·삶의 질과 관련 있는 환경에 대한 관심 ·국토의 아름다움과 생태적 환경에 대한 인식 ·인류 공동 문제에 대한 관심		·특정 지역에 대한 자신의 인식과 관점에 대한 반성적 성찰 ·다양한 가치, 관점과 의견에 대해 이해하고 존중하는 열린 마음 ·한반도 평화와 통일에 대한 관심과 평화 감수성 ·지리적 문제 해결을 위한 지리적 상상력 ·환경 문제의 심각성 인식 및 지속가능한 미래를 위한 생태 감수성 ·지역, 국가, 세계 수준에서 지역문제 해결 및 지속가능한 발전을 위해 참여하고 실천하는 태도

이러한 기초 자료를 바탕으로 ChatGPT를 활용해 본격적으로 단원을 설계한다.

2) 개념기반 단원 설계 세부사항

다음은 ChatGPT를 통해 작성한 단원 설계이다.

▸ ChatGPT 답변 예시

■ **단원명: 공존으로 만들어가는 평화로운 세상**
■ **개념적 렌즈: 공존**
■ **단원 스트랜드:**

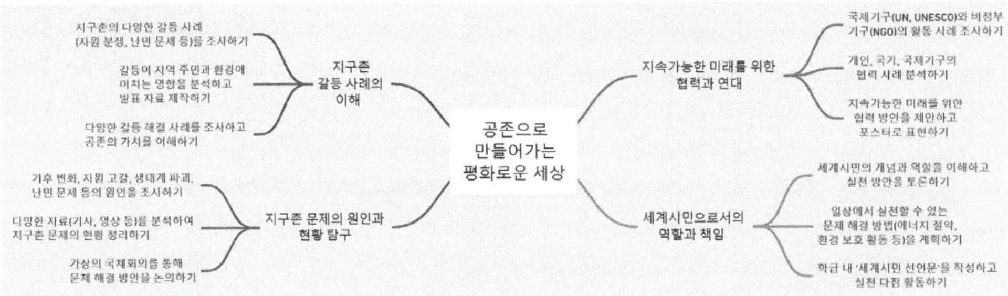

■ **일반화**

분류	항목	내용
지식 및 이해 (Knowledge and Understanding)	갈등과 불균형	지구촌의 자원과 환경 조건의 불균형은 갈등을 초래하며, 이를 해결하기 위해 공존의 가치가 중요하다.
	지속가능성	기후 변화, 자원 고갈, 생태계 파괴 등 지구촌 문제를 이해하고, 지속가능한 미래를 위해 균형 있는 해결 방안을 모색해야 한다.
	협력과 연대	다양한 행위 주체(개인, 국가, 국제기구 등)의 협력을 통해 지구촌 문제를 해결할 수 있다.
과정 및 기능 (Processes and Skills)	문제 탐구와 분석	지구촌 문제의 원인과 현황을 조사하고, 이를 분석하여 문제 해결 방안을 제안할 수 있다.
	협력적 문제 해결	다양한 갈등 사례와 해결 방안을 모색하며 협력적이고 창의적인 접근 방식을 개발할 수 있다.
	비판적 사고와 실천 계획	문제의 복합적 원인을 비판적으로 탐구하고, 지속가능한 발전을 위한 구체적인 실천 계획을 수립할 수 있다.
가치 및 태도 (Values and Attitudes)	세계시민의식	지구촌 문제를 나의 문제로 인식하고, 공존과 지속가능성을 위한 책임감 있는 태도를 함양한다.
	연대와 협력의 중요성	평화로운 지구촌 건설을 위해 다양한 주체와 협력하며, 연대의 가치를 실천한다.
	지속가능한 미래에 대한 관심	지속가능한 발전을 위한 관심과 참여를 통해 공존의 길을 열어가는 태도를 갖춘다.

■ 안내 질문

구분	내용
지식 및 이해	
지구촌 갈등 원인 및 공존의 가치	지구촌 갈등은 어떤 원인으로 발생하며, 이를 해결하기 위해 왜 공존의 가치가 중요할까요?
환경 문제와 영향	자원 고갈, 기후 변화, 생태계 파괴와 같은 문제는 우리 삶에 어떤 영향을 미치며, 이를 해결하려면 무엇이 필요할까요?
협력 사례	개인과 국가, 국제기구가 협력하여 지구촌 문제를 해결한 사례에는 어떤 것들이 있을까요?
과정 및 기능	
갈등 사례 분석 방법	지구촌 갈등 사례를 조사할 때, 문제의 원인과 결과를 분석하기 위해 어떤 방법을 사용할 수 있을까요?
행위 주체의 역할	갈등이나 문제를 해결하기 위해 서로 다른 행위 주체(개인, 국가, 국제기구)들은 어떤 역할을 할 수 있을까요?
실천 방법	지속가능한 미래를 위해 우리가 실천할 수 있는 구체적인 방법은 무엇인가요?
가치 및 태도	
세계시민의 책임과 역할	지구촌 문제를 해결하기 위해 내가 세계시민으로서 가져야 할 책임과 역할은 무엇일까요?
협력과 연대의 가치	다른 사람들과 협력하고 연대하는 과정에서 우리가 배울 수 있는 가치는 무엇일까요?
지속가능한 미래 문제	지속가능한 미래를 위해 우리가 관심을 가져야 할 문제에는 어떤 것들이 있으며, 이를 실천하기 위해 무엇을 할 수 있을까요?

■ 중요한 내용(꼭 알아야 할 사실적 지식)

① 지구촌 갈등과 공존의 가치

- 지구촌의 갈등은 자원 분쟁, 경제적 격차, 정치적 갈등, 환경 파괴 등으로 발생한다.
- 갈등은 지역 주민과 환경에 부정적인 영향을 미치며, 이를 해결하기 위해 공존의 가치가 필요하다.
- 공존은 서로 다른 집단과 국가가 조화를 이루며 지속가능한 미래를 위한 협력을 가능하게 한다.

② 지구촌 문제의 원인과 현황

- 기후 변화는 온실가스 증가로 인한 기온 상승, 해수면 상승, 자연재해 빈도 증가 등을 초래한다.
- 자원 고갈은 에너지 소비 증가와 불균형한 자원 분배로 인한 문제를 유발한다.
- 생태계 파괴는 산림 벌채, 오염, 생물 다양성 감소로 이어진다.
- 난민 문제는 전쟁, 빈곤, 자연재해 등으로 인해 발생하며, 사회적·경제적 부담을 초래한다.

③ 갈등 해결과 협력의 필요성

- 국제기구(UN, UNESCO 등)는 기후 변화 대응, 난민 지원, 생태계 보존을 위한 글로벌 협력을 이끈다. (예: 파리기후협정, UN 난민구호 프로그램)
- 국가 간 협력과 비정부 기구(NGO)의 활동은 지구촌 문제를 해결하기 위한 주요한 사례이다.
- 개인의 역할과 지역적 실천도 문제 해결에 기여할 수 있다.

④ 지속가능한 미래를 위한 실천 방안

- 문제의 원인과 현황을 조사하고, 해결 방안을 분석하여 구체적이고 실행 가능한 실천 계획을 세우는 것이 중요하다.
- 협력과 연대는 개인과 집단, 국가와 국가 간의 관계를 개선하고 문제 해결을 촉진한다.
- 지속가능한 발전을 위해 에너지 절약, 환경 보호 활동, 생태계 복원과 같은 작은 실천들이 중요하다.

⑤ 세계시민으로서의 역할과 책임

- 세계시민은 지구촌 문제를 자신의 문제로 인식하고 책임감 있는 태도로 해결에 참여해야 한다.
- 세계시민의 역할에는 자원 절약, 환경 보호, 공정 무역 실천, 난민 문제에 대한 관심과 지원 등이 포함된다.
- 세계시민으로서 협력과 연대를 통해 공존을 이루고 지속가능한 미래를 만들어가는 것이 중요하다.

■ **핵심 기능(학생이 단원을 통해 할 수 있게 될 것)**

① 문제 탐구 및 분석

- 지구촌 문제의 원인을 조사하고 분석하는 능력
- 균형적 발전을 위한 방안 탐색 능력

② 협력적 문제 해결

- 창의적 문제 해결 아이디어 도출 능력
- 지속가능한 발전 방안 계획 및 평가 능력
- 국내외 협력 사례 학습 능력

③ 실천 계획 및 평가

- 구체적이고 실천 가능한 해결 방안 수립 능력
- 해결 노력 조사 및 발표 능력
- 균형적 국토 발전 방안 제안 능력

■ **평가 계획(수행평가)**

① 평가 목표

- 개념적 렌즈:공존
- 일반화:지구촌의 갈등과 불균형은 공존의 가치를 바탕으로 지속가능한 해결이 가능하며, 이를 위해 협력과 연대가 중요하다.
- 목표:학생들이 지구촌 문제의 원인과 현황을 이해하고, 협력적 문제 해결과 지속가능한 발전을 위한 실천 방안을 도출하며, 세계시민으로서의 역할과 책임을 인식하도록 한다.

② 평가 요소 및 기준

분류	평가 요소	평가 기준
지식 및 이해	- 지구촌 갈등과 공존의 가치를 이해한다. - 기후 변화, 자원 고갈, 생태계 파괴, 난민 문제의 원인과 현황을 설명할 수 있다.	- 갈등의 원인과 공존의 중요성을 명확히 설명한다. - 주요 지구촌 문제를 구체적 자료와 사례를 통해 서술한다.
과정 및 기능	- 문제를 탐구하고 분석하여 해결 방안을 도출한다. - 협력적이고 창의적인 문제 해결 아이디어를 제안한다. - 지속가능한 실천 계획을 수립하고 실행 가능성을 평가한다.	- 조사와 분석 결과를 논리적이고 체계적으로 제시한다. - 다양한 주체의 협력을 고려한 창의적인 해결 방안을 제안한다. - 실천 계획이 구체적이고 실행 가능하며, 지속가능한 미래를 지향하는지 평가한다.
가치 및 태도	- 지구촌 문제를 나의 문제로 인식하고, 책임감 있는 태도를 보인다. - 연대와 협력을 중요시하며 세계시민의식을 발휘한다. - 지속가능한 발전을 위해 적극적으로 참여하려는 태도를 갖는다.	- 공존과 지속가능성을 위한 자신의 역할과 책임을 인식한다. - 연대와 협력의 가치를 실제 사례와 연결하여 설명한다. - 실천 계획에 대한 참여 의지를 명확히 나타낸다.

③ 평가 과제

- 지식 및 이해 평가 과제

- 과제명:지구촌 갈등과 공존의 가치
- 내용:지구촌 문제(예: 기후 변화, 자원 고갈, 난민 문제 등) 중 하나를 선택하여 원인과 현황을 조사하고, 공존의 가치가 문제 해결에 어떻게 기여할 수 있는지 서술한다.
- 평가 방식:조사 보고서 및 발표
- 평가 기준:문제에 대한 명확한 이해, 자료의 신뢰성 및 다양성, 공존의 가치에 대한 적용 능력

- **과정 및 기능 평가 과제**
- 과제명:협력적 문제 해결을 위한 아이디어 도출
- 내용:학생들이 팀을 이루어 갈등 사례를 분석하고, 지속가능한 발전을 위한 협력적 해결 방안을 제안한다.
- 평가 방식:팀 프로젝트 보고서 및 발표
- 평가 기준:문제 분석의 깊이, 창의적 해결 방안, 협력 과정에서의 역할 분담 및 기여도

- **가치 및 태도 평가 과제**
- 과제명:세계시민으로서의 실천 계획
- 내용:학생 각자가 지속가능한 발전을 위해 실천 가능한 구체적 계획(예: 에너지 절약, 환경 보호 활동 등)을 수립하고 이를 실행하며, 실행 결과를 기록하여 발표한다.
- 평가 방식:개인 실천 일지 및 발표
- 평가 기준:계획의 구체성, 실행 여부 및 성과, 공존과 지속가능성에 대한 태도와 관심

■ 평가 일정

단계	활동 내용	소요 시간
도입 단계	과제 안내 및 예시 자료 제공	1차시
조사 및 분석	문제 탐구 및 자료 조사	3차시
해결 방안 도출	팀별 협력 및 해결 방안 계획	2차시
실천 및 기록	개인 실천 계획 실행 및 기록	1주일
발표 및 평가	보고서 및 발표 진행, 루브릭 기반 평가	2차시

■ GRASPS 평가 계획 (선택)

항목	내용
목표 (Goal)	학생들은 지구촌 갈등과 문제를 이해하고, 공존과 지속가능성을 기반으로 창의적이고 협력적인 문제 해결 방안을 제안하며, 세계시민으로서의 책임을 실천한다.
역할 (Role)	**지구촌 문제 해결 전문가**로서 활동하며, 개인, 국가, 국제기구와 협력하여 지속가능한 발전을 위한 실질적이고 효과적인 해결 방안을 제안한다.
청중 (Audience)	**가상의 국제 회의 참가자**(동료 학생, 교사, 학부모 등)에게 해결 방안을 전달하며, 발표 후 참가자들의 평가와 토론을 통해 개선점을 모색한다.
상황 (Situation)	**상황 설정:** 기후 변화, 자원 고갈, 생태계 파괴, 난민 문제 등 다양한 지구촌 문제에 대한 지구촌 지속가능성 정상회의(Global Sustainability Summit)에 참가한다는 가정.
수행 과제 (Performance /Task)	1. 문제 선택: 팀별로 지구촌 문제 중 하나를 선택 2. 문제 분석: 원인, 현황, 사례 조사 3. 해결 방안 도출: 공존과 지속가능성 기반 해결책 설계 4. 실천 계획 제안: 개인 집단 국가 국제기구 실천 방안 설계 5. 발표: 국제 회의 형식 발표 및 피드백 6. 평가 및 반성: 루브릭 기반 성찰 및 개선점 도출
평가 기준 (Standards)	1. **지식 및 이해:** 문제 원인과 현황 분석의 정확성, 공존 가치 반영 2. **과정 및 기능:** 문제 분석 체계성, 협력적 해결 방안의 창의성 실행 가능성 3. **가치 및 태도:** 세계시민 의식, 공존과 지속가능성 실천 태도
평가 도구	- **루브릭 평가표:** 분석력, 창의성, 실행 가능성, 발표력, 협력 태도 - **관찰 체크리스트:** 팀워크 참여도 평가 - **자기평가 및 동료평가:** 실천 계획 및 활동 성찰 - **발표 평가 도구:** 발표의 명료성, 설득력, 자료 활용
예시 과제	- **과제명:** "지구촌 지속가능성 정상회의 문제 해결 제안" - **내용:** 국제 회의를 위한 보고서 작성, 발표 자료 준비 및 발표 진행, 질의응답과 피드백 반영
기대 효과	학생들은 글로벌 이슈를 이해하며 창의적 문제 해결력과 세계시민으로서의 책임감을 함양한다. - 협력 학습과 실천적 경험을 통해 공존과 지속가능성의 가치를 내면화한다.

■ 평가 루브릭

평가 영역	평가 기준	4단계 (최우수)	3단계 (우수)	2단계(보통)	1단계 (미흡)
지식 및 이해	**문제의 원인과 현황에 대한 분석이 정확하고 구체적인가?**	문제의 원인과 현황을 정확히 파악하고, 세부 자료와 사례를 통해 깊이 있는 분석을 제시함.	문제의 원인과 현황을 파악하며, 적절한 자료와 사례를 사용하였으나 분석이 다소 일반적임.	문제의 원인과 현황을 부분적으로만 파악하며, 자료와 사례의 사용이 제한적임.	문제의 원인과 현황을 파악하지 못하거나 자료와 사례 없이 서술함.
	공존의 가치를 문제 해결 방안에 잘 반영했는가?	공존의 가치를 문제 해결 방안에 효과적으로 통합하며, 창의적이고 실질적인 방안을 제안함.	공존의 가치를 문제 해결 방안에 통합하였으나, 실질적 실행 가능성이나 창의성이 다소 부족함.	공존의 가치를 문제 해결 방안에 부분적으로만 반영함.	공존의 가치를 문제 해결 방안에 반영하지 않음.
과정 및 기능	**문제 분석 과정이 논리적이고 체계적인가?**	문제 분석 과정이 명확하고 체계적이며, 단계별로 논리적으로 전개됨.	문제 분석 과정이 대체로 체계적이며 논리적인 흐름이 유지됨.	문제 분석 과정에서 논리적 흐름이 부족하거나 체계성이 다소 미흡함.	문제 분석 과정이 혼란스럽거나 체계성과 논리적 흐름이 전혀 없음.
	협력적이고 창의적인 해결 방안을 제안했는가?	팀 내 협력을 통해 창의적이고 참신한 해결 방안을 도출하고, 협력의 과정이 잘 드러남.	팀 내 협력을 통해 적절한 해결 방안을 도출하였으나 창의성이 다소 부족함.	협력 과정에서의 기여도가 낮거나 해결 방안이 일반적임.	협력 과정이 거의 없거나 해결 방안이 비창의적이고 부실함.
	제안한 해결 방안이 실행 가능하고 지속 가능성을 고려했는가?	제안한 해결 방안이 구체적이고 실행 가능하며, 지속가능성을 충분히 고려함.	제안한 해결 방안이 실행 가능하며 지속가능성을 어느 정도 반영함.	제안한 해결 방안이 실행 가능성이 낮거나 지속가능성을 충분히 고려하지 못함.	제안한 해결 방안이 실행 가능하지 않고 지속가능성도 고려되지 않음.
가치 및 태도	**세계시민으로서의 책임감과 연대 의식을 보여줬는가?**	세계시민으로서 의 책임감을 분명히 보여주며, 연대와 협력의 중요성을 구체적 사례와 연결하여 설명함.	세계시민으로서 의 책임감과 연대 의식을 보여주었으나 사례와의 연계가 부족함.	세계시민으로서의 책임감과 연대 의식이 다소 부족하거나 사례와의 연계가 미흡함.	세계시민으로서의 책임감과 연대 의식을 보여주지 못함.
	공존과 지속가능성을 실천하는 태도를 보였는가?	공존과 지속가능성을 실천하기 위한 구체적이고 적극적인 태도를 보이며, 실천 사례를 명확히 제시함.	공존과 지속가능성을 실천하려는 태도를 보여주었으나 구체적 실천 사례가 부족함.	공존과 지속가능성을 실천하려는 태도가 부족하거나 사례가 미흡함.	공존과 지속가능성을 실천하려는 태도를 보이지 않음.

■ 학습 활동

차시	학습 주제	학습 활동	핵심 기능	활동 방식
1차시	도입: 지구촌 갈등과 공존의 가치 이해	- 지구촌 갈등의 원인을 소개하고 공존의 중요성에 대한 토론 진행 - 영상 자료를 통해 주요 갈등 사례(자원 분쟁, 난민 문제 등)를 시청 - 공존의 개념 정의 및 학습 목표 공유	문제 탐구 및 분석	전체 토론 및 소그룹 활동
2차시	지구촌 문제의 원인과 현황 탐구	- 팀별로 주제를 선택(기후 변화, 자원 고갈, 생태계 파괴, 난민 문제 등) - 자료 조사를 통해 선택한 문제의 원인과 현황 정리 - 조사를 바탕으로 문제의 심각성을 이해하고 자료 분석	문제 분석 및 자료 활용	팀별 활동

3차시	문제 해결 사례 탐구	- 다양한 협력 사례(국제기구, 국가 간 협력, NGO 활동 등)를 학습 - 성공적인 사례를 통해 공존과 연대의 중요성을 이해 - 팀별로 조사한 문제와 관련된 협력 사례를 조사 및 발표	협력 사례 분석 및 적용	팀별 발표 및 토론
4차시	지속가능한 발전을 위한 해결 방안 설계	- 각 팀이 조사한 문제를 기반으로 공존의 가치를 반영한 해결 방안을 설계 - 다양한 행위 주체(개인, 국가, 국제기구)의 역할과 책임을 포함하여 지속가능한 방안을 도출 - 초안 발표 및 피드백 교환	창의적 문제 해결	팀별 발표 및 피드백
5차시	해결 방안 구체화 및 실천 계획 수립	- 피드백을 반영하여 해결 방안을 구체화 - 개인 및 지역에서 실행 가능한 실천 계획 수립 - 실천 가능성과 지속가능성을 중심으로 발표 자료 제작	실천 계획 수립 및 실행 가능성 평가	팀별 활동 및 계획 작성
6차시	실천 사례 공유 및 실행 준비	- 개인별 실천 계획을 실행하기 위한 준비 활동 진행 (예: 환경 보호 활동 계획, 지역 캠페인 참여 등) - 예상되는 어려움과 해결 방안을 논의 - 실행 목표와 구체적 방법 공유	문제 해결 및 실행 준비	개인 활동
7차시	실천 활동 결과 발표 및 공유	- 실천 활동의 결과를 정리하여 발표 - 발표 후 팀원 및 교사의 피드백 수집 - 활동을 통해 느낀 점과 개선점을 공유하며 성찰	자기 성찰 및 결과 공유	개인 발표 및 토론
8차시	마무리: 세계시민으로서의 책임과 역할 논의	- 세계시민으로서의 역할과 책임을 주제로 전체 토론 진행 - 지구촌 문제 해결을 위한 연대와 협력의 중요성을 정리 - 학습 활동에 대한 소감 나누기	세계시민 의식 함양 및 성찰	전체 토론 및 발표

▪ 단원 개요

단원 개요: 공존으로 만드는 지속가능한 미래

① 단원 소개

여러분은 매일 뉴스를 보면서 지구 곳곳에서 일어나는 다양한 문제를 들어본 적이 있나요? 기후 변화로 북극의 빙하가 녹아내리고, 자원이 부족해 분쟁이 생기며, 자연재해로 인해 사람들이 집을 잃고 난민이 되는 일들이 많이 일어나고 있어요. 이런 문제들은 왜 생기는 걸까요? 그리고 우리가 어떻게 해결할 수 있을까요?
이번 단원에서는 여러분이 직접 지구촌 문제 해결 전문가가 되어 이러한 문제를 탐구하고 해결 방법을 찾아볼 거예요! 함께 살기 좋은 세상을 만들기 위해 "공존"이라는 중요한 가치를 배워보는 시간을 가져볼까요?

② 단원을 배우면 어떤 점이 재미있을까요?

- 문제 해결자가 되어보기: 여러분은 "기후 변화", "자원 고갈", "난민 문제" 같은 주제를 선택해 직접 탐구하고 해결책을 제안하는 전문가가 되어볼 거예요.
- 창의적인 아이디어 만들기: 친구들과 팀을 이루어 지구촌 문제를 해결하기 위한 멋진 아이디어를 떠올리고 공유할 수 있어요.
- 실천 활동에 참여하기: 우리가 실천할 수 있는 작은 노력들이 얼마나 큰 변화를 만들 수 있는지 알아보고, 직접 실행해보는 시간도 가질 거예요.

③ 이 단원에서 배울 내용은?

❶ 지구촌 갈등과 공존의 가치

지구에서 일어나는 여러 갈등과 문제를 살펴보고, 서로 돕고 조화롭게 살아가는 "공존"의 중요성을 알아요.

❷ 문제의 원인과 현황

기후 변화, 자원 고갈, 생태계 파괴 등 여러 문제의 원인을 탐구하고, 지금 우리가 겪고 있는 상황을 구체적으로 이해해요.

❸ 협력과 연대의 중요성

국제기구와 나라들, 그리고 여러분 같은 개인들이 협력해서 문제를 해결한 사례를 통해 협력과 연대의 가치를 배워요.

❹ 지속가능한 미래를 위한 실천 방법
문제를 해결할 수 있는 창의적인 아이디어를 떠올리고, 작은 행동으로도 세상을 바꿀 수 있는 방법을 찾아요.
❺ 세계시민으로서의 책임
지구촌 문제는 우리 모두의 문제예요. 여러분이 세계시민으로서 어떤 역할을 해야 하는지 생각해봐요.

④ 단원을 통해 여러분이 얻게 될 능력
- 탐구력: 지구촌 문제의 원인과 현황을 조사하고 분석하는 능력
- 창의력: 문제를 해결하기 위한 새로운 아이디어를 떠올리는 능력
- 협력과 의사소통 능력: 친구들과 협력하여 함께 문제를 해결하는 방법
- 실천력: 작은 행동으로도 지구를 변화시키는 방법을 배우고 실천할 수 있는 힘

⑤ 기대되는 변화
- "지구촌 문제를 내 문제로!": 지구에서 벌어지는 일들이 얼마나 우리와 연결되어 있는지 깨닫게 될 거예요.
- "함께 노력하면 달라질 수 있어!": 친구들과 협력해 해결 방법을 찾고 실천하면서, 함께 노력하는 즐거움을 느낄 수 있어요.
- "내가 만드는 지속가능한 미래!": 여러분의 작은 실천이 지구의 미래를 밝게 만들 수 있답니다!

⑥ 시작하며 생각해볼 질문
- "지구촌의 갈등은 왜 생길까?"
- "공존이란 무엇이며, 왜 중요한 걸까?"
- "내가 지구를 위해 할 수 있는 일은 무엇이 있을까?"

자, 준비됐나요? 여러분과 함께 공존으로 만드는 지속가능한 미래를 만들어가는 첫걸음을 시작해 봐요!

02 전체 마무리

지금까지 ChatGPT를 활용하여 개념기반 단원을 11단계에 걸쳐 설계하는 방법을 살펴봤다. 개념기반 교육과정이나 단원 설계를 처음 접하는 교사들도 쉽게 이해할 수 있도록 자세한 설명과 다양한 예시를 들었고, 과정과 절차를 세분화하여 설명하다 보니 내용이 다소 길어졌다.

자전거 타는 법을 체계적이고 구체적으로 설명하려면 상당히 많은 말들이 필요하다. 글과 그림까지 동원한다면 그 설명서는 꽤나 방대한 분량이 될 것이다. 그러나 아무리 꼼꼼한 설명서를 읽더라도 결국에는 비틀거리고 넘어지며 연습하는 과정을 거쳐야 한다. 그리고 마침내 자전거 타는 방법을 몸으로 익히고 나면 설명서와 연습 과정은 더 이상 필요하지 않게 된다. 자전거 타는 일이 몸에 배게 되면, 처음에는

복잡하게만 느껴졌던 수많은 절차와 방법들을 자연스럽고 직관적으로 실행할 수 있기 때문이다.

개념기반 단원 설계 역시 마찬가지라고 생각한다. 이 책에서 제시한 설명을 하나씩 따라 하며 연습하는 과정은 길고 지루하게 느껴질 수 있다. 아마도 여러 번의 실수를 반복할 것이다. 그러나 이런 시행착오를 겪고 난 후에는 ChatGPT를 활용한 개념기반 단원 설계가 익숙해지는 순간이 반드시 찾아온다. 그때가 되면 너무 복잡하고 어렵게 느껴졌던 모든 절차들이 매우 간단하고 효과적으로 실행될 수 있다는 것을 깨닫게 될 것이다.

ChatGPT와 같은 생성형 인공지능의 가장 큰 강점은 방대한 데이터를 기반으로 한 자연어의 문맥 이해와 생성 능력이다. 이러한 능력 덕분에 특정 절차나 방법에 존재하는 패턴을 효과적으로 파악하고, 이를 토대로 자연스럽고 유용한 결과물을 만들어 낼 수 있다. 개념기반 단원 설계 또한 교사가 수업 준비를 하는 전체 과정을 11단계로 명확히 패턴화한 것이다. 이 책은 그러한 패턴을 ChatGPT가 이해하도록 돕고, 이를 바탕으로 원하는 결과물을 얻기 위한 시도라고 할 수 있다. 즉, 개념기반 단원 설계나 교육과정에 기반한 수업 준비와 실행에 있어 ChatGPT는 매우 적합한 보조교사 역할을 할 수 있다.

이 책을 읽고 난 뒤 교사 여러분이 실천해야 할 일은, 직접 ChatGPT와 함께 개념기반 단원을 설계하고 수업에 적용하는 것이다. 이론과 방법을 머릿속에 담아두기보다는 실제로 부딪혀보며, 그 과정에서 시행착오를 겪고 경험을 쌓는 것이 중요하다. 교실 현장에서의 생생한 경험이야말로 진정한 의미의 학습이며, 이를 통해 교사 자신과 학생 모두에게 깊고 풍부한 배움이 이루어질 것이다. 이제, 여러분의 교실에서 새로운 시도를 시작해 보길 바란다.

2022 개정 교육과정

개념기반 단원 설계를 위한 ChatGPT 활용 레시피

발행일 | 2025년 8월 1일

저 자 | 정지영

발행인 | 모흥숙
발행처 | 내하출판사
주 소 | 서울 용산구 한강대로 104 라길 3
전 화 | TEL : (02)775-3241~5
팩 스 | FAX : (02)775-3246

E-mail | naeha@naeha.co.kr
Homepage | www.naeha.co.kr

ISBN | 978-89-5717-613-9 93370
정 가 | 20,000원